中国社会科学院语言研究所 主办
中国语言学会语音学分会 会刊
PAC Phonetic Association of China

第15辑

Chinese Journal of Phonetics

中国语音学报

中国社会科学出版社

图书在版编目（CIP）数据

中国语音学报．第15辑／中国社会科学院语言研究所主办．—北京：中国社会科学出版社，2021.6
ISBN 978－7－5203－9432－1

Ⅰ．①中…　Ⅱ．①中…　Ⅲ．①汉语—语音学—文集　Ⅳ．①H11－53

中国版本图书馆CIP数据核字(2021)第265635号

出 版 人　赵剑英
责任编辑　张　林
责任校对　季　静
责任印制　戴　宽

出　　版　中国社会科学出版社
社　　址　北京鼓楼西大街甲158号
邮　　编　100720
网　　址　http://www.csspw.cn
发 行 部　010－84083685
门 市 部　010－84029450
经　　销　新华书店及其他书店

印　　刷　北京明恒达印务有限公司
装　　订　廊坊市广阳区广增装订厂
版　　次　2021年6月第1版
印　　次　2021年6月第1次印刷

开　　本　787×1092　1/16
印　　张　10
插　　页　2
字　　数　266千字
定　　价　59.00元

目　录

人类语音起源和演化研究综述

孔江平　吴西愉

摘　要　本文详细梳理了从发音器官生理演化的角度探讨人类语音起源和演化的相关理论和最新研究进展。从早期 Lieberman 提出的喉头下降理论，到最近不少研究者对喉头下降理论提出的挑战，以及 Lieberman 对这些质疑的回应。本文对争论中的重要问题进行了介绍，主要包括其他哺乳动物的喉头下降情况；非人类灵长动物的声音和人类语音的对比；人类语音涌现时间的推定方法等。通过文献梳理，我们发现 Lieberman 所说的喉头下降是产生人类语音的关键指的是目前人类语言的语音形态，而反对者所定义的语言并非目前的人类语言，而是指可以用于沟通的一套以语音为媒介的符号系统。本文也为对语音起源和演化感兴趣的学者和研究生提供了大量相关的研究文献。
关键词　语音的起源和演化，喉头下降理论，灵长类的发音，古人类化石

A Review on the Origin and Evolution of Human Speech

KONG Jiangping　WU Xiyu

Abstract In this paper, a detailed review is given for theories and cutting-edge research achievements on the origin and evolution of human speech in the context of physiological development of the human speech organs. The theory of laryngeal descent proposed by Lieberman and the challenges faced by the theory, along with the responses from Lieberman, are discussed. The important arguments are introduced, which include the laryngeal descent in other mammals, the comparison of voices made by non-human primates and human speech sounds, the reasoning behind the timing of the emergence of speech. According to the review of the literature, we find that what Lieberman declares about the laryngeal descent is the prerequisite of speech, where the speech refers to human-like speech, whereas the definition of speech used by the opposition is somewhat like a symbolic system. A large amount of the relevant literature for scholars who are interested in the origin and evolution of speech is also provided in this paper.
Keywords Origin and evolution of human speech, The theory of laryngeal descent, Vocalization of primates, Fossil hominins

1. 引言

语言在人类的演化过程中起着重要的作用，如何找到证据来揭示语言的起源是古人类学家、哺乳动物学家、语音学家、语言学家和言语科学家一直追求的目标。语言起源的研究是一个多学科交叉的领域，它整合了古人类学、解剖学、语音学、言语科学、认知科学等相关科学。在语言演化的研究中，言语发音的研究是最具可行性的领域之一，因为该类研究可以采用实证的科学方法。从目前的研究看，占主导地位的是 Lieberman 的喉头下降理论（Larynx Descent Theory，LDT）。Lieberman 首先从生物学的角度研究了言语的演化，后来他又从人类言语、现有非人类灵长动物的语言能力、人类言语演化的化石记录、喉上声道（Supralaryngeal Vocal Tract，SVT）、言语的神经机制等方面讨论了言语演化的过程，最终提出了喉头下降的理论［28，29］。该理论认为喉的下降使咽腔空间变大，让更多的发音成为可能，是产生人类语音的必要条件。Lieberman 的喉头下降理论在学界几乎主导了半个世纪。然而，近二十年，由于新的研究

证据的积累，研究者提出了新的观点对喉头下降理论进行了挑战［15］。这些新的证据和争论主要集中在：（1）哺乳动物和非人类灵长类喉头的下降是否能产生人类的语音？［16］（2）现在存活的非人类灵长类动物的声道是否是均匀的（uniform）形状？在喉头不下降的情况下，它们是否可以发出具有共振峰对立模式的声音？［6］（3）在研究方法上，利用声道模型模拟元音的演化和涌现是否有效？（4）怎样界定元音的涌现和涌现的时间？Boë 等学者对这些争论、新的观点和研究方法做了很好的评述［7］。下面我们将对人类语音的起源和演化研究做一些梳理和综述。

2. 喉头下降理论

20世纪50年代，Lieberman 就开始利用新的技术和概念研究非人类灵长类动物的发音，是这一研究领域的开创者之一。从70年代开始，Lieberman 等利用频谱分析的方法，分析了猕猴、黑猩猩和大猩猩的叫声，并根据声学分析的结果研究了声道解剖和声学特征的关系。认为它们的发音主要是类似央元音的声音，暗示了非人类灵长类动物在叫喊时没有能力改变喉上声道形状来产生共振峰对立［27］。由于猕猴和猿类咽腔很小，它们不能发出人类的语音，因为这是受到发音器官生理上的制约，所以无法产生连续变化的语言所需的声道形状［33］。

Lieberman 还研究了新生婴儿的哭声，发现人类婴儿同其他非人类灵长动物一样，除了喉头整体运动，在发音时不会主动使用喉上声道。由于受到发音器官的限制，他们的咽腔也缺少形状变化［32］。Lieberman 和 Crelin 还利用化石模型来推测尼安德特人声道的解剖结构和声道形状，用于估算尼安德特人的发音潜力，最终将这种发音潜力与人类的语音进行了对比研究［31］。研究发现，尼安德特人在生理解剖上不具备产生全部人类语音的能力。Lieberman 和 Crelin 的研究还表明，声道的功能不只是为了呼吸和吞咽，因为人类演化的骨骼证据显示出了一系列变化，这些变化可能是灵长类动物的声道在某种程度上为了能够说话而形成的。因此，应被视为人类语音产生机制的一部分，即人类特有的语言能力。

另一项对声道演化的重要研究主要从古人类化石的角度展开。黑猩猩和现代人类的分化可以追溯到大约600万年前［46］，由于获取化石资料十分困难，因此，从古人类的化石研究声道的演化受到了制约。从目前世界上主要的古人类化石看，同时具有头颅（cranium，skull）、上颌（upper mandible）、上齿（upper teeth）、下颌（lower mandible）、下齿（lower teeth）的化石只有十几种，分别是：Pataud 1、Combe-Capelle、Dolni Vestonice XV and XVI、Barma Grande 5、a Ferrassie 1、Le Moustier、Pech De L' aze、Roc de Marsal、Fish Hoek、Nariokotome、Amud、Jebei Qafzeh 9、Jebei Qafzeh11、Shanidar 1、Skhul V、Tabun I、Teshik-Tash、周口店上层洞穴 PA. 101。但古人类完整头颅的化石相对较多，目前大约有几十种［43，44］。由于口腔中的肌肉和喉头的软骨不会形成化石，这为重构声道的研究带来了困难。

在利用化石对人类声道演化的研究中，研究人员首先测量比较了现代人类婴儿和成人喉头下降的发展过程［22］，同时测量研究了灵长类动物头颅化石和人属头颅化石的颅基线上的牙槽中点（A，prosthion）、口后点（B，staphylion）、蝶枕点（C，hormion）、蝶骨点（D，sphenobasion）和颅底点（E，endobasion），如图1所示。

研究发现：咽上收缩肌向前和向下几乎垂直于枕骨平面的线条 DE，研究比较了人属灵长类和非人属灵长类颅骨上六点的距离，讨论了这些距离和喉头下降之间的关系［23—25］。根据以上对化石的研究，Budil 发展出了一种针对参数的计算方法，提出了 K 参数，并对南猿、尼安德特人和智人的头颅参数进行了 K 参数计算，并在此基础上对人属的声道进行了功能重构［9］。

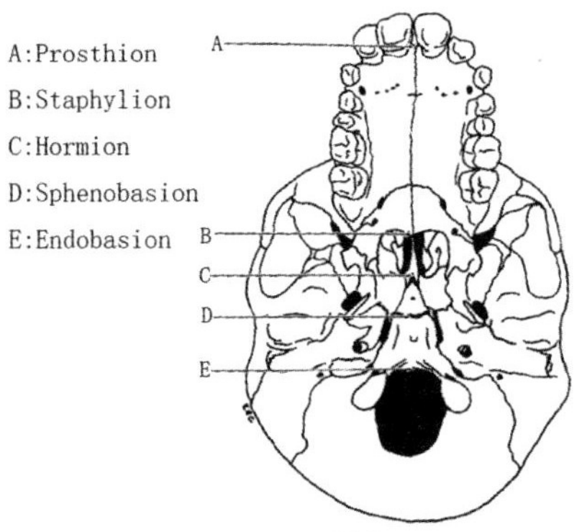

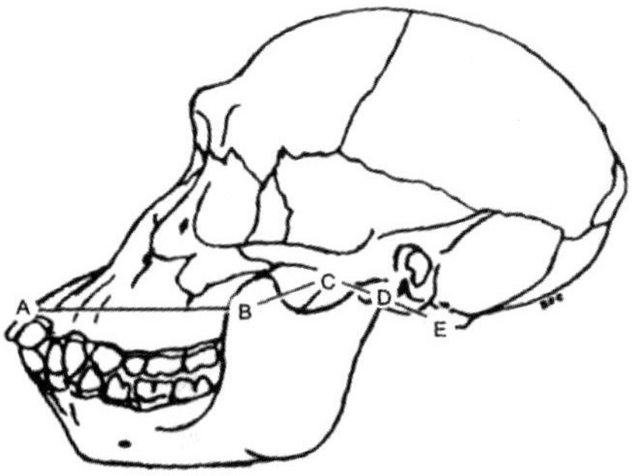

图1　五个关键点位置示意图，上图为颅底测量点，下图为侧面示意图（引自Laitman等［24］）。

Lieberman等对黑猩猩、现代人类婴儿及成人发音器官生理形态和发育过程的研究以及Laitman等对人属化石的研究，都为Lieberman的喉头下降理论提供了证据。在这一理论框架下，人们对黑猩猩到现代人类的声道演化进行了大量研究，并对古人类声道进行了重构，认为喉头下降是人类声道演化和产生语音最重要的演化途径［28，29］。基于声学和解剖观察的坚实基础，Lieberman的结论被认为是事实，是这一研究领域的试金石，最终被称为喉头下降理论。

3. 哺乳动物的喉头下降

对哺乳动物喉头的研究发现，有些哺乳动物的喉头也会下降，如鹿［16］、蒙古羚羊［18］、狮子、美洲虎、老虎、猎豹和家猫［47］、黑猩猩［38，39］。研究者还从发音器官的生理解剖以及发音器官的神经控制上研究了非人类灵长动物的交流和人类语言之间的连续性和非连续性，试图揭开人类语言起源的奥秘［3］。Fitch发现并记录了哺乳动物山羊、狗、猪和绢毛猴的低喉头、舌骨和舌头更广泛的静态结构和动态过程，认为喉头下降不是人类独有的，并暗示了喉头下降是两条演化的不同路径［15］。他们认为喉头下降是为了延长声道，通过降低声道的共鸣频率让人感知到被夸大的体型，因此，体型夸大提供了一个非语言学的替代假设［14］。他认为像所有哺乳动物一样，最早的人科动物在发音时重新配置发音器官的位置或形状就可以获得足以产生任何清晰易懂的音素。但人们可以看出非人类动物喉头下降所形成的声道形态与人类的声道形态还存在很大的差异。

4. 非人类灵长类的发音

通常认为灵长类动物中只有人类的发音器官具有语言发音能力，并默认包括非人类灵长类动物在内的哺乳动物的声道在发音时类似一个均匀或张开的声管［27，33，45］。但近期的研究表明非人类灵长类也有可能发出不同的元音。对南非狒狒的发音研究表明，狒狒的声道不是均匀的［40］。Riede等人首先测试了狄安娜长尾猴（Diana monkey）的报警叫声与声管特性的一致性，他们的研究结果表明狄安娜长尾猴对鹰和豹子的报警叫声并不像央元音，而是类似10—12岁儿童/a/的发音［42］，该研究结果与声道长度相当的儿童发出的人类元音相似［26］。Fitch等人研究了猕猴可能发出的元音，认为猕猴的声道可以很容易地产生足够的语音范围，可以发出人类的语音［17］。Boë和他的同事们对狒狒（Papio Papio）的研究表明，狒狒可以自然产生类似人类共振峰结构的元音［6］。Pisanski和他的同事认为这可能是早期声音控制能力的活的遗留物，这种能力导致了人类语言的清晰表达［41］。Fitch将猕猴不能发音归于猕猴还没有演化出能够产生语言的神经系统，认为人类语言能力的进化需要的是神经系统的变化，而不是声音声学结构的改变［17］。基于对非人类灵长类声道解剖和发音的研究，有一些学者认同“神经假说”，认为非人类灵长类的发音器官在发元音上没有问题，问题是它们缺乏相应的脑神经机制［11—13］。但 Lieberman 认为，Fitch 等人研究中的语音应该是猕猴的言语发音，并不能将这个言语看成是完全意义上的人类言语［30］。

5. 声道模型研究

有些学者认为生物学家在试图将语言研究的原则和方法应用于动物交流时遇到了困难［17］，根据不同声道模型和言语产生研究的新成果，人们对声道和言语产生的关系有了更多的认识。在 Lindblom 和 Harshman 等人研究的基础上［34，20］，Maeda 在生理模型中使用主成分分析法来研究发音器官的运动模式。结果表明，使用7个控制参数可以解释70%—90%的元音变化［35］。利用这一模型和肌电信号，人们研究了声道模型控制参数和舌头肌肉的活动［36，21］以及生理机制［8］。Goldstein 将大量的解剖学数据整合到一个清晰的声道成长模型中［19］，模型采用了水平声道长度、垂直声道长度和声道中线长度三个参数。Goldstein 在 Mermelstein 成人模型的基础上［37］，利用她的数据集建立了声道矢状面生长模型。给出了声道的面积函数和以此产生的共振峰值模拟研究新生儿的发音，认为新生儿能发出元音/i/、/a/和/u/。Boë 的实验室开发了可变线性发音模型来模拟声道从出生到成年的生长过程［4］，声道长度的生长模式引入了前口腔和后咽腔两个定标因子，中间区域则是在这两个定标因子之间进行插值。研究表明，即使婴儿和儿童的咽腔长度不到成年人咽腔长度的一半，他们也能在喉头下降之前就开始形成元音对立。Badin 的研究证明嘴唇的动作可以补偿喉头下降的作用，即使在高喉的情况下，也能产生正常的 F1 - F2 空间［2］。Boë 等认为无论咽腔多长，从出生到成年，咽管的大小和形状都是相当稳定的［5］。但 Boer 认为这些模型过于简化［11］。从声道模型的研究可以看出，不断改进声道模型可以推进声道演化的模拟研究。

6. 元音涌现时间的推论

元音的涌现主要包括两个方面：一是元音涌现的方式和过程；二是元音涌现的时间。

目前对于元音涌现的条件和过程，主要是利用古人类的化石信息构建发音生理形态和模型来讨论元音的涌现。另一个方面是通过研究人类和非人类灵长类的发音来讨论元音的涌现。这些研究本文在前面几节已经做了充分的综述。

在元音涌现的时间上，可以分为以下几种观点：

（1）Lieberman、Laitman、Crelin 等学者进行了大量的化石研究，认为尼安德特人不具有现代人类的发音能力，从发音器官形态上只具有较低的言语能力。也有学者认为现代人和尼安德特人不属于同一支，因此，不具有可比性。Lieberman 等学者认为言语大约在直立人后期出现（10万年前）［10，24，28，29］。

（2）Budil 根据 Laitman 等对古人类头颅基底的化石的测量数据，发展了一种 K 系数。并在此基础上进行了古人类发音形态的重构研究，推测古人类的发音能力应该形成于上更新世（12万—1.1万年前）［9］。

（3）Arensburg 对一个出土的完整舌骨化石进行了研究，认为尼安德特人的舌骨和发音形态与智人已经没有差别。他推测言语涌现的时间在旧石器时期中期，大约20万—4.5万年前。发音器官的演化应该更早，在旧石器中期之前已经开始演化和形成［1］。

（4）Boë 等学者对当前言语演化和起源的研究进行了梳理，认为现有的证据压倒性地驳斥了长期存在的喉部下降理论，将“语言的起源”从大约20万年前推到大约两千万年前［7］。

7. 结语

从以上的研究可以看出，无论是喉头下降理论还是对这种理论的质疑所提出的新的证据，关键问题主要集中在：(1) 喉头下降是否就一定能产生语言所需的三个基本元音；(2) 喉头不下降是否也能产生语言的三个基本元音；(3) 元音共振峰的对立模式怎样来判定；(4) 元音涌现时间的推论。因此，喉头下降理论和对这一理论的质疑和争论构成了人类言语声道演化研究的现状。

8. 致谢

本文获教育部基地重大项目“基于语言多模态的语言本体研究”(项目批准号：17JJD740001) 和国家社科基金项目 (18BYY189) 的支持。

参考文献

[1] Arensburg, B., Tillier, A. M., Vandermeersch, B., Duday, H., Schepartz, L. A., Rak, Y. 1989. A Middle Palaeolithic human hyoid bone. *Nature 338* (6218), 758–760.

[2] Badin, P., Boë, L. J., Sawallis, T. R., Schwartz, J. L. 2014. Keep the lips to free the larynx: Comments on de Boer's articulatory model (2010). *Journal of Phonetics* 46, 161–167.

[3] Berthommier, F., Boë, L.–J., Meguerditchian, A., Sawallis, T., Captier, G. 2017. Comparative anatomy of the baboon and human vocal tracts: Renewal of methods, data, and hypotheses. In: Boë, L.–J., Fagot, J., Perrier, P., Schwartz, J.–L. (eds), Origins of Human Language: Continuities and Discontinuities with Nonhuman Primates. Berlin: Perter Lang, 101–135.

[4] Boë, L. J. 1999. Modelling the growth of the vocal tract vowel spaces of newly-born infants and adults: Consequences for ontogenesis and phylogenesis. In *Proceedings of the 14th International congress of phonetic sciences*, San Fancisco, 1–25.

[5] Boë, L. J., Badin, P., Ménard, L., Captier, G., Davis, B., Macneilage, P., et al. 2013. Anatomy and control of the developing human vocal tract: A response to Lieberman. *Journal of Phonetics* 41 (5), 379–392.

[6] Boë, L. J., Berthommier, F., Legou, T., Captier, G., Kemp, C., Sawallis, T. R., et al. 2017. Evidence of a vocalic proto-system in the baboon (Papio papio) suggests pre-hominin speech precursors. *PloS ONE* 12 (1), e0169321.

[7] Boë, L. J., Sawallis, T. R., Fagot, J., Badin, P., Barbier, G., Captier, G., et al. Which way to the dawn of speech?: Reanalyzing half a century of debates and data in light of speech science. *Science Advances* 5 (12).

[8] Buchaillard, S., Perrier, P., Payan, Y. 2009. A biomechanical model of cardinal vowel production: Muscle activations and the impact of gravity on tongue positioning. *The Journal of the Acoustical Society of America 126* (4), 2033–2051.

[9] Budil, I. 1994. Functional reconstruction of the supralaryngeal vocal tract of fossil human. *Human evolution* 9 (1), 35–52.

[10] Crelin, E. S. 1987. *The human vocal tract: Anatomy, function, development, and evolution.* Vantage Press.

[11] De Boer, B. 2010. Investigating the acoustic effect of the descended larynx with articulatory models. *Journal of Phonetics* 38 (4), 679–686.

[12] De Boer, B. 2010. Modelling vocal anatomy's significant effect on speech. *Journal of Evolutionary Psychology* 8 (4), 351–366.

[13] De Boer, B., Tecumseh Fitch, W. 2010. Computer models of vocal tract evolution: An overview and critique. *Adaptive Behavior 18* (1), 36–47.

[14] Fitch, W. T. 1997. Vocal tract length and formant frequency dispersion correlate with body size in rhesus macaques. *The Journal of the Acoustical Society of America 102* (2), 1213–1222.

[15] Fitch, W. T. 2000. The phonetic potential of nonhuman vocal tracts: Comparative cineradiographic observations of vocalizing animals. *Phonetica* 57, 205–218.

[16] Fitch, W. T., Reby, D. 2001. The descended larynx is not uniquely human. *Proceedings of the Royal Society of London. Series B: Biological Sciences* 268 (1477), 1669–1675.

[17] Fitch, W. T., De Boer, B., Mathur, N., Ghazanfar, A. A. 2016. Monkey vocal tracts are speech-ready. *Science advances 2* (12).

[18] Frey, R., Riede, T. 2003. Sexual dimorphism of the larynx of the Mongolian gazelle (Procapra gutturosa Pallas, 1777) (Mammalia, Artiodactyla, Bovidae). *Zoologischer Anzeiger – A Journal of Comparative Zoology* 242 (1), 33–62.

[19] Goldstein, U. G. 1980. *An articulatory model for the vocal tracts of growing children*. PhD dissertation, Massachusetts Institute of Technology.

[20] Harshman, R., Ladefoged, P., Goldstein, L. 1977. Factor analysis of tongue shapes. *The Journal of the Acoustical Society of America* 62 (3), 693–707.

[21] Honda, K. 1996. Organization of tongue articulation for vowels. *Journal of Phonetics* 24 (1), 39–52.

[22] Laitman, J. T., Crelin, E. S. 1976. Postnatal development of the basicranium and vocal tract region in man. In *Symposium on Development of the Basicranium* (pp. 206–219). US Govt Printing Office.

[23] Laitman, J. T., Heimbuch, R. C. 1982. The basicranium of Plio-Pleistocene hominids as an indicator of their upper respiratory systems. *American Journal of Physical Anthropology* 59 (3), 323–343.

[24] Laitman, J. T., Heimbuch, R. C., Crelin, E. S. 1978. Developmental change in a basicranial line and its relationship to the upper respiratory system in living primates. *American Journal of Anatomy* 152 (4), 467–482.

[25] Laitman, J. T., Heimbuch, R. C., Crelin, E. S. 1979. The basicranium of fossil hominids as an indicator of their upper respiratory systems. *American Journal of Physical Anthropology* 51 (1), 15–33.

[26] Lee, S., Potamianos, A., Narayanan, S. 1999. Acoustics of children's speech: Developmental changes of temporal and spectral parameters. *The Journal of the Acoustical Society of America* 105 (3), 1455–1468.

[27] Lieberman P. 1968. Primate vocalizations and human linguistic ability. *The Journal of the Acoustical Society of America* 44 (6), 1574–1584.

[28] Lieberman, P., McCarthy, R. C. 2013. The evolution of speech and language. In: Henke, W., Tattersall, I. (eds), *Handbook of Paleoanthropology*. Berlin: Springer.

[29] Lieberman, P. 1984. *The Biology and Evolution of Language*, *Cambridge*, Harvard University Press.

[30] Lieberman, P. 2017. Comment on "Monkey vocal tracts are speech-ready". *Science Advances* 3 (7).

[31] Lieberman, P., Crelin, E. S. 1971. On the speech of Neanderthal man. *Linguistic Inquiry* 2 (2), 203–222.

[32] Lieberman, P., Harris, K. S., Wolff, P., Russel, L. H. 1971. Newborn infant cry and nonhuman primate vocalization. *Journal of Speech and Hearing Research* 14, 718–727.

[33] Lieberman, P., Klatt, D. H., Wilson, W. H. 1969. Vocal tract limitations on the vowel repertoires of rhesus monkey and other nonhuman primates. *Science* 164, 1185–1187.

[34] Lindblom, B. E., Sundberg, J. E. 1971. Acoustical consequences of lip, tongue, jaw, and larynx movement. *The Journal of the Acoustical Society of America*50 (4B), 1166–1179.

[35] Maeda, S. 1990. Compensatory articulation during speech: Evidence from the analysis and synthesis of vocal-tract shapes using an articulatory model. In: Hardcastle, W. J., Marchal, A. (eds), *Speech Production and Speech Modelling*. NATO ASI Series (Series D: Behavioural and Social Sciences), Dordrecht: springer, 131–149.

[36] Maeda, S., Honda, K. 1994. From EMG to formant patterns of vowels: The implication of vowel spaces. *Phonetica* 51 (1–3), 17–29.

[37] Mermelstein, P. 1973. Articulatory model for the study of speech production. *The Journal of the Acoustical Society of America* 53 (4), 1070–1082.

[38] Nishimura, T. 2005. Developmental changes in the shape of the supralaryngeal vocal tract in chimpanzees. *American Journal of Physical Anthropology: The Official Publication of the American Association of Physical Anthropologists* 126 (2), 193–204.

[39] Nishimura, T., Mikami, A., Suzuki, J., Matsuzawa, T. 2003. Descent of the larynx in chimpanzee infants. *Proc. the National Academy of Sciences* 100 (12), 6930–6933.

[40] Owren, M. J., Seyfarth, R. M., Cheney, D. L. 1997. The acoustic features of vowel-like grunt calls in chacma baboons (Papio cynocephalus ursinus): Implications for production processes and functions. *The Journal of the Acoustical Society of America* 101 (5), 2951–2963.

[41] Pisanski, K., Cartei, V., McGettigan, C., Raine, J., Reby, D. 2016. Voice modulation:

A window into the origins of human vocal control? *Trends in cognitive sciences*20 (4), 304–318.

[42] Riede, T., Bronson, E., Hatzikirou, H., Zuberbühler, K. 2005. Vocal production mechanisms in a non-human primate: Morphological data and a model. *Journal of Human Evolution* 48 (1), 85–96.

[43] Schwartz, J. H., Tattersall, I. 2002. *The Human Fossil Record, Terminology and Craniodental Morphology of Genus Homo (Europe) (Vol. 1)*. New York: John Wiley & Sons.

[44] Schwartz, J. H., Tattersall, I. 2003. *The Human Fossil Record, Craniodental Morphology of Genus Homo (Africa and Asia) (Vol. 2)*. New York: John Wiley & Sons.

[45] Shipley, C., Carterette, E. C., Buchwald, J. S. 1991. The effects of articulation on the acoustical structure of feline vocalizations. *Journal of the Acoustical Society of America*89 (2), 902–909.

[46] Vallender, E. J., Mekel-Bobrov, N., Lahn, B. T. 2008. Genetic basis of human brain evolution. *Trends in neurosciences* 31 (12), 637–644.

[47] Weissengruber, G. E., Forstenpointner, G., Peters, G., Kübber-Heiss, A., Fitch, W. T. 2002. Hyoid apparatus and pharynx in the lion (Panthera leo), jaguar (Panthera onca), tiger (Panthera tigris), cheetah (Acinonyx jubatus) and domestic cat (Felis silvestris f. catus). *Journal of anatomy* 201 (3), 195–209.

孔江平 北京大学中文系，博士，教授，主要研究领域为语音学、言语产生和语音的起源。
E-mail：jpkong@pku.edu.cn

吴西愉 北京大学中文系，博士，助理教授，主要研究领域为言语产生、言语感知和言语障碍。
E-mail：xiyuwu@pku.edu.cn

语音感知的特点及其解剖生理机制

陈忠敏

摘　要　本文按听觉器官以及听觉器官以上神经系统的解剖生理构造来讨论语音感知的特点以及它们的解剖生理机制。听觉器官并不是被动地、客观地接受外来输入的语音，而是对传入的语音进行了主观的改造和修饰。改造和修饰的特点及结果跟听觉器官的解剖生理构造密切相关。进入听觉器官以上的听神经系统以及大脑高级认知皮层以后，还要做更为高级的语音匹配认知过程。其中的音段切分与大脑神经的自主振荡范围有关。听者利用自己大脑运动皮层中的语音发音计划及编程进行语音解码，同时通过语音与自己储存的发音信息进行匹配，据此去除各种语音变异。
关键词　语音感知，基频消失，掩蔽效应，神经自主振荡，肌动理论

The Characteristics of Speech Perception and Their Anatomical and Physiological Mechanisms

CHEN Zhongmin

Abstract In this paper, the characteristics of speech perception and their anatomical and physiological mechanisms are discussed in terms of the anatomical and physiological structures of the auditory organs and the nervous system above the auditory organs. The auditory organs do not passively and objectively accept the incoming speech, but subjectively changes and modifies the incoming speech. The characteristics and results of modification are closely related to the anatomical and physiological structures of the auditory organs. More advanced cognitive processes of speech matching are also required when speech sound enters the nervous system above the auditory organs and the high cognitive cortex of the brain. The segmentation of speech is related to the autonomic oscillation range of the brain nerve. Listeners employ the speech planning and programming in the motor cortex of their brain to decode auditory patterns. At the same time, the auditory patterns only match the stored speech information such that various speech variations can be removed.
Keywords Speech perception, Missing fundamental, Masking effect, Autonomic oscillation of the brain nerve, Motor theory

1. 概说

言语链（见图 1）分为说者（speaker）、中间传播（transmission）和听者（listener）三方面，很好地说明了言语产出、言语传递以及言语感知三个不同阶段的各自功能。言语产出首先要在说者的大脑里做出言语规划以及言语产出的各种编程，然后通过神经元放电将发音信息传递给发音体，这部分是大脑的言语指令部分（linguistic level）；神经元放电刺激肌肉让发音体和共鸣腔做出相关动作。这是言语产生的生理发音部分（production level），随着发音体的运动和共鸣腔的变化，共鸣腔里空气粒子会有压力变化从而产生声波，这是语音的传送部分（transmission level）；声波向外传送，一路作为反馈信号进入说者的听觉接受器官，再传送到说者的大脑皮层，用来矫正后续的发音指令及动作（其实还有一路骨传导反馈图 1 没有显示）；另一路声波传送到听者的听觉器官，声波经外耳道、中耳以及内耳听觉器官的传送和修饰后，刺激听神经形成神

经脉冲信号，再传送到大脑听觉皮层来感知和解码，这个过程是语言的感知阶段（linguistic level）。

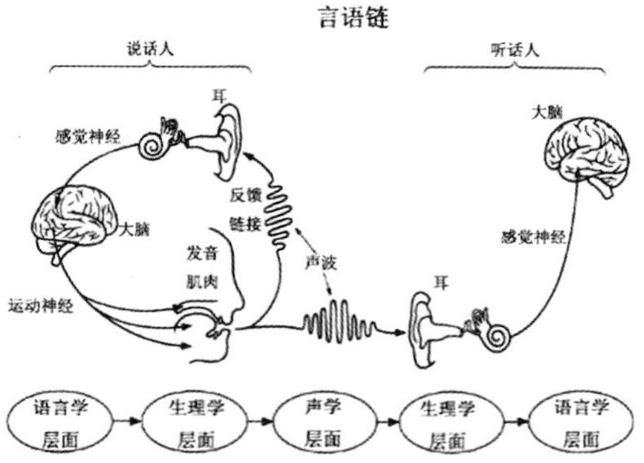

图1　言语链（引自 Denes & Pinson [2]）

根据言语发声、传递、感知的三个阶段，语音学可以分为发音语音学（Articulatory phonetics）、声学语音学（Acoustic phonetics）、听觉语音学（Auditory phonetics）。其中发音语音学的研究历史最早。达·芬奇（Leonardo da Vinci，1452－1519）曾留有一幅喉头解剖图和一幅发音器官纵面解剖图，这可能是最早的发音器官解剖图。早期研究语音产生及发音部位的大多是医生或病理语音学家，因为他们懂得发音器官的解剖知识，同时也因为有临床病理言语诊断和治疗的需要。发音语音学的集大成成果应该是国际语音学会成立（1886）后制定的国际音标表（1888年发布第一版，最新一版是2015年的）。国际音标表及标音法的不断完善也标志着发音语音学的发展和成熟。属于语音传递阶段的声学语音学研究虽然起步也较早，比如物理学家赫姆霍兹（Hermann von Helmholtz，1821－1894）发展了用数学公式推导出不同腔体的共鸣频率和人类发声的基频及各谐波频率的关系，赫姆霍兹被誉为第一位声学语音学家。但是声学语音学的全面发展不可否认是从20世纪40年代语图仪的发明开始的。半个多世纪以来，声学语音学取得长足的发展，已经相当成熟，其中的标志就是人们已基本掌握各种元辅音音段及超音段的声学特征，语音声学分析的正确性已经在语音合成领域得到印证。与发音语音学、声学语音学相比，听觉语音学研究成果相对滞后，虽然赫姆霍兹在1875年的著作中第一次提出声音感知的赫姆霍兹位置理论（the Helmholtz's place theory），但是位置理论及其特点一直到五六十年代经 von Békésy 的研究才得以确定［20］。听觉语音学研究相对滞后有其客观原因；观察、测试和分析人类听觉器官，特别是听觉器官以上的听神经系统的活动有技术、方法等层面的限制。进入五六十年代，这一情形有了很大的改观，特别是到了90年代，随着脑影像技术的进步，人们可以直接观察言语活动时大脑神经的激活区域，听觉语音学研究，特别是听觉器官以上的神经语音学研究水平才达到前所未有的高度。本文通过分析听觉器官和听觉器官以上的听神经解剖生理机制来讨论语音感知的特点。

2. 外耳道、中耳道的解剖生理结构及在语音传导中所起的作用

大部分哺乳动物的听觉器官从功能上是十分相似的，不过人类的听觉器官各子系统的长度及特点与其他哺乳动物不同。外周听觉器官分为外耳（outer ear）、中耳（middle ear）和内耳（inner ear）三部分。成人外耳道的长度大概是2.3厘米（0.023米），根据一端闭一端开的管子的共振频率我们可以根据声速（每秒340米）与波长（一端开一端闭的管子是最长波长的1/4）公式算出这一长度管子的最强的第一共振峰值：340/（4×0.023）＝3696赫兹，再加上中耳带宽的扩大效应（带宽大概是500赫兹到5000赫兹）［18］，形成低频有坡度，高频陡峭的敏感带宽区域，这种图形叫作往低延伸的带宽图（downward spread of bandwidth）。图2是外耳（outer ear）、中耳（middle ear）以及两者叠加（sum）声音敏感图［18］。

可以看出人耳对2000赫兹到5000赫兹的声音反应最为敏感，到达或超过1万赫兹的声音敏感度会急剧下降［9］。声音敏感图与我们常见的听力等响曲线基本是

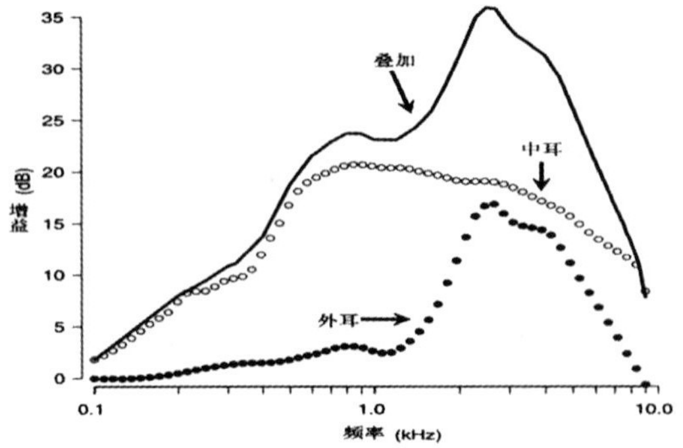

图 2 外耳、中耳以及两者叠加声音敏感图

吻合的，根据等响曲线（equal-loudness contours）图，人类听觉敏感度在 4000 赫兹处最敏感，1—2 个 dB 响度的声音就能听到，在 500 赫兹处响度要调高至 15dB 才能听到，50 赫兹则需要达到 40dB 以上才能听到。可是语言里 2000 赫兹以下的低频也是非常重要的，不同元音的区别主要靠第一、第二共振峰的不同，第一共振峰一般在 1000 赫兹以下，很多元音的第二共振峰也不到 2000 赫兹。如果 2000 赫兹以及低于 2000 赫兹的声音的音量不高，敏感度就会不高，将严重损害言语交际。低频区要达到 2000 赫兹到 5000 赫兹一样的敏感度，就要增加低频区的音量。这个缺陷正好可以由发音体来弥补。图 3 是元音产生的声源 + 共鸣原理示意图（据 Diehl［3］文章修改）。

图 3（a）声门谱（glottal spectrum）是指声门的瞬间频谱，瞬间频谱的纵轴代表振幅，单位是分贝（dB），横轴是频率，单位是千赫兹（kHz）。从瞬间频谱图可以看出，随着频率升高，振幅急剧下降，一般来说，常态发声态（modal voice），频率每下降一个倍频程，振幅就下降 12dB。图 3（b）是声道滤波响应（vocal tract filter response）。不同形状的共鸣腔具有自己特定的共鸣频率（resonances）。图 3（b）中的三个共振峰频率（formant frequencies）相当于均匀共鸣腔管子，类似发元音/ə/时的数值，第一共振峰（F1）为 500 赫兹，第二共振峰（F2）为 1500 赫兹，第三共振峰（F3）为 2500 赫兹。声门频谱经过声道的滤波，就产生了图 3（c）能从分析仪看到的元音共振峰的输出频谱图。频谱图里能量总的特点是低频能量高，越往高频，能量越低，这个特点是发音体的生理机制所决定的。在图 3 里我们知道声门的瞬间频谱图的振幅是低频处高，越往高频，振幅越低，通过共鸣腔滤波的语音也具有这个特征，输出的第一、第二共振峰的能量远远高出第三、第四、第五等共振峰的能量，发音时具有的低频能量高，高频能量低的特点，正好抬高了人耳接受低频声音的敏感度，以保证人耳对 20—5000 赫兹范围内的声音都具有最佳敏感度。这是人类发音器官与听音器官相互作用，互相补充，保证言语交流有效的经典例子。5000 赫兹以下的敏感度对人类言语交际有极为重要的意义。因为人类语音的最重要音征都集中在低频处。比如最低的三个共振峰（简称 F1、F2、F3）频率决定元音的音色，一般都在 5000 赫兹以下；声调语言里男女声调的频率（基频）一般在 20—400 赫兹范围内变化；语言中塞音/k/爆破点（burst）能量集中区在 2000—4000 赫兹左右；/p/和/t/的区别是爆破点以 3000 赫兹左右为界，前者是能量往下降，后者是上升的；某些辅音的能量集中区虽然处在较高的频率段里，比如清辅音 s，但是没有一种语言凭借 6000 赫兹以上的能量区别不同擦音。所以笔者认为发音器官与听觉器官的特殊构造，造就了语音输出与接收声能可以互补，保证了语音声能能有效地传递到内耳［25］。人类能听到频率的范围是 16—2.2 万赫兹，其他非人类的哺乳动物与人类不同。狗的听觉范围介于 15—5 万赫兹，猫的听觉则在 60—6.5 万赫兹，狗熊和猕猴听觉的最高极限是 8 万赫兹，豚鼠听觉的最高极限是 10 万赫兹，鼠和鼩鼱等的听力上限可高达 9 万—12 万赫兹，尖耳鼠蝠听觉的最高极限甚至可以达到 25 万赫兹。与人类相比，其他动物的听觉频率分布范围要广得多；听觉频率的极限也高得多，不是集中低频范围。这样使得人类与其他动物在声音的感知上存在差异。图 4 是人类、鬈毛狗、老鼠三种哺乳动物的等响曲

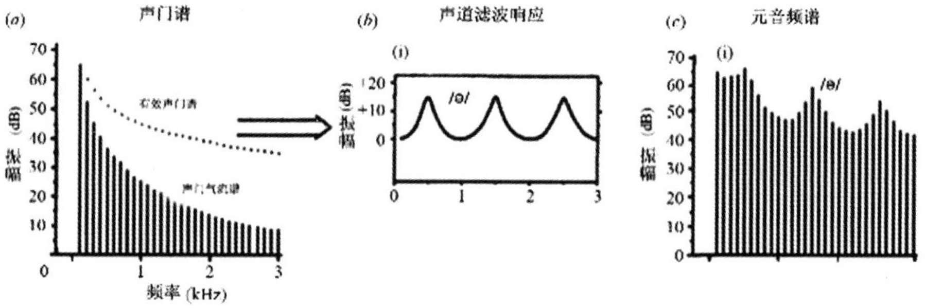

图 3 元音产生的声源 + 共鸣示意图

线图（响度级）。鬈毛狗的等响曲线比人类要宽广得多，而老鼠对声音的敏感区主要集中在 1 万赫兹以上的，反而对 1 万赫兹以下的声音不敏感［4］。

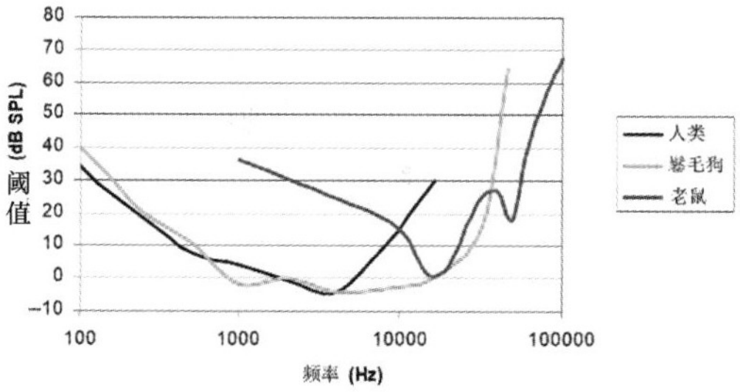

图 4 人类、鬈毛狗、老鼠等响曲线

由于不同哺乳动物的听觉器官具有不同的等响曲线，相同声音传入，就会有不同的声音感知。所以人类语言必须配备人类的听觉器官才是言语交际成功的关键。

3. 低频敏感度与语言的元音格局

外来语音经外耳和中耳修饰后传入内耳，引起内耳中基底膜（basilar membrane）的运动。成人内耳耳蜗（cochlea）的长度大约是 35 毫米，中间的基底膜约长 31 毫米，基底膜从卵形窗（oval window）到蜗顶（apex）分布着 23500 多个听觉毛细胞。基底膜的运动激发听觉毛细胞放电再刺激听神经，以此来感知从高到低不同频段的声音。不过不同频段的感知精度在基底膜上并非是线性的，靠近耳蜗蜗顶（apex）的基底膜宽而软，用来分析低频，低频的带宽（bandwidth）窄，分辨率高；靠近蜗底（base）处的基底膜窄而硬，分析高频。高频的带宽宽，分析分辨率低。从蜗顶往蜗底基底膜频率分析是从低（≈20 赫兹）到高（≈22000 赫兹）分布的，但低处的带宽和高处的带宽不是线性分布的。图 5 是把两圈半的基底膜拉直从低频到高频分析的不同带宽（据 Johnson［9］：89）。

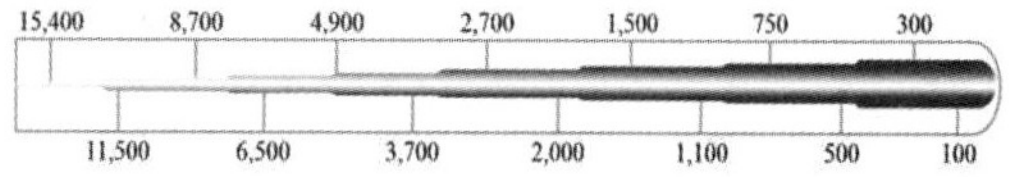

图 5 拉直基底膜频率分析示意图

相同的距离差在蜗顶低频处是 200 赫兹（300—100），放在蜗底高频处却是 3900 赫兹（15400—11500）。也即分析频率越高，对应的分析带宽也就越宽。基底膜分析带宽跟分析频率大致有这样的关系：带宽≈分析频率/8。根据此公式推导，1000 赫兹处的带宽大概是 125 赫兹，5000 赫兹处的带宽大概是 625 赫兹。换句话说，5000 赫兹处的带宽是 1000 赫兹处的 5 倍！基底膜分析频率的非线性（频率低细腻，频率高粗犷）特点保证了人类语言音类之间有分散性、区别性。一种语言里音类要保持区别性，音类之间就必须有最大的空间距离，这是 Liljencrants 和 Lindblom 在 20 世纪 70 年代时提出的语言中元音音类的 Dispersion theory 的基本思想［14］。笔者曾根据著名语音学家 Daniel Jones 所发 7 次正则元音（cardinal vowels）的第一共振峰（F1）、第二共振峰（F2）平均数据画出两幅声学元音图。表1是Daniel Jones发7次正则元音F1、F2的平均值。

表1　Daniel Jones 所发正则元音 F1 和 F2 平均数值

	Vowel symbol	Mean F1（Hz）	Mean F2（Hz）
1	i	266	2581
2	e	376	2213
3	ε	588	1910
4	a	929	1688
5	ɑ	650	940
6	ɔ	522	932
7	o	354	724
8	u	248	490

笔者用了两种计算方法来画出元音声学舌位图。第一种方法的结果是图6a。从F1和F2的刻度可以看出，F1从500赫兹到2000赫兹，F2从500赫兹到2500赫兹的距离是线性等量排列的，第二种方法的结果是图6b。根据人的内耳基底膜分析频率的非线性特点（带宽≈分析频率/8）重新排列F1和F2的刻度，F1从200赫兹到1000赫兹，F2从500赫兹到2500赫兹，可以看出它们的距离是非线性，也不是等量排列的。

图6a是F1×F2线性频率声学元音图，音与音的距离近，也跟我们常见的元音舌位图不配；图6b根据内耳低频到高频分析的不同带宽所作的非线性频率声学元音图，音与音的距离远，与我们常见的元音舌位图吻合。不同的音类之间形成最大的距离感，也就把音类之间的混淆度降到最低，这是符合人类言语交际和传递具有最佳清晰度的要求。人类内耳基底膜非线性频率分析有其独特性，跟其他哺乳类动物不同。图7是不同频率刺激物在人类、猕猴、猫三类哺乳动物内耳基底膜的延迟反应时间［10］。

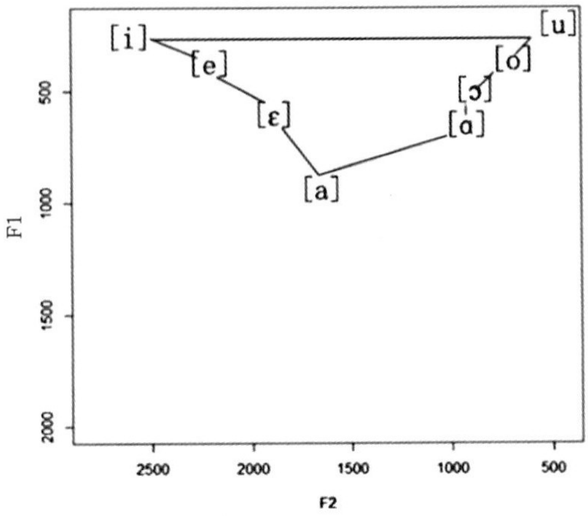

图6a　F1×F2 线性频率声学元音图

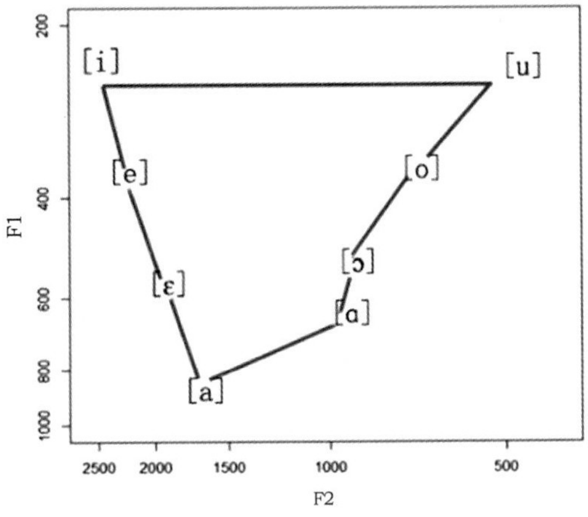

图6b　F1×F2 非线性频率声学元音图

这种延迟反应的时间差异可以换算出基底膜不同频段的分析带宽。从图7可以看出不同频段人类、猕猴、猫比较，人类都是延迟时间最长，猕猴次之，猫最短。也就是说明：第一，人类内耳基底膜不同频段的分析带宽与其他动物的是不同的；第二，人类内耳基底膜不同频段的分析带宽都要比猕猴、猫的窄。如果分析频率的带宽不同哺乳动物有差异，那就是相同的语音输入，不同的哺乳动物会有不同的语音感知，这也再次证明了人类的语言感知是独特的。

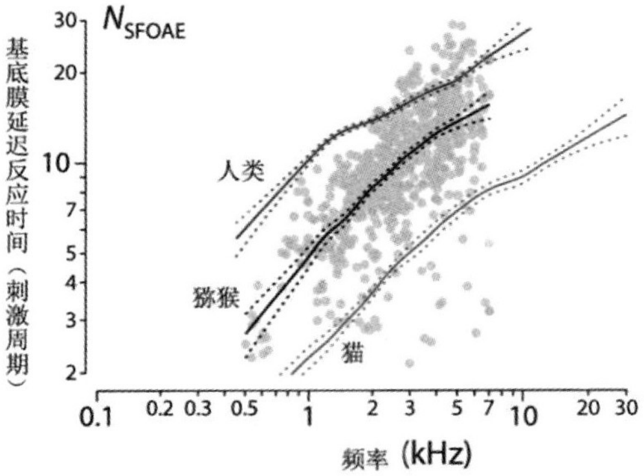

图7 不同频率刺激物在人类、猕猴、猫三类哺乳动物内耳基底膜的延迟反应时间

4. 基频丢失与音高感知

基频（fundamental frequency）是一个物理量，指周期性复合波中的最低频率。音高（pitch）是一种感知量，指人对周期性复合声波所产生的一种感知。周期性的复合波里每个谐波（harmonic）与基频有整数倍关系。人类的音高感知是对复合波整合后的感知，而不是对每个谐波分离感知。比如图8a、8b是笔者用Praat软件合成两列谐波数不等的复合波，但是最长的周期都是5毫秒（ms）振动一次，其频率，也叫做基频，就都是200赫兹（=1/0.005秒）。

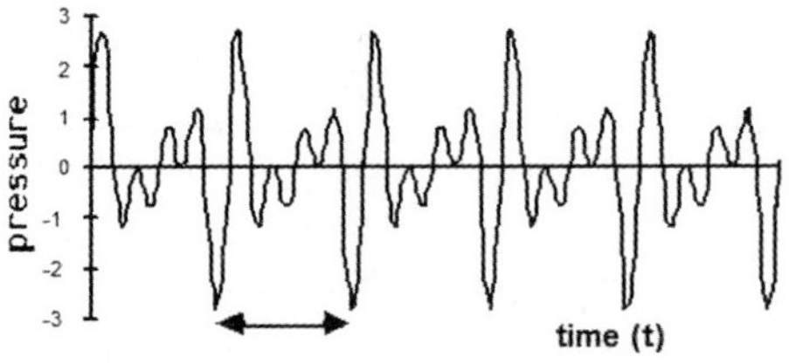

图8a 周期为5ms的复合波a

尽管波形不同，但是基频一致，都是200赫兹，因此人们认为它们有相同的音高，可见基频与音高有十分密切的关系。

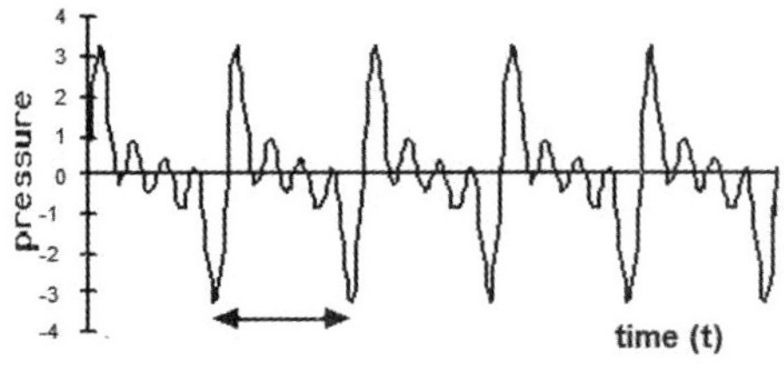

图8b 周期为5ms的复合波b

在语言里音高的变化和不同有十分重要的意义。说话者的音高不同可以辨别童声、女声、男声等；音高也负载语调、重音等语言信息；在声调语言里音高的不同可以区别词义。

长期以来音高的感知生理机制有两种理论，一种是基底膜位置（place representation）理论，另一种是放电时间（temporal representation）理论。基底膜位置理论其实还分两部分内容。第一部分内容是说不同频率引起基底膜的不同位置的运动，由此激发相应位置的听觉神经兴奋。第二部分内容是由第一部分内容推导得出。即：基频引起基底膜的运动从而激发听神经兴奋。位置理论第一部分的内容早已得到证明，不过第二部分内容存在争议，因为在复合波里即使基频不存在，人们仍能感知到基频。图9是笔者用Praat软件合成的复合波，上边是波形图，下边是它的谐波分析。

可以看出这列波是每隔5毫秒（ms）做一次大振动，大振动中有很多频率高的小振动，所以下边的频谱分析可以看出最低的一个谐波（harmonic），又叫做基频（fundamental）是200赫兹，第二、第三、第四谐波分别是400赫兹、600赫兹、800赫兹等，谐波之间相隔200赫兹。这列波我们可以感知到200赫兹的音高。在图10里，在上述复合波里滤掉200赫兹的基频，人们仍能感知到200赫兹的音高。

这种现象叫做基频丢失（missing fundamental）现象。基频丢失但是人们仍能感知这个丢失的基频。事实上如果用滤波抹去这个声音的所有谐波，只保留1400

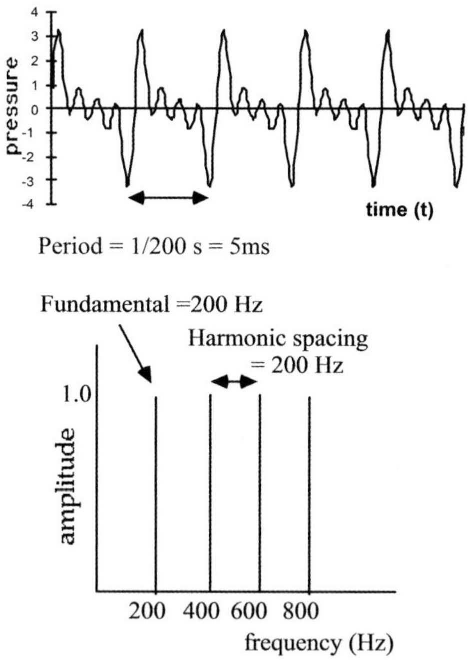

图9　有200赫兹基频的复合波

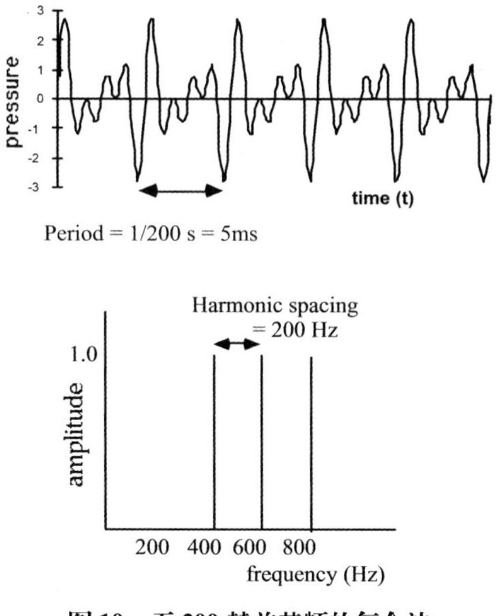

图10　无200赫兹基频的复合波

赫兹、1600赫兹、1800赫兹、2000赫兹中段谐波，人们仍然能感知到200赫兹的音高。显然音高的感知并不是基频引起基底膜的运动激发相应位置的听神经兴奋。于是放电时间理论就应运而生。放电时间理论基于以下假设：音高的感知与引起神经兴奋的模式，也即与时间有关。神经兴奋往往出现在基底膜运动的特定相位（锁相，phase locking）上，神经兴奋连续发放的时间间隔就是波形周期的整数倍，人们就是根据这个整数倍来换算出基频的，从而再感知为特定的音高［17］。图11是英国伦敦大学学院所设计的内耳基底膜振动模型。

在基底膜1230赫兹位置上做最大振动的正弦波其神经兴奋每次间隔时长都是1/1230秒，在14毫秒的时长里可以清晰看出有这样16个间隔，人们就是根据神经兴奋的间隔时间来换算出基频的。根据连续神经兴奋间隔来换算基频必须要有一段时间，如果时间不够，换算就会不正确，时间与频率成反比关系，时长长频率就低，反之则频率高，所以这种换算一般是发生在低中频段（50—4000赫兹）。图12是频率差别阈值（difference limen for frequency，DLF）与中心频率的函数（对数坐标）关系［15］。

DLF阈值越小，表示中心频率的分辨能力越高，反之，阈值越高，中心频率的分辨能力越差。每根实线上的数值是表示脉冲声的间隔时长，单位为毫秒（分别是6.25 ms、12.5 ms、25 ms、50 ms、100 ms、200 ms）。可以看出脉冲声越间隔时长长（如100 ms、200 ms），分辨能力越高。同时也可以看出不管什么时长，在1000—2000赫兹这一频段分辨能力最好，但是到了5000赫兹左右，DLF阈值急剧升高，分辨率就差。所以从图12可以看出人们对音高感知的灵敏度有两个因素决定，一个是频率，另一个是时长。频率因素是由基底膜作最大振动位置所决定；而时长因素是指在基底膜的特定位置上引起神经兴奋的时间。从图12还可以得出这样的结论：要有最佳的音高感知，最好是2000赫兹以下，特别是在1000—2000赫兹的位置上引起神经兴奋，且这种神经兴奋具有一定的时长。

复合波音高的感知主要由分辨谐波

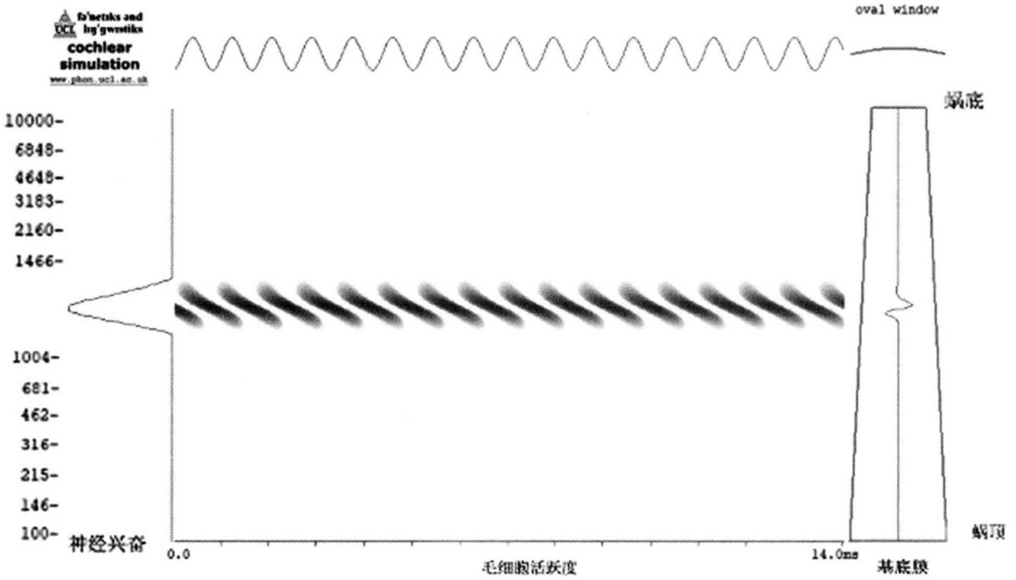

图 11　内耳基底膜振动模型

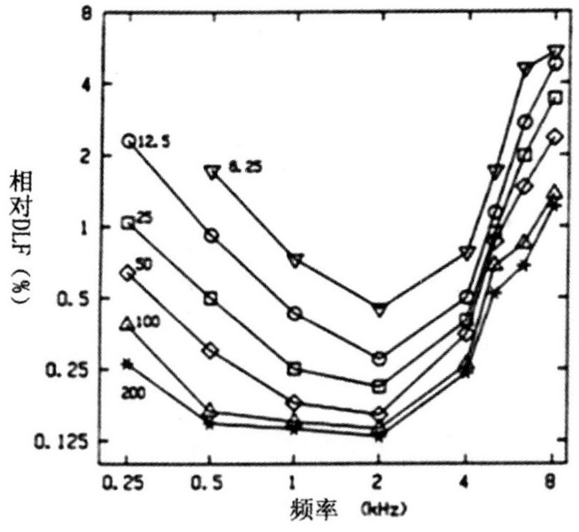

图 12　频率差别阈值与中心频率的关系

(resolved harmonics) 范围内神经兴奋的时间间隔决定。这也是人类语言音高感知最为重要的音征。根据语音音高对应的基频范围以及基底膜带宽的特性，能分辨基频的谐波大致是第四到第八谐波范围内。根据基底膜带宽的特性，到第八谐波 (=1600 赫兹) 都是分辨的谐波，所以每个谐波通过基底膜带宽滤波后的结果就是产生200 赫兹正弦波。这就是所说的能分辨基频的谐波。第八谐波后由于基底膜的带宽变粗以至于无法分辨单个 200 赫兹的谐波，通过每个滤波带宽出来的结果就不是一个个谐波，而是一群谐波，所以叫做不能分辨谐波 (unresolved harmonics)。如果成人男性的平均基频是 125 赫兹，第四谐波到第八谐波的范围就是 500—1000 赫兹；成人女性的平均基频大概是 250 赫兹，那么第四谐波到第八谐波的范围就是 1000—2000 赫兹。所以内耳基底膜 500—2000 赫兹是人类语言音高的最为重要的分辨区。500—2000 赫兹的范围其实是语言绝大部分元音第一、第二共振峰的范围。共振峰就是提升此处频率的能量，看来音高的感知还跟能量的提高有关。在真实的言语交际环境里，低频噪音往往会掩蔽基频，但是人们仍能感知音高，人们的音高感知主要是靠在 500—2000 赫兹频段内的神经兴奋时间间隔来获取。如果 500—2000 赫兹区域外毛细胞或内毛细胞受损必将对音高的感知产生非常不利的后果。

5. 掩蔽效应与频率的选择特点

掩蔽效应是指一种频率的声音掩蔽另一种频率的声音，从而带来频率的选择性。听觉器官感知声音的重要特点。掩蔽效应与频率的选择有直接关联。声音的掩蔽有同时掩蔽（simultaneous masking）与非同时掩蔽（nonsimultaneous masking）两种，其中同时掩蔽效应对一种语言的元音选择有十分重大的意义。图13是同时掩蔽效应（据 Stevens［19］：232改画）的图示。

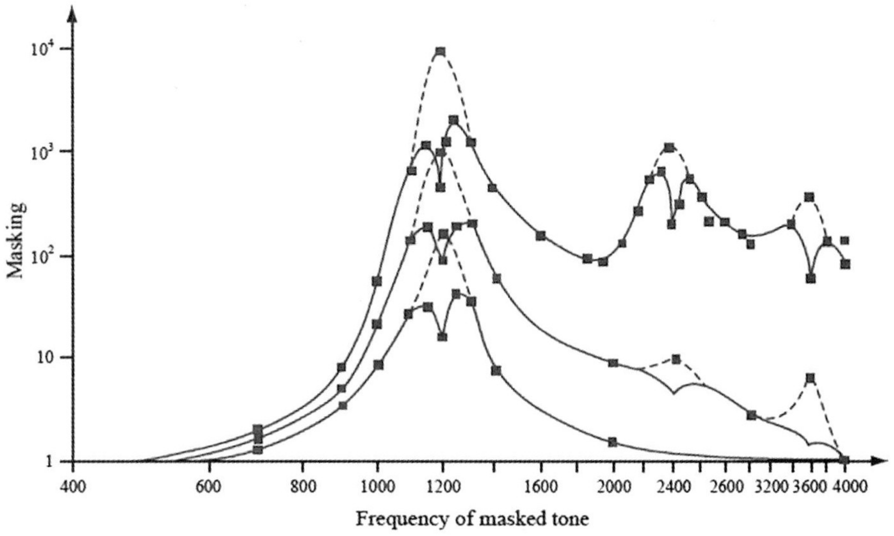

图13　同时掩蔽效应示意图

图13有三列音量不等的掩蔽音（虚线代表），它们都是周期性复合波，第一谐波是1200赫兹，第二谐波是2400赫兹，第三谐波是3600赫兹。掩蔽音由于音量大，可以掩蔽与它频率接近但音量等级较低的两个音（即图13中虚线两边的实线）。现在知道这是基底膜外毛细胞的作用。图14是笔者根据掩蔽原理所作的外毛细胞作用于内毛细胞的抑制影响层级示意图。

图14上图横轴是代表基底膜蜗顶（低频）往蜗底（高频）方向延伸的位置，纵轴表示振幅的大小。基底膜振动带动外毛细胞（图14中间插有纤毛的一组圆筒代表外毛细胞）振动，传入基底膜的频谱振幅是三个圆润且坡度较为平缓的“山峦”，如图14上半部分。外毛细胞的机械运动转变为内毛细胞的兴奋放电中间有个掩蔽效应，音量大的掩蔽邻近音量较弱的频率，外毛细胞下的箭头表示掩蔽效应的方向。掩蔽效应从三个共振峰的峰值

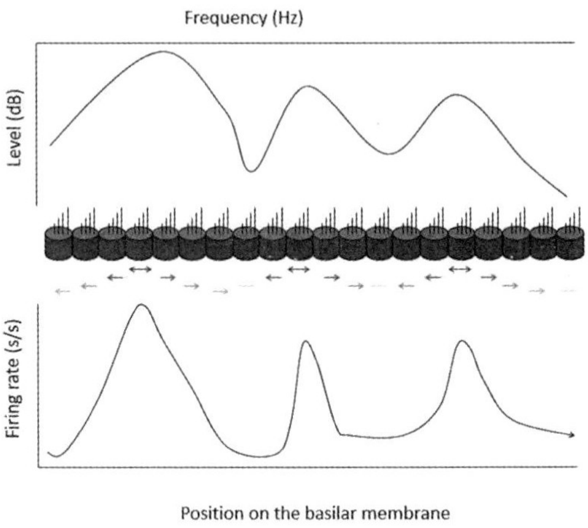

图14　外毛细胞作用于内毛细胞的掩蔽层级示意图

沿左右两边下降，离峰顶越远掩蔽效应越弱。外毛细胞掩蔽效应起作用就会产生图14下半部分三个尖锐且坡度陡峭的“尖峰”。图14下半部分是内毛细胞兴奋放电的示意图，横轴与图14上半部分一样是表示基底膜从蜗顶往蜗底方向的位置，纵轴则是内毛细胞兴奋放电的激发率（firing rate）。掩蔽效应在语音上使得所选择的频率的振幅峰值尖而敏锐，所选择的目标频率共振峰峰谷比增大，就能屏蔽无用的声音信息或背景噪音，更敏锐地锁定目标声源。这样就能在有背景噪音的环境里，提高目标语音的抗噪能力。元音/i/、/u/、/a/是一个语言里三个最为重要的元音，Stevens 称它们为“量子元音”（quantal vowels）［19］。量子元音声学特点是音量相对大的邻近共振峰（F1、F2 或者 F3）会形成双峰，两个共振峰就会在音强（amplitude）上产生相互叠加效应，增强彼此的音量。图15是元音/u/、/i/、/a/的 LPC 和窄带频谱示意图（根据 Diehl［3］Figure 1 增删加工）。

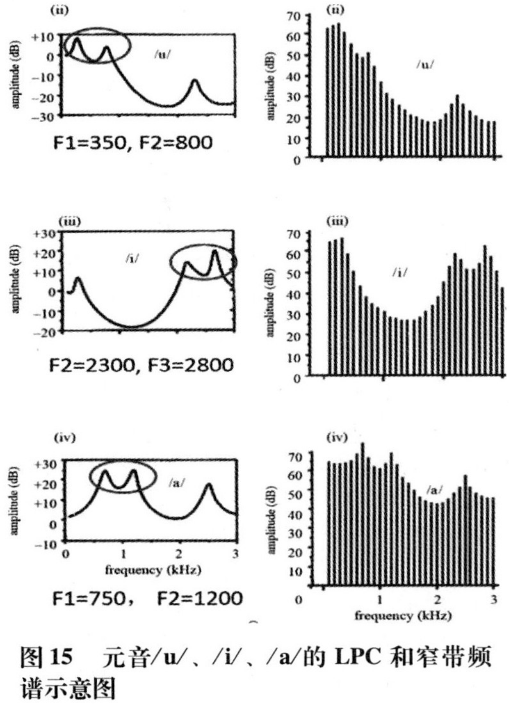

图15　元音/u/、/i/、/a/的 LPC 和窄带频谱示意图

元音/u/的 F1 和 F2 彼此接近，形成双峰；元音/i/的 F2 和 F3 接近，形成双峰；元音/a/的 F1 和 F2 彼此接近，形成双峰。从图15可以看出，形成双峰固然提升了共振峰的峰值，但是也同时抬高了谷底。此时内耳基底膜中的外毛细胞掩蔽效应就起作用，掩蔽效应的作用使得上述元音双峰之间的峰谷比增大，两个相邻近峰的斜率变得陡峭。这样才能保证量子元音更具有区别性，才能保证语音信息在嘈杂的环境里做有效的传播。外毛细胞掩蔽效应增强语音清晰度的重要作用可以从调节人工耳蜗语音算法得到证明。有人在人工耳蜗里通过算法来增加输入信号中元音的峰谷比（20句句子中的元音），其结果是大大增进了人工耳蜗携带者在有背景噪音时的听音清晰度［1］。图16是德语/oː/（成年女性发音）的三个共振峰峰谷比增加的例子。

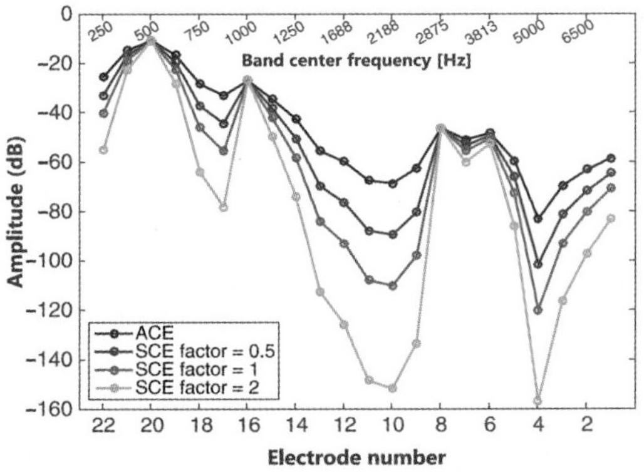

图16　德语/oː/共振峰峰谷比增强策略效果

图16中/oː/三个共振峰的数值是 F1 = 500赫兹，F2 = 1000 赫兹，F3 = 2875 赫兹（女性声音）。ACE 曲线是未增加峰谷比的原声，SCE（spectral contrast enhancement）factor = 0.5、factor = 1、factor = 2 分别为经算法加工增加原声峰谷比 0.5 倍、1 倍、2 倍的曲线。实验表明峰谷比越大（如 SCE factor = 2），人工耳蜗携带者的听音清晰度越高。人工耳蜗是用电极直接刺激听觉神经，并没有正常人内耳基底膜外毛细胞对内毛细胞的掩蔽效应，人工耳蜗如果能仿照正常外毛细胞的掩蔽效

应功能，必将能大大提升嘈杂环境内听音的清晰度，从另一方面也证明内耳基底膜中外毛细胞的掩蔽效应在提升言语交际时的语音清晰度有重要作用。

6. 听神经放电特点与语流分段

内耳中内毛细胞兴奋放电刺激听神经，语音感知分析就进入听觉器官以上的神经系统。神经系统是语音感知的高级阶段，语音感知的加工也进入高级阶段。对语言感知来说，有两大挑战性的问题必须得到解释。

第一个挑战问题是要解释语音单位的切分机制。人们说话时连贯的，尤其在正常的语流中，一句话声波的振幅有高低不等，前后的音段、音节等都会有协同发音（coarticulation），发音时的协同发音会磨灭相邻音段、音节的界限，所以一句话是连续的语流信号。那么人类是根据怎么样的机制把连续语音信号切分为不同的离散的音段、音节等单位？现在发现连续语音信号被切分为不同的离散单位跟人类大脑神经振荡（neuronal oscillations）追踪有关。人类大脑神经系统有自主的神经振荡，左右两半自主神经振荡的频率是不同的，在大脑右半球颞上皮层（superior temporal cortices）连着主要听觉皮层（primary auditory cortex）自主振荡的主要频率是3—6赫兹，又称Theta振荡（Theta oscillator）。对侧左半球相同的地方自主振荡的重要频率是28—40赫兹［7］，又称Gamma振荡（Gamma oscillator）。

根据大脑神经振荡的语音感知理论可以解释大脑神经系统如何将输入的连续语音信号转为离散语音单位的［6］：第一步，当大脑的听觉皮层接收到传来的语音，自主振荡会重新设定振荡起点与语流“同步共舞”，这一步叫做“相位重新设定”（phase reset）。第二步，在重新设定振荡起点后，Theta振荡在自己的频率范围内（3—6赫兹）追踪语音包络（speech envelope）单位（音节），这一过程叫做刺激包络追踪（stimulus envelope tracking）。第三步，在新的Theta振荡内套合频率较高的Gamma振荡（25—35赫兹），相当于音节内嵌入音段。本来自主振荡时这种套合信号是弱的，现在由于外加了语音信号，增强了振荡幅度，使得套合信号增强。第四步，神经元调节使兴奋增强后，输出离散的语音单位（音节、音段等）。第五步，神经兴奋振荡与声学语音结构对齐。捕捉到的这些离散单位及语音结构必须跟大脑原先储存的离散信号及结构匹配，才能对这些信号解码（decoding process）。最后根据这些分析再去捕捉和匹配下一段语音信号。Theta和Gamma振荡不仅是切分解码语音单位的神经机制，同时也是语言理解的关键因素。有研究表明当语速变快或变慢，超出或不到Theta振荡频率的许可范围，语言理解就会产生困难［5］。

音节内部结构的切分和感知还跟听神经兴奋放电的特性有关。当大脑中枢根据外来语音重新设定振荡起点，听神经就会按照新设定的theta振荡的分段兴奋放电。开始时神经兴奋放电率（firing rate）非常大，这段叫做起始反应（onset response）。起始反应时间短，大概是5—10毫秒。以后放电率马上回落到较小的适应段（adaptation）。此适应段时间较长，大概有50—60毫秒。放电率会再次大幅降低，就进入下一个适应段，这段时间大概也有50—60毫秒。从起首放电到最后适应段结束，整个时长可以超过100毫秒。图17是听神经对噪音脉冲（burst of noise）滞后放电直方图（PST histogram of auditory nerve unit）［11］。

当神经兴奋放电率处在这两个适应阶段时，放电率会维持一段平稳时间，特别是在第二段适应阶段，神经兴奋反应阈值（response threshold）相当高，任何声音刺激都只维持很低的兴奋反应。声波包络刺激听神经，经听神经改造后的神经元放电模式可以想象应该如图18所示（笔者根据图17所作）：神经元兴奋放电的这种特点是人类语言音节结构的生理机制。神经元兴奋放电率高就是说明此处语音的分辨率敏感；反之则迟钝。人类语言里音节的最为普遍的结构是“辅音+元音+辅音”

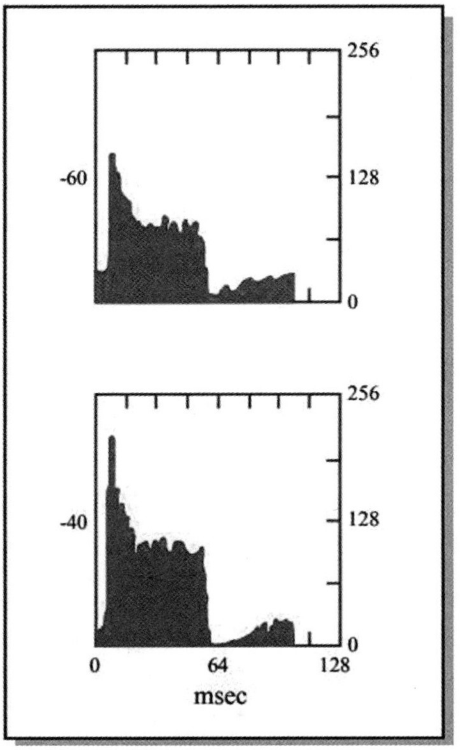

图17　听神经对噪音脉冲的放电率

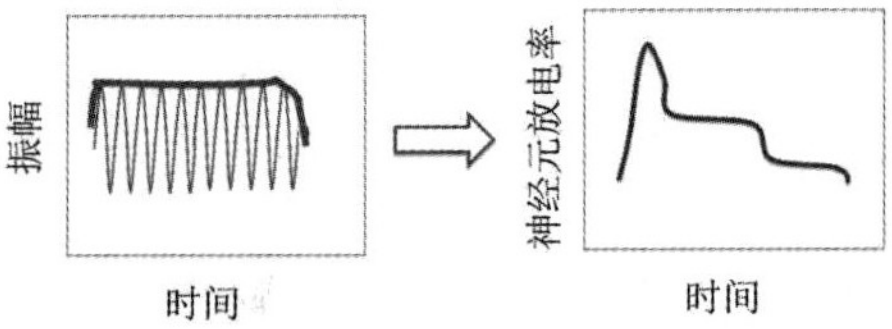

图18　声波包络刺激听神经引起听神经放电示意图

或“辅音+元音”。音节的起首辅音不论种类还是数量都比结尾辅音的复杂和多样，因为音节起首位置神经元兴奋放电率高，分辨率高。在音节结尾神经元兴奋放电率低，对音段的分辨率也就低。

7. 肌动理论与语音感知

言语交际中充满变异，这些变异包括同一个说话人不同语速造成的变异，不同语境造成的变异，不同人由于性别、年龄、地区差异造成的变异等。所以语音感知的第二大挑战问题是听者如何去除说者的各种变异来匹配自己大脑里的相对一致的语音单位？其中的机制是什么？

20世纪五六十年代 Liberman 等人提出的语音感知的“肌动理论”（motor theory）就是想回答这个问题。由于语音感知和声学特征缺乏不变量（lack of invariance）、语音声学信号的不可切割性（non-segmentability），以及语音传送信息的相对高效性（the relatively high efficiency of transmission of information），肌动理论认为听者“雇佣”自己声腔大小的信息以及自己的发音运动特性，直接对外来语音作出分析和解码。听者是通过自己发音所诱导出的听觉模式来分析和理解外来传入的语音的。比如听者听到“beat you”[bitʃʰə]，他大脑里的神经元就会指挥和协调发音肌肉来发出这个语音；如果发出的这个语音模式和听到的语音模式相吻合，听者就会认同这个语音感知，从而语言得到正确无误的传递。换句话说，听者根据自己的发音器官的特征，以及牵动这些器官的肌肉运动（motor）“发音”来对外来的语音进行解码［12，13］。这一假说当时由于缺乏脑科学及神经解剖科学的证明，曾遭受很多科学家、语言学家的责难。Liberman 等人的肌动理论版本虽经过多次的修改，但是也没有阐述此一理论的神经解剖学机制，所以也处在理论的假说阶段。

20世纪90年代后，随着脑科学及神经科学的发展，特别是脑功能成像技术的应用，人脑的语言认知研究及相关理论进入活跃期。基于神经科学的语言认知研究越来越受到语言学界和神经科学界的重视，这些研究极大地促进了人类对自己语言认知的认识［26］。其中 Watkins 等人的一组研究成果从神经科学的角度揭示了言语感知和言语发声的紧密关系，从根本上奠定了肌动理论的神经生理机制［16，21，22］。Watkins 等人的研究虽然只涉及语音感知的脑神经机制等相关问题，但是其研究结果对整个语言学将产生重大影响。下面介绍他们的研究成果，在此基础上进一步发挥，来解释语言变异与言语认知的相关问题。

Watkins 等人的文章采用经颅磁刺激（Transcranial Magnetic Stimulation，TMS）技术并配合脑磁图记录（magnetoe-ncephalography）运动诱发电位（motor-evoked potentials，MEP）变化来观测听者接受不同声音（语言声音、非语言声音）刺激时大脑初级运动皮层（primary motor cortex）中管脸部的反应。实验的条件分为四类：（1）言语（Speech）条件，即在有视觉干扰时听连续的散文；（2）非言语（Nonverbal）条件，即在有视觉干扰的同时听非语言的声音（如玻璃破裂声、铃声、枪射击声等）；（3）唇动（Lips）条件，即在有白噪音（white noise）的时候观察与言语相关的嘴唇动作；（4）眼部（Eyes）条件，即在有白噪音的时候观看眼睛和眉毛的动作。实验结果表明听者在条件1和条件3情况下，左半脑主要运动皮层有更高的运动诱发电位值。在跟言语无关的声音和动作，即2和4状态下运动诱发电位值变化不显著；而在右半脑，这四种状态下主要运动皮层的运动诱发电位值变化无明显区别，变化也不显著。

经颅磁刺激只能在已知或目标固定大脑皮层区域测试诱发运动电位变化，语音的感知很可能是整个大脑皮层协调得以完成的，所以在未知哪个区域协调工作的情形下，经颅磁刺激这一手段就显其局限性。鉴于此，Watkins 等人在次年又发表相关的文章，把经颅磁刺激和正电子发射断层扫描（Positron Emission Tomography，PET）技术结合起来，测试在言语感知过程中大脑哪些区域一起协调运动。正电子发射断层扫描根据血液中葡萄糖消耗程度来追踪大脑皮层各区域血流量（CBF）变化，从而来判断大脑不同皮层运动兴奋的程度。实验的条件分为三类，即：（1）言语条件；（2）唇动条件（与言语相关的嘴唇动作）；（3）眼动条件。

在言语、唇动及眼动三种状态下，血流量在大脑皮层的激增区是不同的，唇动和眼动血流量激增区重叠在大脑两侧枕颞相交区域（occipitotemporal regions）；而言语状态下，虽然大脑两侧的颞上回（superior temporal gyrus）都显示血流量激增，但是左半脑激增区更大。特别在接受言语和模仿言语的唇动状态下，除了颞上回、颞叶前部沟回（the uncus in the anterior temporal lobe）外，左半脑的额下回（left inferior frontal gyrus），也即布罗卡（Broca）区，血流量激增明显。作者再根据运动诱发电位数值（MEP）及布罗卡区脑血流量激增多元回归分析指出，听者在接受言语信息时，位于左半脑额下回鳃盖部（the inferior frontal operculum），即44区，以及顶叶，血流量和运动诱发电位数呈正相关性同步增长。左半脑44区正好跟管发音动作的主要运动皮层区域接壤。由此可以认为，外来语音信息首先在左上颞叶主要听觉皮层被接受，然后转入顶叶缘上回（the supramarginal gyrus），再投射到左半脑44区。44区处在调制发音运动的皮层上，它可以通过直接或者间接方式连接腹侧前运动皮层（the ventral premotor cortex），来匹配自己的发音动作，从而对外来语音进行感知。换句话说听者必须“雇用”自己的发音“动作”来感知外来语音。

如果说 Watkins 等人上述的两篇文章是从正面来阐述语言感知过程中听者需要雇用自己的发音动作来解码这一理论的话，那么他们2009年的文章则是从反面来说明听者无法发音会影响对这类语音的感知。作者用重复经颅磁刺激（Repetitive Transcranical Magnetic Stimulation，rTMS）短暂抑制管唇部发音动作和管手动作的左半脑运动皮层活动，来测试听者对特定辅音的范畴感知（categorical perception）的反应。塞音的范畴感知是人类语音认知的一个重要特点，即人类对不同类别的辅音有非常敏感的认知反应，但是对属于同类辅音中的各种差异则反应不敏感。该文的作者合成四组辅音连续刺激音（continuum stimuli），分别是：

（1）ba-da

（2）ka-ga

（3）pa-ta

（4）da-ga

每组连续刺激音分八步（eight-step continua），逐渐变化声学参数，在短暂抑制左脑运动皮层中的唇部代表点（the lip representation）和手部代表点（the hand representation），看听者对这些辅音的辨认（identification）和区分（discrimination）能力。参加者共30位，英语是他们的母语。图19是听者短暂抑制左脑运动皮层某些部位前（Pre-rTMS）和后（Post-rTMS）测试数据的对比统计。

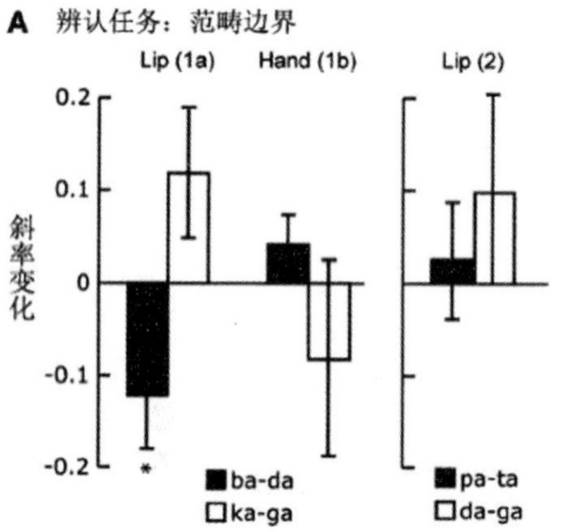

图19a 听者短暂抑制左脑运动皮层某些部位前（Pre-rTMS）测试数据的对比统计（$*p<0.05$，$**p<0.01$，$***pP<0.001$）

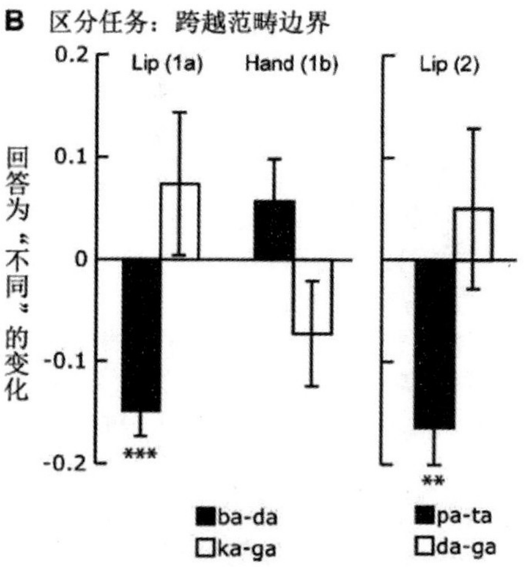

图19b 听者短暂抑制左脑运动皮层某些部位后（Post-rTMS）测试数据的对比统计（$*p<0.05$，$**p<0.01$，$***p<0.001$）

图19a分别是四组塞音认定统计图，根据统计数据可以总结如下：

（1）在Lip（1a）组里，重复经颅磁刺激（rTMS）扰乱左半脑主要运动皮层中的唇部代表点会引起ba-da连续体感知斜率的降低，而对ka-ga连续体感知不起变化。

（2）在Hand（1b）组里，重复经颅磁刺激（rTMS）扰乱左半脑主要运动皮层中的手部代表点对听者ba-da和ka-ga连续体感知都不受任何影响。

（3）无论是扰乱唇部代表点还是手部代表点对范畴边界位置的感知都不受影响。

（4）在Lip（1b）组里，重复经颅磁刺激（rTMS）扰乱左半脑主要运动皮层中的唇部代表点对pa-ta或da-ga连续体范畴感知的边界不起变化。

图19b分别是四组塞音区别统计图，根据统计数据可以总结如下：

（1）重复经颅磁刺激（rTMS）扰乱左半脑主要运动皮层中的唇部代表点会破坏ba-da和pa-ta连续体中ba与da、pa与ta的区分精确度，而ka-ga和da-ga连续体中ka与ga、da与ga的区分精确度不受影响；

（2）每组范畴内的区分度则不受重复经颅磁刺激（rTMS）扰乱的影响。

（3）重复经颅磁刺激（rTMS）扰乱左半脑主要运动皮层中的手部代表点对每组的区分精度都不产生作用。

重复经颅磁刺激（rTMS）扰乱左半脑主要运动皮层唇部代表点对唇音的辨认感知和区分感知都产生影响，虽然这种影响并不足以取消不同音类的范畴感知特点，但是会改变听者对范畴感知的时间以及增感知错误率的增加。显然对左半脑主要运动皮层发音动作代表点的干扰会对听者的语音感知产生影响。再一次从不同的角度证明听者左半脑管语音发音动作的运动皮层的活动对感知相应的语音起着十分重要的作用。

Watkins等人上述的三篇研究论文从神经机制这一角度弥补了语音感知肌动理论的缺陷，使肌动理论从假说成为真理。

可以把语音感知的过程总结如下：

外来的语音首先到达大脑的初级听觉皮层（primary auditory cortex），被分解为不同频段的声音，再转送到附近的维尼克区（Wernicke's area）进行理解；与此同时，语音信息通过白质弓状纤维束（arcuate fasciculus）传送到左脑初级运动皮层（left primary motor cortex）做出相应的“动作”，即通过听者自己的“发音”特性来匹配外来的语音，从而对外来的语音解码。

肌动理论假设听者是“雇用”他们自己发音体及共鸣腔的知识来对外来语音解码，但是他们没有对听者“雇用”自己发音体及共鸣腔知识的细节及步骤做出说明。随着神经科学及语言认知科学的发展，现在人们对大脑如何指挥语音发声的认识越来越深入，所以可以对肌动理论略作修正，把言语发音和感知的过程细化，研究言语感知与言语发音哪些阶段有密切的联系。我们认为听者不必通过自己的发音，而是依靠听者自己的发音信息来解码的。即布罗卡区储存着个人发音动作的信息，当外来的语音信息跟这些既有的信息相匹配，听者才会正确地感知外来的语音。整个语音感知过程在语言运动计划（language motor planning）和语言运动的编程（language motor programming）阶段完成，而不是在语言规划的执行（language motor execution）过程中完成的［24］。

Hickok 和 Poeppel 提出的言语加工处理的双流理论（dual-stream model of speech processing）也认为语音感知要通过左脑背侧听觉区和运动区这条“流”的整合才能达到目的［8］。

肌动理论的提出以及以后神经科学对它的证明至少给语言学研究带来三点重要的启示［24］。

第一，言语认知（感知）具有主观性，任何感知都带有主观性，语音感知也不例外。但是这种主观感知也不是随意的，任凭听者随心所欲去主观发挥；它必须受特定语言规则的制约，所以在一个言语社团，或者在一个语言里这种制约是有强制性的，这样才能保证言语交际顺利地进行。

第二，人类的言语发音以及语音感知是独特的，跟其他动物的发出的声音和感知不同。人类言语发音和语音感知的独特性可以从以下几个方面来阐述。（1）其他动物的发音体和共鸣器官与人类的具有本质上的差异，它们的神经机制以及大脑结构也跟人类的显示出巨大的差异。管运动区、感觉区大脑皮质回路是人类特有功能增加的投射，其中嘴的运动投射皮层有不成比例的增大，跟人类用嘴说话、呼吸、吃等运动量大、动作频繁等有直接的关系。所以，即使动物对它们的“语言”也有感知机制，也因动物发音体、共鸣腔、脑结构等跟人类存在巨大的差异，“语言”感知的特点也会有很大的区别。（2）语音感知有补偿机制，即在连续的音段和语句中人类发音会发生音段间的协同发音（co-articulation）现象，听者则用感知补偿机制来克服由协同发音产生的混淆。这也是人类语言发音和感知的特点，此现象并没有在任何动物“语言”里发现。（3）语音的感知具有主观性，这种主观性受特定语言规则的制约，语言规则是指特定语言里的音系结构规则、构词法特点、语义特点、句法规则等，对非语言的动物声音来说，既然不具备人类语言的这些特征，自然就不会有人类语言那样的发音及感知特点。

第三，根据前述语音感知的肌动理论，听者是“雇用”了自己大脑运动皮层中的语音发音计划及编程来对外来的语音解码；换句话说，外来的语音只有跟自己储存的发音信息相匹配，听者才会认同这些外来的语音。这一理论很好地解决了人类语音发音变异与语音感知之间的困惑。正如 Weinreich、Labov 和 Herzog［23］指出，语言变异是人类语言的本质，没有变异，语言就失去它的功能，因为许多重要的社会功能以及语言的演变都是建立在语言有序变异（orderly heterogeneous）的基础上的，可以说没有变异的语言是不可想象的。每个人发音器官存在着差异，男人与女人有差异（成年女性的共鸣腔只有成年男性的70%左右），老人与小孩有差异，发音体形状不同，共鸣声学数据自然不同；即使是同一个人，在不同的时间点发同样的音，由于语速、语言环境以及其他非语言因素的差异，声学参数会有很大的变异。面对如此复杂的变异，如果听者全凭客观的声波特点（声学数值）来感知或识别外来的语音，言语交际一定会崩溃。语音感知的肌动理论告诉我们，听者是启动了自己的发音动作来匹配外来语音，也可以说是根据自己的发音计划、发音编码以及特定语言的音系规则来对外来的语音作归一化（normalization）处理，根据自己的发音信息就可以过滤由各种因素造成的语音变异，从充满变异的声学信号里提取一致的、符合语言规则的音位信息，来感知语音，从而达到言语交际的目的。

8. 结语

以上我们从听觉器官和听觉器官以上听神经系统的解剖生理系统来分析语音感知的特点。可以看出，语音进入听觉器官，听觉器官并不是被动的、客观的接收，而是对传入的声音进行了主观的改造和修饰。改造和修饰的特点及结果是跟听觉器官的解剖生理构造密切相关。由于人类听觉器官与其他哺乳类动物不同，所以相同的语音输入经由不同哺乳动物听觉器官改造和修饰所产生的特点和结果也应该是不同的。从而也说明人类语言的独特性。当语音进入听觉器官以上的听神经系统以及大脑高级认知皮层，还要做更为高级的语音匹配认知过程。其中的音段切分（segmentation）与大脑神经的自主振荡范围有关。大脑神经在自主振荡的范围内做刺激包络追踪，以此增强振荡幅度，从而将连续的音段切分为离散的单位。听者是雇用了自己大脑运动皮层中的语音发音计划及编程来对外来的语音解码。换句话说，外来的语音只有跟自己储存的发音信息相匹配，听者才会认同这个（些）外来的语音。这一理论很好地解决了人类语音发音变异与语音感知之间的困惑和矛盾。

语音感知还跟语言中的音系结构、语义、句法以及邻近词语或语音的疏密程度等因素有关，随着神经认知科学，脑影像技术的进步，语言神经认知研究也将取得越来越多的成果，语言认知的神秘面纱也将会被揭开。

9. 致谢

本文写作受国家社科基金重大项目“上海城市方言现状与历史研究及数据库建设”（批准号19ZDA303）的资助，特此鸣谢。

参考文献

[1] Boghdady, N. E., Langner, F., Gaudrain, E., Başkent, D., Nogueira, W. 2021. Effect of spectral contrast enhancement on speech-on-speech intelligibility and voice cue sensitivity in cochlear implant users. *Ear & Hearing* 42, 271 – 289.

[2] Denes, P., Pinson, E. 1993. *The Speech Chain.* New York: W. H. Freeman and Co.

[3] Diehl, R. L. 2008. Acoustic and auditory phonetics: the adaptive design of speech sound systems. *Philosophical Transactions of the Royal Society B.* 363, 965 – 978.

[4] Fay, R., Popper, A. N. 1994. *Comparative Hearing: Mammals.* New York: Springer – Verlag.

[5] Ghitza, O., Greenberg, S. 2009. On the possible role of brain rhythms in speech perception: Intelligibility of time-compressed speech with periodic and aperiodic insertions of silence. *Phonetica* 66, 113 – 126.

[6] Giraud, A., Poeppel, D. 2012. Cortical oscillations and speech processing: Emerging computational principles and operations. *Nature Neuroscience* 15 (4), 511 – 517.

[7] Giraud, A. et al. 2007. Endogenous cortical rhythms determine cerebral specialization for speech perception and production. *Neuron* 56, 1127 – 1134. [PubMed: 18093532]

[8] Hickok, G., Poeppel, D. 2007. The cortical organization of speech processing. *Nature Reviews Neuroscience* 8, 393 – 402.

[9] Johnson, K. 2012. *Acoustic and Auditory Phonetics. 3rd edition.* Wiley-Blackwell.

[10] Joris, P. X., Bergevin, C., Kalluri, R., Laughlin, M., Mc Michelet, P., van der Heijden, M., Shera, C. A. 2011. Frequency selectivity in

Old-World monkeys corroborates sharp cochlear tuning in humans. *Proc. National Academy of Sciences of the United States of America* 108, 17516 – 17520.

[11] Kiang, N. Y-S., Watanabe, T., Thomas, E. C., Clark, Louise F. C. 1965. *Discharge Patterns of Single Fibers in the Cat's Auditory Nerve*. Cambridge, MA: MIT Press.

[12] Liberman, A. M., Cooper, F. S., Shankweiler, D. P., Studdert-Kennedy, M. 1967. Perception of the speech code. *Psychological Review* 74, 431 – 461.

[13] Liberman, A. M., Mattingly, I. G. 1985. The motor theory of speech perception revised. *Cognition* 21, 1 – 36.

[14] Liljencrants, J., Lindblom, B. 1972. Numerical simulation of vowel quality systems: the role of perceptual contrast. *Language* 48, 839 – 862.

[15] Moore, B. C. J. 2013. *An Introduction to the Psychology of Hearing. 6th edition*. Boston: Brill.

[16] Möttönen, R., Watkins, K. E. 2009. Motor representations of articulators contribute to categorical perception of speech sounds. *Journal of Neuroscience* 29 (31), 9819 – 9825.

[17] Oxenham, A. J. 2012. Pitch perception. *Journal of Neuroscience* 32 (39), 13335 – 13338.

[18] Rosen, S., Howell, P. 2010. *Signals and Systems for Speech and Hearing. Ind edition*. Emerald Group Publishing Limited.

[19] Stevens, K. N. 1989. On the quantal nature of speech. *Journal of Phonetics* 17, 3 – 45.

[20] Von Békésy, G. 1960. *Experiments in Hearing*. New York: McGraw-Hill.

[21] Watkins, K. E., Strafella, A. P., Paus, T. 2003. Seeing and hearing speech excites the motor system involved in speech production. *Neuropsychologia* 48, 989 – 994.

[22] Watkins, K. E., Paus, T. 2004. Modulation of motor excitability during speech perception: The role of Broca's area. *Journal of Cognitive Neuroscience* 16 (6), 978 – 987.

[23] Weinreich, U., Labov, W., Herzog, M. 1968. Empirical foundations for a theory of language change. In: Lehmann, W., Malkel, Y. (eds.), *Directions for Historical Linguistics*. Austin: University of Texas Press, 95 – 188.

[24] 陈忠敏:《肌动理论和语言认知》,《外国语》2015 年第 38 卷第 2 期, 第 15—24 页。

[25] 陈忠敏:《论言语发音与感知的互动机制》,《外国语》2019 年第 42 卷第 6 期, 第 2—17 页。

[26] 张高燕、党建武:《言语信息处理的脑神经机制研究进展》,《中国语音学报》2018 年第 2 辑, 第 13—21 页。

陈忠敏 复旦大学中国语言文学系、现代语言学研究院教授，博士，主要研究领域为神经语言学、历史语言学、实验语音学。
E-mail: zhongminchen@fudan.edu.cn

基于汉语方言字音系统实验研究工具的合肥话与北京话声母系统对比分析

熊子瑜

摘　要　本文以合肥话和北京话的方言调查字表数据为例，尝试采用笔者设计开发的“汉语方言字音系统实验研究工具（xDialectTools）”从共时层面和历时层面对比分析合肥话与北京话的声母系统数据。研究结果表明：合肥话与北京话的声母系统之间有较强的对应关系，但在古音来源和演变规则等方面存在一定差异。

关键词　汉语方言字音系统实验研究工具，合肥话，北京话，声母系统

A Comparative Study of the Initial Systems in Hefei Mandarin and Beijing Mandarin Using xDialectTools

XIONG Ziyu

Abstract This study compared the initial systems in Hefei Mandarin vs. Beijing Mandarin. By using the “Experimental Research Tools for Monosyllable Pronunciation in Chinese Dialects (xDialectTools)” from both diachronic and synchronic points of view, the results show that there is a strong correlation between the initial systems in Hefei Mandarin and Beijing Mandarin, but the sources and rules of sound change differ in these two dialects.

Keywords xDialectTools, Hefei Mandarin, Beijing Mandarin, Onset initial system

1. 引言

自《方言调查字表》问世以来，方言学界已积累了大批较为成熟的方言字音调查数据，特别是在国家语言资源保护工程项目的支持下，方言字音调查数据更是取得了爆发式增长。目前中国语言资源保护工程采录展示平台上已开放了一千多个方言点的方言调查数据［16］，小学堂网站上也公开了几百个方言点的方言调查数据［13］。面对规模宏大的方言字音调查数据，传统的研究方法很难做到通盘处理和全面分析。探索并采取一些数据统计和数据建模的分析方法对各方言点的字表字音数据进行分析，促进研究方法和研究手段的转型升级，不仅能够在一定程度上降低人工分析的成本和工作量，还能够进一步增强数据分析工作的科学性和系统性，从而促进方言调查数据的大规模分析和利用。

这类基于数据统计分析的研究方法，如聚类分析和相关性分析，在学界已经有过一些探索，并在方言亲疏远近关系等研究中取得了一些成果，如陆致极［6］、沈榕秋［8］、陈海伦［1，2］、秦绿叶［7］、韦远诚［10］等。但这类研究大多基于今音系统，主要通过比较声母和韵母在不同方言之间的共现情况来进行考察分析，其结果容易受字表规模和记音结果的影响，特别是一些不常见的声韵母类型会影响到整个系统的分析结果。

本文采用熊子瑜设计和开发的“汉语方言字音系统实验研究工具”［14］，主要从古今字音对应关系的角度来比较合肥话与北京话的声母系统，通过一系列脚本程序来处理和分析方言字表字音数据，输出相应的统计测算结果，并在此基础上对比

分析合肥话和北京话的声母数据，考察这两个点声母系统的异同情况，旨在探索并展示这套工具对方言调查字表数据的处理和分析能力，试图为方言字表数据的快速有效分析和对比研究提供一种新的方法和手段。

2. 字表数据

本文使用的北京话字音材料以《方言调查字表》［15］为基础，一共包含有3775个例字数据，采用《新华字典》第11版的拼音信息给各个例字标记声母、韵母和声调，在遇到多音字时参考例字的备注及其古音分类等信息，以确保准确标记字音数据。本文所使用的合肥话字音材料取自小学堂网站［13］，经初步整理后一共得到2509个例字的合肥话字音数据。

各例字均含有古音分类信息（古声、古韵、古调、摄、呼、等）以及今音的声韵调信息（声母、韵母、调类）。在这两份字表数据中，共有2168个例字能够完全匹配。所谓完全匹配，是指例字及其古音分类信息在这两个字表中完全一致，而且未出现一对多的情况。在进行合肥话与北京话的声母系统对比分析时，本文仅使用这2168条能够完全匹配的例字数据。

本文对合肥话和北京话的字音声母数据进行处理和分析，主要包括方言的声母系统分析、跨方言点的字音数据对比分析、古今字音对应关系分析、字音演变规律分析等内容，得到相应的数据分析结果，然后在此基础上进行跨方言点的数据对比研究。

3. 合肥话声母系统

合肥话属于江淮官话洪巢片，有5个声调，入声收喉塞尾。在本文所采用的合肥话字表数据中，一共出现了21个声母，其中包含1个零声母“Ø”。不同学者对合肥话声母系统的处理有所不同。按照李金陵［4］的研究材料，合肥话共有22个声母，比本文所用材料多出了一个/z/声母，凡北京话中/i/和/y/自成音节的例字，或者/n/、/l/声母与/i/、/y/韵母相拼的例字（古入声除外），在合肥话中几乎都被读为/z/声母，如“衣尼雨女”等，这些音节起首位置通常会带有明显的摩擦性成分。据孔慧芳等［3］的研究，合肥话舌尖元音会带有明显的摩擦性特征，并与共振峰结构共现，属于元音的次要发声特征。在该文所给出的“椅/zɿ/、雨/zʮ/”等例字的字音图谱中，音节起首位置并无明显的摩擦成分，较强的摩擦出现在元音内部。与北京话的声母系统相比，合肥话除可能多了个/z/声母之外，最主要的区别是合肥话中没有/n/声母，北京话中读为/n/声母的例字在合肥话中基本上都被读为/l/声母。合肥话的声母列表及其例字等信息如表1所示，包含声母、字数、比例和部分例字等信息，这些数据内容由“汉语方言字音系统实验研究工具”基于字表数据自动提取生成，例字也是由脚本程序根据一定的规则自动筛选出来的（因例字不会影响数据分析结果，故未做手工检校）。表格中的声母均采用国际音标符号进行转写，为了简便起见，均未添加“/ /”，后同。

表1　合肥话的声母系统及例字

序号	声母	字数	比例（%）	例字
1	Ø	268	12.36	武以圆用晚一尾有五危
2	p	96	4.43	边笔布步白抱病百保北
3	p^h	69	3.18	盘普拍爬品批旁片朋判
4	m	85	3.92	面木门麦灭买米棉麻免
5	f	68	3.14	飞附福服妇粉符付罚富
6	t	98	4.52	短读斗道到灯东得对稻
7	t^h	86	3.97	天田同铁太条桃唐踢通
8	l	159	7.33	良六老年绿路流龙连林

7个例字读为/tʰ/声母，占比为8.43%，还有6个例字读为/tʂʰ/声母，占比为7.23%。

（6）在合肥话里读为/s/声母的87个例字之中，北京话也读为/s/声母的一共有61个，占比为70.11%，另有12个例字读为/ɕ/声母，占比为13.79%，还有14个例字读为/ʂ/声母，占比为16.09%。

接下来以北京话声母系统为出发点，分析北京话与合肥话的声母对应关系，测算方法与上面相同。北京话与合肥话之间的声母对应关系数据见表3。以第1行数据为例对表3数据加以说明：在北京话里读为零声母的271个例字之中，共有245个例字在合肥话里也被读为零声母，有25个例字在合肥话里被读为/ʐ/声母，还有1个例字在合肥话里被读为/m/声母。因此，在合肥话中，与北京话零声母相对应的主要类型为零声母，占全部字数的比例为90.41%，记为最大比。

从表3数据可以看出，北京话与合肥话的声母之间存在着较强的对应关系。在这2168个例字之中，合肥话主要声母类型所覆盖的例字数为2017个（表3第4列的数字之和），综合占比为93.04%。在北京话中读为/p、pʰ、m、f，ts、tsʰ、s，k、kʰ、x/等10个声母的共有748个例字，这些例字在北京话中也相应读为/p、pʰ、m、f，ts、tsʰ、s，k、kʰ、x/等声母。这些声母在北京话和合肥话中具有“一对一”关系，且音值基本相同。在这2017个例字中，例外字共有6个，二者之间的一致率高达99.20%。

从表3数据还可以看出，北京话声母与合肥话声母之间存在“一对多”关系的主要有以下几种情况：

（1）在北京话里读为零声母的271个例字之中，合肥话也读为零声母的一共有245个，占比为90.41%，另有25个例字读为/ʐ/声母，占比为9.23%。

（2）在北京话里读为/ʐ/声母的31个例字之中，合肥话也读为/ʐ/声母的一共有25个，占比为80.65%，另有5个例字读为零声母，占比为16.13%。

（3）在北京话里读为/l/声母的136个例字之中，合肥话也读为/l/声母的一共有120个，占比为88.24%，另有16个例字读为零声母，占比为11.76%。

（4）在北京话里读为/tɕ/声母的184个例字之中，合肥话也读为/tɕ/声母的一共有165个，占比为89.67%，另有18个例字读为/ts/声母，占比为9.78%。

（5）在北京话里读为/tɕʰ/声母的84个例字之中，合肥话也读为/tɕʰ/声母的一共有68个，占比为80.95%，另有15个例字读为/tsʰ/声母，占比为17.86%。

（6）在北京话里读为/ɕ/声母的149个例字之中，合肥话也读为/ɕ/声母的一共有132个，占比为88.59%，另有12个例字读为/s/声母，占比为8.05%。

（7）在北京话里读为/t/声母的107个例字之中，合肥话也读为/t/声母的一共有98个，占比为91.59%，另有6个例字读为/ts/声母，占比为5.61%。

（8）在北京话里读为/tʰ/声母的93个例字之中，合肥话也读为/tʰ/声母的一共有86个，占比为92.47%，另有7个例字读为/tsʰ/声母，占比为7.53%。

（9）在北京话里读为/tʂ/声母的133个例字之中，合肥话也读为/tʂ/声母的一共有126个，占比为94.74%，另有5个例字读为/ts/声母，占比为3.76%。

（10）在北京话里读为/tʂʰ/声母的86个例字之中，合肥话也读为/tʂʰ/声母的一共有80个，占比为93.02%，另有6个例字读为/tsʰ/声母，占比为6.98%。

（11）在北京话里读为/ʂ/声母的108个例字之中，合肥话也读为/ʂ/声母的一共有94个，占比为87.04%，另有14个例字读为/s/声母，占比为12.96%。

除了上述这11种类型的“一对多”差异之外，在北京话里读为/n/声母的38个例字之中，合肥话读为/l/声母的一共有36个，占比为94.74%，另有2个例字读为零声母。虽然在本文研究中认为这二者之间有着“一对一”的关系，但由于/n/和/l/的音值不同，因此这一组也是有区别的。

表 3　　北京话声母与合肥话声母的对应关系数据

北京话声母	字数	合肥话中所对应的声母及其字数	主要类型与字数	最大比（%）	关系
Ø	271	Ø｜245；ʐ｜25；m｜1	Ø｜245	90.41	一对多
p	97	p｜96；pʰ｜1	p｜96	98.97	一对一
pʰ	67	pʰ｜67	pʰ｜67	100.00	一对一
m	85	m｜84；l｜1	m｜84	98.82	一对一
f	69	f｜68；pʰ｜1	f｜68	98.55	一对一
t	107	t｜98；ts｜6；tsʰ｜2；l｜1	t｜98	91.59	一对多
tʰ	93	tʰ｜86；tsʰ｜7	tʰ｜86	92.47	一对多
n	38	l｜36；Ø｜2	l｜36	94.74	一对一
l	136	l｜120；Ø｜16	l｜120	88.24	一对多
ts	54	ts｜53；tsʰ｜1	ts｜53	98.15	一对一
tsʰ	52	tsʰ｜52	tsʰ｜52	100.00	一对一
s	61	s｜61	s｜61	100.00	一对一
tʂ	133	tʂ｜126；ts｜5；tʂʰ｜2	tʂ｜126	94.74	一对多
tʂʰ	86	tʂʰ｜80；tsʰ｜6	tʂʰ｜80	93.02	一对多
ʂ	108	ʂ｜94；s｜14	ʂ｜94	87.04	一对多
ʐ	31	ʐ｜25；Ø｜5；ʂ｜1	ʐ｜25	80.65	一对多
tɕ	184	tɕ｜165；ts｜18；tɕʰ｜1	tɕ｜165	89.67	一对多
tɕʰ	84	tɕʰ｜68；tsʰ｜15；tɕ｜1	tɕʰ｜68	80.95	一对多
ɕ	149	ɕ｜132；s｜12；tɕʰ｜3；tɕ｜1；tʂʰ｜1	ɕ｜132	88.59	一对多
k	98	k｜97；l｜1	k｜97	98.98	一对一
kʰ	62	kʰ｜62	kʰ｜62	100.00	一对一
x	103	x｜102；ɕ｜1	x｜102	99.03	一对一

通过上述数据分析，本文从共时层面考察了合肥话与北京话声母系统的异同。研究数据表明，在合肥话与北京话的 2168 个完全匹配例字中，声母能够对齐的一共有 1981 个例字，占比为 91.38%，因此可以认为，它们的声母系统具有较强的一致性。另外，共有 187 个例字的声母存在一定差异，这主要表现为：（1）零声母和/l、n、ʐ/等浊辅音声母在合肥话和北京话中存在系统性差异。（2）北京话读为/tɕ、tɕʰ、ɕ/等声母的例字，会有一部分在合肥话里读为/ts、tsʰ、s/声母；北京话读为/t、tʰ/等声母的例字，会有一部分在合肥话里读为/ts、tsʰ/声母；北京话读为/tʂ、tʂʰ、ʂ/等声母的例字，会有一部分在合肥话里读为/ts、tsʰ、s/声母。

表 4 给出了在合肥话与北京话中存在系统性声母差异的 12 组例字，共计 165 个，各个例字的中古音声母标记在【】之中。

表 4　　北京话与合肥话之间存在系统性声母差异的例字数据

编号	北京话声母	合肥话声母	字数	比例（%）	例字及其中古音声母
第 1 组	n	l	36	94.74	【泥】纳捺乃奈耐男南难难囊恼脑内嫩能溺年念捏农脓奴努暖诺；【娘】闹你聂纽浓；【疑】逆孽凝牛疟虐
第 2 组	l	Ø	16	11.76	【来】狸梨犁黎李里理鲤厉吏丽励利例荔痢
第 3 组	Ø	ʐ	25	9.23	【影】哀矮爱安庵按案暗袄懊恶恩欧呕；【疑】艾碍岸昂熬傲额偶偶藕硬
第 4 组	ʐ	Ø	5	16.13	【日】茸绒；【以】容融；【云】荣
第 5 组	t	ts	6	5.61	【定】地弟递第；【端】底帝
第 6 组	t^{h}	ts^{h}	7	7.53	【定】提啼题蹄；【透】剃涕替
第 7 组	tɕ	ts	18	9.78	【见】讥肌基稽己计记季既继寄；【群】技忌妓；【精】际济祭；【从】剂
第 8 组	$tɕ^{h}$	ts^{h}	15	17.86	【群】期其奇骑棋旗鳍；【溪】欺岂起契器；【从】齐脐；【清】妻
第 9 组	ɕ	s	12	8.05	【晓】希牺稀喜戏；【心】西犀洗细羞；【匣】系；【溪】溪
第 10 组	tʂ	ts	5	3.76	【庄】窄皱；【崇】骤；【知】摘；【澄】宅
第 11 组	$tʂ^{h}$	ts^{h}	6	6.98	【初】衬疮；【崇】崇愁；【昌】称充
第 12 组	ʂ	s	14	12.96	【生】参渗牲甥师狮史驶瘦数数；【崇】士事；【书】深

在这 12 组对应关系之中，除第 1 组比例较高之外，其余各组比例都不是很高，如第 2 组，在北京话中读为/l/声母的例字一共有 136 个（可参见表 3 第 2 列数据），其中有 120 个例字在合肥话中也读为/l/声母，只有 16 个例字在合肥话中被读为零声母，这 16 个例字占北京话/l/声母总数的 11.76%。这表明除了第 1 组之外，其余各组均会受到一定的条件限制，即只有在满足一定限制条件的情况下，北京话中读为/tɕ、$tɕ^{h}$、ɕ/等声母的例字才会在合肥话中被读为相应的/ts、ts^{h}、s/声母。对此，李金陵［4］在《合肥话音档》中曾指出：合肥话中的舌尖前音声母大大多于北京音，凡舌面音/tɕ、$tɕ^{h}$、ɕ/，舌尖中音/t、t^{h}/与/i/相拼时（古入声除外），声母一律念舌尖前音/ts、ts^{h}、s/（韵母也由/i/改为/ɿ/）。吴欣欣［11］对此也有类似的表述。

5. 从古今对应关系看声母系统差异

通过表 4 数据，我们不难看出，合肥话和北京话的部分声母有着不同的中古音声母来源，如合肥话中的零声母例字部分来自于来母字，而这部分例字在北京话中均读为/l/声母。为全面分析各个声母的中古音声母来源情况，本文采用“汉语方言字音系统实验研究工具”对合肥话和北京话的字音数据进行分析，得到合肥话和北京话的古今字音对应关系数据表，并在此基础上对比分析各个声母的合流系数。

合流系数主要用来反映古音来源的复杂程度，系数越高，说明古音来源越复杂。若合流系数为 0，则表明只有一个古音来源，即来源单一，如表 5 中北京话的/m/声母，全部属于明母字，所以其合流系数为 0。从表 5 第 1 行数据可以看出，合肥话字表数据中一共包含有 268 个零声母例字，它们分别来自于“影、以、疑、云、微、来、日、匣、娘、见”等中古音声母，其中属于影母的有76个例字，属于以母的有62个例字……属于见母的有1个例字，根据这些中古音声母的例字分布情况测算出零声母在合肥话中的合流系数为0.804，该数值比较大，说明合肥话中零声母的古音来源较为复杂。其余各行数据可按此方式加以解读。

本文采取公式1测算各个声母的合流系数，其中y表示今音合流系数，n表示当前这个被测算的今音成分所对应的古音成分的个数，J表示当前这个被测算的今音成分的总字数，N_i表示当前这个被测算的今音成分所对应的各个古音成分的字数。

$$y = 1 - \sum_{i=1}^{n} \left(\frac{N_i}{J}\right)^2 \qquad (1)$$

下面以表5中合肥话的/t/声母数据为例对公式1加以说明：因为/t/声母有4个中古音声母来源：端、定、船、透，所以n取值为4；/t/声母的总字数J取值为98；当i为1时，N_i取值为60，当i为2时，N_i取值为36，当i为3时，N_i取值为1，当i为4时，N_i取值也为1。各个古音的排列次序不会影响最后的测算结果。通过计算，可得在合肥话中/t/声母的合流系数y值等于0.490，也即：$1 - [(60/98)^2 + (36/98)^2 + (1/98)^2 + (1/98)^2] = 0.490$。再看北京话中的/t/声母，也有着4个相同的中古音声母来源：端、定、船、透，但在总字数和各古音的字数等数据上存在一定差别，J取值为107，N_i分别取值65、40、1和1，而最后测算出来的合流系数y值为0.491，这与合肥话中的0.490并无太大差异。

表5　合肥话与北京话的声母来源数据与合流系数

声母	合肥话			北京话		
	字数	古音类型与字数	合流系数	字数	古音类型与字数	合流系数
Ø	268	影丨76；以丨62；疑丨52；云丨34；微丨17；来丨16；日丨5；匣丨3；娘丨2；见丨1；	0.804	271	影丨90；疑丨63；以丨60；云丨33；微丨18；匣丨3；日丨3；见丨1；	0.767
p	96	帮丨65；并丨29；滂丨2；	0.450	97	帮丨65；并丨30；滂丨2；	0.455
p^h	69	并丨34；滂丨31；帮丨2；敷丨1；非丨1；	0.554	67	并丨33；滂丨31；帮丨2；敷丨1；	0.542
m	85	明丨84；微丨1；	0.023	85	明丨85；	0.000
f	68	奉丨30；非丨25；敷丨13；	0.634	69	奉丨30；非丨26；敷丨13；	0.633
t	98	端丨60；定丨36；船丨1；透丨1；	0.490	107	端丨65；定丨40；船丨1；透丨1；	0.491
t^h	86	定丨47；透丨39；	0.496	93	定丨51；透丨42；	0.495
n	0			38	泥丨25；娘丨7；疑丨6；	0.508
l	159	来丨120；泥丨25；疑丨6；娘丨5；见丨1；端丨1；明丨1；	0.403	136	来丨136；	0.000
ts	82	精丨40；从丨14；见丨11；定丨4；群丨3；澄丨3；庄丨3；端丨2；知丨1；崇丨1；	0.708	54	精丨37；从丨14；澄丨2；庄丨1；	0.462

续表

声母	合肥话			北京话		
	字数	古音类型与字数	合流系数	字数	古音类型与字数	合流系数
ts^h	83	清丨30；从丨17；群丨7；初丨6；溪丨5；定丨4；透丨3；邪丨3；端丨2；昌丨2；崇丨2；心丨1；庄丨1；	0.804	52	清丨29；从丨14；初丨4；邪丨3；庄丨1；心丨1；	0.607
s	87	心丨50；生丨16；邪丨11；晓丨5；崇丨2；匣丨1；书丨1；溪丨1；	0.616	61	心丨45；邪丨11；生丨5；	0.417
tʂ	126	章丨66；知丨29；澄丨16；庄丨11；崇丨2；禅丨1；彻丨1；	0.649	133	章丨66；知丨30；澄丨19；庄丨13；崇丨3；禅丨1；彻丨1；	0.672
$tʂ^h$	83	澄丨20；昌丨19；禅丨12；初丨11；彻丨11；崇丨5；船丨2；书丨1；生丨1；晓丨1；	0.829	86	昌丨21；澄丨18；初丨13；禅丨12；彻丨11；崇丨7；船丨2；书丨1；生丨1；	0.830
ʂ	95	书丨35；禅丨30；生丨17；船丨13；	0.714	108	书丨36；禅丨29；生丨28；船丨13；崇丨2；	0.735
ʐ	50	日丨24；影丨14；疑丨11；以丨1；	0.642	31	日丨26；以丨3；禅丨1；云丨1；	0.285
tɕ	167	见丨102；精丨30；群丨17；从丨13；匣丨3；以丨1；溪丨1；	0.578	184	见丨113；精丨34；群丨20；从丨14；匣丨2；以丨1；	0.571
$tɕ^h$	72	溪丨26；清丨17；群丨16；从丨7；邪丨3；精丨2；心丨1；	0.752	84	溪丨32；群丨23；清丨18；从丨9；邪丨1；精丨1；	0.722
ɕ	133	心丨46；匣丨35；晓丨33；邪丨17；云丨2；	0.733	149	心丨52；晓丨39；匣丨36；邪丨19；云丨2；溪丨1；	0.735
k	97	见丨95；匣丨1；群丨1；	0.041	98	见丨96；匣丨1；群丨1；	0.040
k^h	62	溪丨54；见丨5；群丨2；匣丨1；	0.234	62	溪丨54；见丨5；群丨2；匣丨1；	0.234
x	102	匣丨68；晓丨32；溪丨1；云丨1；	0.457	103	匣丨69；晓丨32；溪丨1；云丨1；	0.455

对比分析合肥话与北京话的中古音声母来源数据，细致考察它们的异同。如/l/声母，在北京话里有且仅只有一个中古音声母来源，即来母字，合流系数为0，而在合肥话里可来自于“来、泥、疑、娘”等多个中古音声母，合流系数为0.403。二者的合流系数表现出了较大的系统性差异。

为便于观察和对比，可将合肥话和北京话的声母合流系数制作成图1，从中不难看出，在合肥话和北京话的声母中，合流系数存在着较大差异的声母有：/l、ts、ts^h、s、ʐ/以及/n/等声母，其中/l、ts、ts^h、s、ʐ/这5个声母在合肥话中的合流系数相对较高，说明它们的古音来源更加复杂一些。另外由于合肥话中没有/n/声母，所以缺少了相应的合流数据。

合流系数这一指标能够发挥出快速对比的作用，把两个方言点的数据放在一起加以对比，很容易找出它们之间存在的差异。但需要注意的是，本文在测算合流系数时不考虑古音来源的类型差异，而只考虑各古音来源下的例字分布数据，因此会忽略掉很多细节信息，即便合流系数完全相同，也不表示其古声母来源是完全一致的。例如零声母的合流系数虽然在合肥话和北京话中的差异不大，但如果去细致比对古声母来源数据，可以看出合肥话的零声母多出了来母字这一重要来源。也就是说，合流系数这一指标尽管能够在一定程度上揭示出各声母的古音来源差异，但更多细节仍然需要去进一步考察“古音类型与字数”那一列的数据。从实际应用角度来说，合流系数这列数据较为宏观，便于跨点比较，“古音类型与字数”这列数据相对具体，在分析时需要把“合流系数”与“古音类型与字数”这两列数据结合起来考察，这样会更有意义。

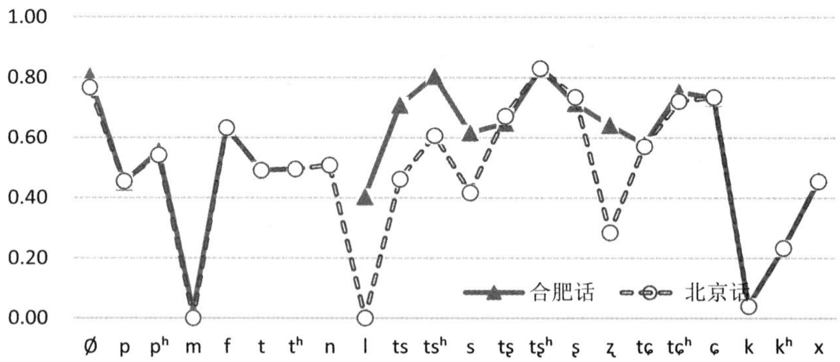

图1　合肥话与北京话的声母合流系数对比

上面从今音声母系统出发，考察各个声母的中古音来源数据，并在此基础上测算出声母合流系数，以此反映其中古音来源的复杂程度。这种分析方法简便直观，但不太适用于对比分析两个声母系统差异较大的方言数据，主要原因在于声母类型不平行，数据不好对齐。如北京话中有/n/声母，合肥话中无/n/声母，假若这类不平行的声母数量较多的话，则会导致这两组数据不好比较。鉴于此，本文接下来从中古音声母系统出发，考察中古音声母在各个方言点的分化系数和独立性系数，并在此基础上对比分析这两个系数在不同方言点中的异同。

所谓分化是指某古音成分在方言的今音系统中实现为两个或多个读音的现象。如一部分定母字在北京话中读为/t/声母，另一部分定母字在北京话中读为/t^h/声母，因此可以认为，定母在北京话中发生了字音分化现象。分化系数主要用来反映古音的分化程度，系数越大则表明分化程度越高。若分化系数为0，则表明未发生分化现象。例如，明母字在北京话中都读为/m/声母，其分化系数则为0，这表明明母未发生字音分化现象；并母字在北京话中一半读为/p/声母，另一半读为/p^h/声母，其分化系数约为0.5，这表明并母在北京话中发生了明显的字音分化现象。

本文采取公式2测算各个古音成分的分化系数。式中f表示古音分化系数，n表示当前这个被测算的古音成分所对应的今音成分的个数，G表示当前这个被测算的古音成分的总字数，N_i表示当前这个被测算的古音成分所对应的各个今音的字数。

$$f = 1 - \sum_{i=1}^{n} \left(\frac{N_i}{G}\right)^2 \qquad (2)$$

下面以表6中的帮母数据为例对公式2加以说明：因为帮母在合肥话中有2个对应的今音声母：/p/和/p^h/，所以n取值为2；帮母的总字数G取值为67；当i为1时，所对应的今音声母为/p/，N_i取值为65，当i为2时，所对应的今音声母为/p^h/，N_i取值为2。各今音的排列次序不影响测算结果。通过测算，可得合肥话中的帮母分化系数f值为0.058，也即：$1 - [(65/67)^2 + (2/67)^2] = 0.058$。

所谓合并是指某些古音成分在方言的

今音系统中实现为同一个读音的现象。如“非、敷、奉”等中古音声母在北京话中几乎都实现为/f/声母，因此可认为这几个中古音声母在北京话中发生了合并现象。独立性系数主要用来反映古音的合并程度，系数越大则说明独立性越强，与其他古音成分发生合并的程度则越低。例如，来母字在北京话中都读为/l/声母，而且北京话中的/l/声母均属于来母字，因此来母在北京话中没有与其他中古音声母发生合并现象，具有较高的独立性。

本文采取公式3测算各个古音成分的独立性系数。式中d表示古音独立性系数，n表示当前这个被测算的古音成分所对应的今音成分的个数，G表示当前这个被测算的古音成分的总字数，N_i表示当前这个被测算的古音成分所对应的各个今音的字数，J_i表示各个今音成分的总字数。

$$d = \sum_{i=1}^{n} \left(\frac{N_i}{G}\right) \times \left(\frac{N_i}{J_i}\right) \qquad (3)$$

下面以表6中的并母数据为例对公式3加以说明：因为并母在合肥话中有2个对应的今音声母：/p^h/和/p/，所以n取值为2；并母总字数G取值为63；当i为1时，所对应的今音声母为/p^h/，N_i取值为34，J_i取值为69；当i为2时，所对应的今音声母为/p/，N_i取值为29，J_i取值为96。J_i的取值可参见上文表1或表5中的相关数据。各今音的排列次序不影响测算结果。通过测算，可得并母在合肥话中的独立性系数d值为0.405，也即：(34/63) × (34/69) + (29/63) × (29/96) =0.405。

表6给出了合肥话的“古→今”声母对应关系数据。第1行数据解读如下：在合肥话字表数据中，共有67个帮母字，其中读为/p/声母的共计65个例字，另有2个帮母字读为/p^h/声母，帮母所对应的主要今音类型为/p/声母，其字数占全部帮母字的97.01%（记为最大比），帮母在合肥话中的分化系数和独立性系数分别为0.058和0.658。其他各行数据可按此方式进行解读。

本文采用同样的测算方法对北京话字表的数据也进行了分析，所使用的例字与合肥话一致，即前文所述的能够完全对应的2168个例字，得到各个中古音声母在北京话中的最大比、分化系数和独立性系数等，具体数据详见表7。由于这几项指标都是针对古音成分来测算的，所以不管两个方言点的今音成分是否一致，这两个方言点的最大比、分化系数和独立性系数等数据都可以放在一起进行比较和分析，如开展相关性分析或聚类分析等，从而更有利于在此基础上开展跨方言点的数据对比分析和建模。

表6　合肥话“古→今”声母对应关系数据

古音	字数	今音类型与字数	最大比（%）	分化系数	独立性系数
帮	67	p丨65；p^h丨2；	97.01	0.058	0.658
滂	33	p^h丨31；p丨2；	93.94	0.114	0.423
并	63	p^h丨34；p丨29；	53.97	0.497	0.405
明	85	m丨84；l丨1；	98.82	0.023	0.977
非	26	f丨25；p^h丨1；	96.15	0.074	0.354
敷	14	f丨13；p^h丨1；	92.86	0.133	0.179
奉	30	f丨30；	100.00	0.000	0.441
微	18	Ø丨17；m丨1；	94.44	0.105	0.061
端	65	t丨60；ts丨2；ts^h丨2；l丨1；	92.31	0.146	0.567
透	43	t^h丨39；ts^h丨3；t丨1；	90.70	0.172	0.414
定	91	t^h丨47；t丨36；ts^h丨4；ts丨4；	51.65	0.573	0.432
泥	25	l丨25；	100.00	0.000	0.157

续表

古音	字数	今音类型与字数	最大比（%）	分化系数	独立性系数
娘	7	l | 5；Ø | 2；	71.43	0.408	0.025
来	136	l | 120；Ø | 16；	88.24	0.208	0.673
精	72	ts | 40；tɕ | 30；tɕʰ | 2；	55.56	0.517	0.347
清	47	tsʰ | 30；tɕʰ | 17；	63.83	0.462	0.316
从	51	tsʰ | 17；ts | 14；tɕ | 13；tɕʰ | 7；	33.33	0.730	0.148
心	98	s | 50；ɕ | 46；tɕʰ | 1；tsʰ | 1；	51.02	0.519	0.456
邪	34	ɕ | 17；s | 11；tsʰ | 3；tɕʰ | 3；	50.00	0.630	0.112
知	30	tʂ | 29；ts | 1；	96.67	0.064	0.223
彻	12	tʂʰ | 11；tʂ | 1；	91.67	0.153	0.122
澄	39	tʂʰ | 20；tʂ | 16；ts | 3；	51.28	0.563	0.178
庄	15	tʂ | 11；ts | 3；tsʰ | 1；	73.33	0.418	0.072
初	17	tʂʰ | 11；tsʰ | 6；	64.71	0.457	0.111
崇	12	tʂʰ | 5；tʂ | 2；s | 2；tsʰ | 2；ts | 1；	41.67	0.736	0.037
生	34	ʂ | 17；s | 16；tʂʰ | 1；	50.00	0.528	0.176
章	66	tʂ | 66；	100.00	0.000	0.524
昌	21	tʂʰ | 19；tsʰ | 2；	90.48	0.172	0.209
船	16	ʂ | 13；tʂʰ | 2；t | 1；	81.25	0.320	0.115
书	37	ʂ | 35；s | 1；tʂʰ | 1；	94.59	0.104	0.349
禅	43	ʂ | 30；tʂʰ | 12；tʂ | 1；	69.77	0.435	0.261
日	29	ʐ | 24；Ø | 5；	82.76	0.285	0.400
见	215	tɕ | 102；k | 95；ts | 11；kʰ | 5；l | 1；Ø | 1；	47.44	0.576	0.731
溪	88	kʰ | 54；tɕʰ | 26；tsʰ | 5；x | 1；tɕ | 1；s | 1；	61.36	0.533	0.645
群	46	tɕ | 17；tɕʰ | 16；tsʰ | 7；ts | 3；kʰ | 2；k | 1；	36.96	0.713	0.132
疑	69	Ø | 52；ʐ | 11；l | 6；	75.36	0.399	0.185
晓	71	ɕ | 33；x | 32；s | 5；tʂʰ | 1；	46.48	0.576	0.261
匣	112	x | 68；ɕ | 35；Ø | 3；tɕ | 3；kʰ | 1；k | 1；s | 1；	60.71	0.532	0.488
影	90	Ø | 76；ʐ | 14；	84.44	0.263	0.283
云	37	Ø | 34；ɕ | 2；x | 1；	91.89	0.152	0.118
以	64	Ø | 62；tɕ | 1；ʐ | 1；	96.88	0.061	0.225

表7　　北京话"古→今"声母对应关系数据

古音	字数	今音类型与字数	最大比（%）	分化系数	独立性系数
帮	67	b | 65；p | 2；	97.01	0.058	0.651
滂	33	p | 31；b | 2；	93.94	0.114	0.436
并	63	p | 33；b | 30；	52.38	0.499	0.405
明	85	m | 85；	100.00	0.000	1.000
非	26	f | 26；	100.00	0.000	0.377
敷	14	f | 13；p | 1；	92.86	0.133	0.176
奉	30	f | 30；	100.00	0.000	0.435
微	18	Ø | 18；	100.00	0.000	0.066

续表

古音	字数	今音类型与字数	最大比（%）	分化系数	独立性系数
端	65	d丨65；	100.00	0.000	0.607
透	43	t丨42；d丨1；	97.67	0.045	0.441
定	91	t丨51；d丨40；	56.04	0.493	0.472
泥	25	n丨25；	100.00	0.000	0.658
娘	7	n丨7；	100.00	0.000	0.184
来	136	l丨136；	100.00	0.000	1.000
精	72	z丨37；j丨34；q丨1；	51.39	0.513	0.440
清	47	c丨29；q丨18；	61.70	0.473	0.426
从	51	j丨14；z丨14；c丨14；q丨9；	27.45	0.743	0.185
心	98	x丨52；s丨45；c丨1；	53.06	0.507	0.524
邪	34	x丨19；s丨11；c丨3；q丨1；	55.88	0.574	0.135
知	30	zh丨30；	100.00	0.000	0.226
彻	12	ch丨11；zh丨1；	91.67	0.153	0.118
澄	39	zh丨19；ch丨18；z丨2；	48.72	0.547	0.168
庄	15	zh丨13；z丨1；c丨1；	86.67	0.240	0.087
初	17	ch丨13；c丨4；	76.47	0.360	0.134
崇	12	ch丨7；zh丨3；sh丨2；	58.33	0.569	0.056
生	34	sh丨28；s丨5；ch丨1；	82.35	0.299	0.226
章	66	zh丨66；	100.00	0.000	0.496
昌	21	ch丨21；	100.00	0.000	0.244
船	16	sh丨13；ch丨2；d丨1；	81.25	0.320	0.101
书	37	sh丨36；ch丨1；	97.30	0.053	0.325
禅	43	sh丨29；ch丨12；r丨1；zh丨1；	67.44	0.466	0.221
日	29	r丨26；Ø丨3；	89.66	0.185	0.753
见	215	j丨113；g丨96；k丨5；Ø丨1；	52.56	0.524	0.762
溪	88	k丨54；q丨32；x丨1；h丨1；	61.36	0.491	0.673
群	46	q丨23；j丨20；k丨2；g丨1；	50.00	0.559	0.186
疑	69	Ø丨63；n丨6；	91.30	0.159	0.226
晓	71	x丨39；h丨32；	54.93	0.495	0.284
匣	112	h丨69；x丨36；Ø丨3；j丨2；k丨1；g丨1；	61.61	0.516	0.491
影	90	Ø丨90；	100.00	0.000	0.332
云	37	Ø丨33；x丨2；h丨1；r丨1；	89.19	0.200	0.110
以	64	Ø丨60；r丨3；j丨1；	93.75	0.119	0.212

为便于观察和对比，本文基于表6和表7的后3列数据，分别制作成图2、图3和图4。从图2数据可以看出，中古音声母在合肥话和北京话中的最大比数据具有较高的一致性。统计结果表明，这两组数据的皮尔逊相关系数为0.923。比较而言，在最大比数据这一维度上，这两个方言点中差别相对较大的中古音声母有“生、娘、崇、疑、影、庄、群、来、初”等，这些中古音声母的最大比数据在合肥话中要明显低一些，如“生”母在北京话中的最大比数据为82.35%，而在合肥话中为50.00%。从图3数据可以看出，中古音声母在合肥话和北京话中的分化系数具有较高的一致性。统计结果表明，这两组数据的皮尔逊相关系数为0.910。比较而言，在古音分化系数这一维度上，这两个方言点中差别相对较大的中古音声母有“娘、影、疑、生、来、庄、昌、崇、群、端、透、微、日”等，它们的差值绝对值都大于0.1。如“娘”母在北京话中的分化系数为0，而在合肥话中为0.408。从图4数据可以看出，中古音声母在合肥话和北京话中的独立性系数具有较高的一致性，统计结果表明这两组数据的皮尔逊相关系数为0.900。比较而言，在古音独立性系数这一维度上，这两个方言点中差别相对较大的中古音声母有“泥、日、来、娘、清”等，它们的差值绝对值都大于0.1。如“泥”母在北京话中的独立性系数为0.658，而在合肥话中为0.157。总体上，中古音声母的最大比、分化系数、独立性系数等数据在这两个点中具有较高的一致性，统计结果表明，它们综合起来的皮尔逊相关系数为0.940。

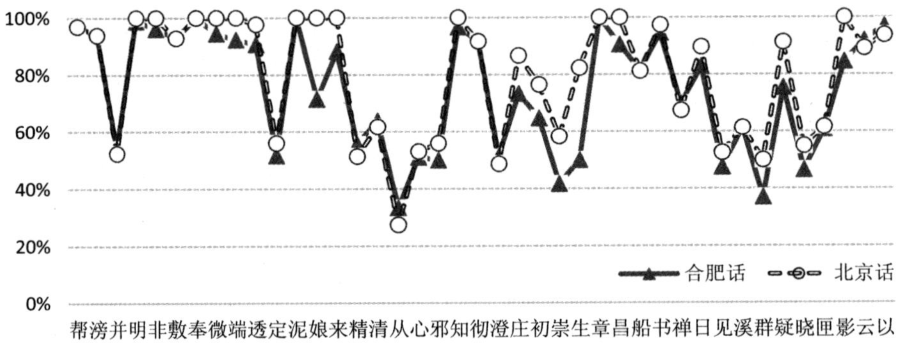

图2 中古音声母在合肥话与北京话中的最大比数据

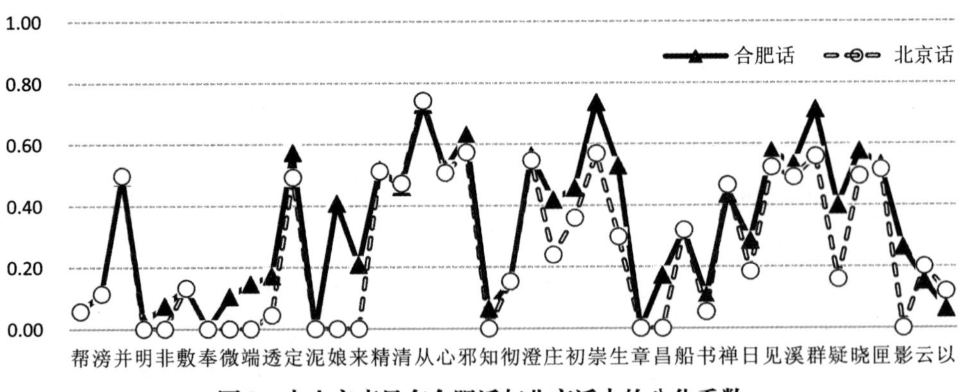

图3 中古音声母在合肥话与北京话中的分化系数

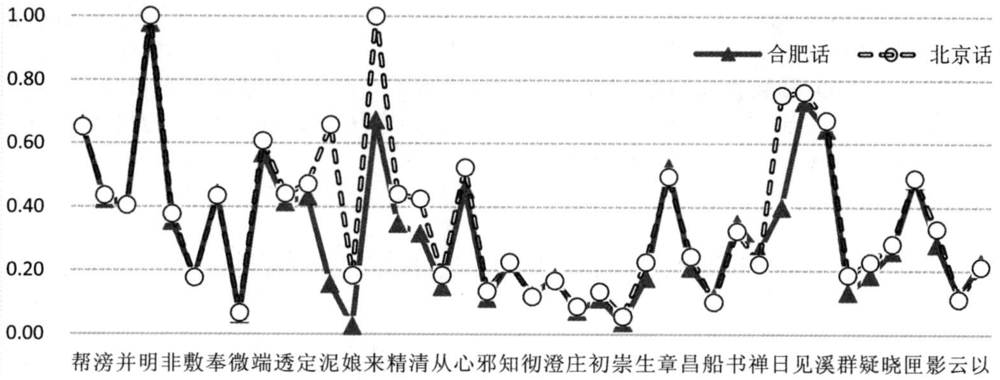

图4　中古音声母在合肥话与北京话中的独立性系数

6. 从声母推导规则看声母系统差异

从表5数据可以看出，/ʐ/声母在合肥话中多出了“影、疑”这两个中古音声母来源，但影母字和疑母字在合肥话中更多的是读为零声母，那么读为/ʐ/声母显然需要受到一定的条件限制。表5数据虽然给出了古今声母之间的对应关系，但没有给出相应的限制条件，无法告诉我们在什么条件下影母字和疑母字会在合肥话中读为/ʐ/声母的信息。因此还需要去进一步考察字音推导规则及其制约条件，并在此基础上比较合肥话和北京话的声母演变规则的异同。

本文利用 weka 程序基于字表数据建立字音推导规则系统，分析时采用 J48 决策树功能模块，配置参数为“-C 1.0 -M 1”，以求充分考察“古声、摄、呼、等、平仄”等古音分类信息与今音声母之间的关系，进而从中了解中古音声母和今音声母之间的对应关系和各项制约条件。参数 C 代表 Confidence Factor，指用于修剪的置信因子，小于该值则被修剪掉，默认值为0.25，其值越小则被删除的规则越多，保留下来的规则就会越少。参数 M 代表 minNumObj，指每个叶子节点的最小实例数量，默认值为2，其值越大则分枝越少，所得到的规则数会越少。

用合肥话字表数据，当配置参数为“-C 0.25 -M 2”时，最终得到的规则数为147条，2168个例字数据的声母预测准确率为90.68%；当配置参数为“-C 1.0 -M 1”时最终得到的规则数为499条，2168个例字数据的声母预测准确率为97.56%。用北京话字表数据，当配置参数为“-C 0.25 -M 2”时，最终得到的规则数为119条，2168个例字数据的声母预测准确率为95.06%；当配置参数为“-C 1.0 -M 1”时最终得到的规则数为319条，2168个例字数据的声母预测准确率为97.88%。从声母推导规则的这些数据来看，古今声母之间的关系在北京话中表现得更为密切，数据更为齐整，规律性更为明显，可以用较少的推导规则获得较高的预测准确率。

下面以合肥话和北京话中的/ts/声母为例对声母推导规则数据加以简要说明，分析采用的配置参数为“-C 1.0 -M 1”。由于 weka 程序以分枝树的方式输出决策树规则，为便于阅读和展示，本文采用“汉语方言字音系统实验研究工具”中的脚本程序对其进行了整理，并结合字表数据给出了适用于各条规则的例字。整理后的结果如表8所示。

古音分类条件中的“&&”表示前后两个条件属于“和”的关系，需要同时满足；“=”表示赋值，其左侧为古音分类变量，右侧为所取的值。第R01号数据显示：在合肥话字表数据中，同时满足“古声=精 && 等=一”这两个条件的例字共有27个，它们全部读为/ts/声母。第R02

号数据显示：在合肥话字表数据中，同时满足“古声 = 精 && 摄 = 止 && 等 = 三”这3个条件的例字共有6个，它们全部读为/ts/声母。第R05号数据显示：在合肥话字表数据中，同时满足“古声 = 从 && 等 = 一 && 平仄 = 仄”这3个条件的例字共有12个，其中读为/ts/声母的例字共有11个，另有1个字（“族”字）也能满足“古声 = 从 && 等 = 一 && 平仄 = 仄”这3个条件，但在合肥话中被读为/ts^h/声母。表8和表9中的各行数据均可按此方式加以解读。

表8　合肥话中读为/ts/声母的古音分类条件及例字等数据

编号	古音分类条件及总字数		合肥话中读为/ts/声母的例字和字数	
R01	古声 = 精 && 等 = 一	27	组尊糟则最早祖再赞奏枣租遭宰葬宗综钻走曾作卒载栽载增左	27
R02	古声 = 精 && 摄 = 止 && 等 = 三	6	资子紫姿滋姊	6
R03	古声 = 精 && 摄 = 通 && 等 = 三	3	纵纵足	3
R04	古声 = 精 && 摄 = 臻 && 呼 = 合 && 等 = 三 && 平仄 = 平	1	遵	1
R05	古声 = 从 && 等 = 一 && 平仄 = 仄	12	罪载在凿藏杂暂座坐赠贼	11
R06	古声 = 从 && 摄 = 止 && 等 = 三 && 平仄 = 仄	2	字自	2
R07	古声 = 澄 && 摄 = 梗 && 等 = 二 && 平仄 = 仄	3	宅泽择	3
R08	古声 = 庄 && 摄 = 梗	2	窄责	2
R09	古声 = 见 && 摄 = 止 && 呼 = 开 && 等 = 三	7	己记基寄既讥肌	7
R10	古声 = 见 && 摄 = 蟹 && 呼 = 开 && 等 = 四	3	计继稽	3
R11	古声 = 群 && 摄 = 止 && 平仄 = 仄	3	技忌妓	3
R12	古声 = 精 && 摄 = 蟹 && 等 = 三	2	际祭	2
R13	古声 = 精 && 摄 = 蟹 && 等 = 四	1	济	1
R14	古声 = 从 && 摄 = 蟹 && 等 = 四 && 平仄 = 仄	1	剂	1
R15	古声 = 见 && 摄 = 止 && 呼 = 合 && 等 = 三	8	季	1
R16	古声 = 定 && 摄 = 蟹 && 等 = 四 && 平仄 = 仄	3	第弟递	3
R17	古声 = 端 && 摄 = 蟹 && 等 = 四 && 平仄 = 仄	2	底帝	2
R18	古声 = 定 && 摄 = 止 && 平仄 = 仄	1	地	1
R19	古声 = 庄 && 摄 = 流	1	皱	1
R20	古声 = 崇 && 摄 = 流 && 平仄 = 仄	1	骤	1
R21	古声 = 知 && 摄 = 梗 && 等 = 二	1	摘	1

表9　北京话中读为/ts/声母的古音分类条件及例字等数据

编号	古音分类条件及总字数		北京话中读为/ts/声母的例字和字数	
R01	古声 = 精 && 等 = 一	27	组尊糟祖则早再最租赞奏遭枣宰葬宗综作载曾走栽左载卒增钻	27
R02	古声 = 精 && 摄 = 止 && 等 = 三	6	资子紫姿滋姊	6
R03	古声 = 精 && 摄 = 通 && 等 = 三	3	纵足纵	3
R04	古声 = 精 && 摄 = 臻 && 呼 = 合 && 等 = 三 && 平仄 = 平	1	遵	1
R05	古声 = 从 && 等 = 一 && 平仄 = 仄	12	杂座罪暂赠藏凿载坐在贼族	12
R06	古声 = 从 && 摄 = 止 && 等 = 三 && 平仄 = 仄	2	自字	2
R07	古声 = 澄 && 摄 = 梗 && 等 = 二 && 平仄 = 仄	3	泽择	2
R08	古声 = 庄 && 摄 = 梗	2	责	1

类似表8和表9这样的规则和结果也可以通过Excel程序中的数据筛选功能加以实现，但操作起来会比较繁杂，使用weka程序会相对简便一些，而且不会出现遗漏。但需要注意的是，weka程序会依据不同的条件构建不同的推导规则，而不会对相似条件进行自动合并处理，为便于阅读和展示，还需要手工对其结果进行整理与合并。

通过对比表8和表9的数据，可以看出在合肥话字表数据中/ts/声母例字一共需要21条推导规则，在北京话字表数据中只需要8条推导规则，而这8条规则也是合肥话所共有的，这说明合肥话/ts/声母的推导规则要更为复杂，多出来的规则主要作用于表4中第5、第7和第10这三组的例字，如部分见母字、群母字和定母字可以在合肥话中读为/ts/声母，而这些例字在北京话中相应地读为/tɕ、t/等声母。下面基于合肥话的声母推导规则数据来简要分析表4中出现的各组例字的古声母来源及其条件。

第1组是在北京话中读为/n/声母，而在合肥话中读为/l/声母的情况。这一组的36个例字分别来自泥母、娘母和疑母。在合肥话中，泥母字都读为/l/声母，娘母字中大部分读为/l/声母，只有一小部分止摄开口三等字（尼、腻）读为零声母，疑母字在合肥话中大多读为零声母，还有一部分读为/ʐ/声母，只有极少数会读为/l/声母，这部分读为/l/声母的疑母字（逆、孽、凝、牛、疟、虐）在北京话中读为/n/声母。

第2组是在北京话中读为/l/声母，而在合肥话中读为零声母的情况。这一组的16个例字均属于来母，分别为：蟹摄开口三等字（例、励、厉）、蟹摄开口四等字（黎、丽、犁）和止摄开口三等字（李、利、理、里、梨、狸、鲤、吏、痢、荔）。

第3组是在北京话中读为零声母，而在合肥话中读为/ʐ/声母的情况。这一组的25个例字分别来自影母和疑母。其中有22个例字分别为：影母开口一等字（爱、安、暗、袄、恩、按、哀、案、庵、呕、欧、恶、懊）；疑母开口一等字（碍、艾、傲、熬、藕、偶、偶、岸、昂），但不包含果摄字，因为疑母果摄开口一等字（鹅、蛾、我、饿）在合肥话中会读为零声母。这一组例字中不符合上述属性的只有3个：矮、额、硬，它们是属于影母或疑母的开口二等字。

第4组是在北京话中读为/ʐ/声母，而在合肥话中读为零声母的情况。这一组5个例字中有4个例字分别为：日母通摄合口三等平声字（绒、茸）；以母通摄合口三等平声（容、融）。这一组例字中不符合上述属性只有1个：荣，它属于云母梗摄字。

第5组是在北京话中读为/t/声母，而在合肥话中读为/ts/声母的情况。这一组6个例字分别为：定母蟹摄开口四等仄声字（第、递、弟）；定母止摄开口三等仄声字（地）；端母蟹摄开口四等仄声字（底、帝）。

第6组是在北京话中读为/tʰ/声母，而在合肥话中读为/tsʰ/声母的情况。这一组7个例字分别为：定母蟹摄开口四等平声字（蹄、啼、提、题）；透母蟹摄开口四等字（替、剃、涕）。

第7组是在北京话中读为/tɕ/声母，而在合肥话中读为/ts/声母的情况。这一组18个例字中有17个例字分别为：见母止摄开口三等字（记、己、寄、既、基、讥、肌）；见母蟹摄开口四等字（计、继、稽）；群母止摄三等仄声字（技、忌、妓）；精母蟹摄三等字（际、祭）；精母蟹摄四等字（济）；从母蟹摄四等仄声字（剂）。

第8组是在北京话中读为/tɕʰ/声母，而在合肥话中读为/tsʰ/声母的情况。这一组15个例字中有13个例字分别为：群母止摄开口三等平声字（旗、期、鳍、奇、其、骑、棋）；溪母止摄开口三等字（器、起、欺、岂）；清母蟹摄四等字（妻）；溪母蟹摄四等仄声字（契）。

第9组是在北京话中读为/ɕ/声母，而在合肥话中读为/s/声母的情况分析。这一组12个例字中有11个例字分别为：晓母止摄开口三等字（希、稀、牺、喜、戏）；心母蟹摄四等字（西、细、犀、洗）；溪母蟹摄四等平声字（溪）；匣母蟹摄开口四等字（系）。

从第5组至第9组的分析数据来看，这5组的58个例字中有56个例字符合以下共有属性：端组、精组、见组（不含疑母）、晓组，蟹摄或止摄，开口，三等或四等。不符合上述属性的只有2个字：羞和季，前者属于流摄字，后者属于合口字。另外，合肥话字表中符合上述属性的例字一共有88个，所有例字在合肥话中均读为/ts、tsʰ、s/等声母。

第10组是在北京话读为/tʂ/声母，而在合肥话中读为/ts/声母的情况。第11组是在北京话读为/tʂʰ/声母，而在合肥话中读为/tsʰ/声母的情况。这两组由于数据样本太少，未发现明显规律。第12组是在北京话读为/ʂ/声母，而在合肥话中读为/s/声母的情况。这一组14个例字中有11个例字分别为：生母止摄开口三等字（师、狮、史、驶），生母深摄开口三等字（参、渗），生母流摄开口三等字（瘦）；生母梗摄开口二等字（牲、甥）；生母遇摄合口三等字（数、数）。

7. 结论

本文研究数据表明，合肥话与北京话的声母系统之间有较强的对应关系，但在古声母来源和演变规则等方面存在一定差异。一方面，因受制于各系统内部的声韵拼合关系，使得合肥话与北京话中的部分声母出现了一定差异。例如影母字在北京话中基本上都读为零声母，而合肥话中的零声母不与开口呼韵母相拼，使得影母字在合肥话中如果遇到开口呼韵母时则几乎都会被读为/ʐ/声母；再比如说，那些在北京话中读为/i/韵母的例字（不含古入声字）在合肥话中大多被读为/ɿ/韵母，如孙宜志［9］认为，合肥方言止摄、蟹摄开口三四等见系和精组本来读/i/韵母的字，受到假摄开口三等字韵母高化的推动，舌尖化为/ɿ/。而/ɿ/韵母在合肥话之中又只能和/p、pʰ、m、ts、tsʰ、s/这几个声母相拼，因此导致部分来母字在合肥话中读为零声母，也导致部分在北京话中读为/t、tʰ/等声母的端母字、透母字、定母字在合肥话中读为/ts、tsʰ/等声母，还导致部分在北京话中读为/tɕ、tɕʰ、ɕ/等声母的精组、见组（不含疑母）、晓组的例字在合肥话中读为/ts、tsʰ、s/等声母。伍巍［12］将这些声母变化看作由韵母的舌尖化所引起，尽管/ts、tsʰ、s/声母的来源较多，但都能够得到相应解释。另一方面，尽管合肥话与北京话在声母的历时来源和演变规则等方面存在着一定差异，但二者之间却又存在着具有较强的对应关系。

本文还细致探索并展示了“汉语方言字音系统实验研究工具”在处理、分析和对比方言调查字表数据方面所具有的下述功能：（1）可用来整理方言字音系统数据，见表1；（2）可用来分析两个方言点之间字音系统的数据差异，见表2、表3和表4；（3）可用来分析方言的古今字音对应关系，得到“今音合流系数、古音分化系数和古音独立性系数”等一系列数据指标，见表5、表6和表7，这些数据可用于跨点比较和统计分析；（4）可借助weka程序分析各方言的字音推导规则，见表8和表9，在此基础上可进一步细致考察方言字音的古音来源及其分类条件的异同。

参考文献

［1］陈海伦：《论方言相关度、相似度、沟通度指标问题》，《中国语文》1996年第5期，第361—368页。

［2］陈海伦：《方言间韵母系统相似度测度研究》，《中国语文》2000年第2期，第139—145、190页。

［3］孔慧芳、吴生毅、李明兴：《合肥话舌尖元音的摩擦性质及感知增强理论解读》，《语言研究》2019年第1期，第23—33页。

［4］李金陵：《合肥话音档》，上海教育出版社1997年版。

［5］林焘、王理嘉：《语音学教程》（增订版），北京大学出版社2013年版。

［6］陆致极：《汉语方言间亲疏关系的计量描写》，《中国社会科学》1987年第1期，第155—166页。

［7］秦绿叶、邵慧君：《语音计量与汉语方言研究》，《学术研究》2016年第3期，第172—176页。

［8］沈榕秋：《谈汉语方言的定量研究》，《语文研究》1994年第2期，第45—52页。

［9］孙宜志：《合肥方言泥来母今读［z］声母现象的探讨》，《中国语文》2007年第1期，第55—60、96页。

［10］韦远诚：《侗台语亲疏关系的计算分析》，《广西民族大学学报（哲学社会科学版）》2020年第4期，第182—186页。

［11］吴欣欣：《合肥方言中的jqx与zcs》，《安徽大学学报（哲学社会科学版）》1988年第4期，第98页。

［12］伍巍：《合肥话“-i”、“-y”音节声韵母前化探讨》，《语文研究》1995年第3期，第58—60、21页。

［13］小学堂网站：https：//xiaoxue.iis.sinica.edu.tw。

［14］熊子瑜：《汉语方言字音系统实验研究工具》，请参见“语音学堂”微信公众号推文：https：//mp.weixin.qq.com/s/O8dAjaEdA3hLFUAiWadIRQ，2018年。该工具的百度网盘分享地址为：https：//ban.baidu.com/s/1lmiRJlAaHt5L1bYxE5sggg，提取码为：8v5c。

［15］中国社会科学院语言研究所编：《方言调查字表》，商务印书馆2004年版。

［16］中国语言资源保护工程采录展示平台：https：//zhongguoyuyan.cn/index.html。

熊子瑜 博士，中国社会科学院语言研究所研究员，中国社会科学院大学研究生院教授，主要研究领域为语音学。
E-mail：xiongziyu@163.com

AGE-RELATED VARIATION OF PLOSIVE VOICE ONSET TIME IN STANDARD CHINESE

LI Qian

Abstract It is conventionally believed that, once one has acquired his native phonemes, the acoustic realizations are relatively stable since the later stage of childhood, and of high intra-speaker consistency throughout adulthood. With evidence from plosives produced in connected speech in Standard Chinese, the present study shows that even middle-aged speakers show gradually increased voice onset time (VOT) in the production of plosives in general. Therefore, at least for phonemes such as plosives, the acoustic realizations are further developed and in an ongoing, dynamic process of change even in adulthood. Furthermore, by considering both raw VOT and VOT ratios, the present study also shows that the increase in VOT cannot be completely due to decrease in speech rate as speakers age, but could be related to speakers' adjustments to the physiological changes due to aging in speech production.

KeyWords Aging, Plosive, VOT, Standard Chinese

1. INTRODUCTION

It is known that speech sounds vary extensively in our daily communication which can be attributed to various sources. To understand these variations from the synchronic point of view, considerable research efforts have been devoted to contextual speech variations in both segmental (see [14] for a review) and suprasegmental aspects (see [11] for a review). From the diachronic perspective, the variations of speech sounds have been mainly accounted for by sociolinguistic factors such as generational differences (see [36] for a review). What is somewhat overlooked, however, is the fact that a speaker cannot even produce the same sound in the same way at different time points across the lifespan once he acquires his native language in childhood, notably due to aging. The acoustic realizations of native phonemes have been conventionally considered to be relatively stable from the later stage of childhood, and therefore of high intra-speaker consistency throughout adulthood, when the plasticity of articulators and brain is believed to be declining [31].

Such an understanding, however, has been challenged by evidence from studies on speech production by healthy aging adults. A number of studies have shown that, the phonetic realizations of one's native speech sounds are not unchanged in different stages of adulthood. As compared to the younger adults, the elderly show significant differences in multiple aspects of speech (see e.g., [37] for a review). Among them, age-related changes in the voice onset time (VOT) of plosives have been well noticed.

VOT is known as a robust acoustic cue for plosive consonants, which is defined as the interval between the release of articulatory occlusion and the onset of voicing for the following voiced segment, although the specific range of VOT for each plosive varies from one language to another [23]. It is resulted from a series of complex coordination of the lungs, the vocal folds as well as the supraglottal articulators in specific ways in different languages (e.g., [12]). The ability and the actual performance of precise controlling of all the abovementioned organs are known to be developed gradually through childhood (e.g., [15, 19, 40]). Previous studies also show that, the VOT of plosives produced by aged adults exhibit different VOT patterns from those produced by younger adults (but see [24, 25, 35] for no significant difference between the two groups), possibly due to less efficient motor control (e.g., [20]) and degraded cognitive ability to process temporal information (e.g., [38]). However, no consensus has been reached so far on how exactly age affects the values of VOT in different studies.

On the one hand, various studies have shown that aged adults exhibit significantly shorter VOT than young adults (e.g., [4, 5, 17, 18, 20, 37]). For example, [20] compared the VOT values in three pairs of plosives in English (/b-p/, /d-t/, /g-k/) produced by one group of young male speakers (aged 25 – 39) with two aged male speaker groups (aged 60 – 69 and 70 – 79). Results show significant reduction on VOT in the production of two older speaker groups as compared to the young control group, especially for bilabial plosive (i.e., /p/ to be specific) and voiceless plosive (i.e., /t/ specifically). [37] showed similar trend for their aged subjects (aged 60 – 89) as compared to the younger subjects (aged 20 – 35), as their older adults had a significantly shorter mean VOT for /g/ compared to the younger subjects. Moreover, gender also seems to interact with the age effect in addition to a general gender main effect, specifically for the voiceless stop /t/, where the old male group had a significantly shorter mean VOT compared with the old female, young male, and young female groups. [18] also showed negative correlations between age and VOT of plosives in Czech, which, however, was only observed in female speakers.

On the other hand, there are also studies which show clear age effect towards the opposite direction, with lengthened VOT as speakers' age increase (e.g., [8, 10, 13]). For example, with evidence from a longitudinal study, [13] showed that subjects in their 60s produced significantly prolonged VOT of /p/ and /k/ in Dutch than those produced in their 30s; and the mean VOT values at two different age stages relatively corresponded to the mean VOT produced by subjects in similar age groups in another cross-sectional experiment in their paper (at least for /p/), although the differences among different age groups in the cross-sectional study failed to reach significance in most cases. In an investigation of plosives in Hungarian, [8] also showed that older speakers (aged 70 – 90) produced longer VOT for the bilabials and alveolars than the younger subjects (aged 21 – 32), although for the velars, the aged group exhibited shorter VOT. Furthermore, in studies that did not find significant VOT changes in the older subjects in general, longer VOTs in the older groups were nevertheless found in certain phonetic contexts, e.g., for velars followed by the vowel /a/ in [24].

It is noticeable that, for studies where older speakers were found to have produced shorter VOTs than younger speakers, the results were attributed to "slower motoric movements, weaker muscles, and other anatomical and physiological changes in the larynx and pharynx" [17], "reduced motoric efficiency" [20], or "diminishing of neuromuscular coordination and neural timing" [35] in older subjects. These, however, do not necessarily predict a shorter VOT value. Given the findings that multiple changes have taken place as people age, such as longer motor reaction time [9], slower rate of neural impulse conduction [1, 6], and slower speech diadochokinetic rate [27], longer VOT values of plosives are highly expected as the subject age increases. Note that in previous studies, limited reading materials have been used, e. g., a very small number of words produced in isolation; we could hardly exclude the possibility that results in those studies were affected by the characteristics of individual material items. Therefore, one of the main purposes of the current study is to revisit the effect of age on plosive VOT with inclusion of much larger number of material items.

Furthermore, regardless of the general direction of change, one issue which is not yet clear in the literature is how such age-related speech variation is developed over time throughout adulthood. It can be seen that in all studies that have been mentioned above, conclusions were generally drawn from comparisons between different non-continuous age groups, i. e., younger adulthood (typically 20s – 30s) vs. older adulthood (typically above 60s), including in the only longitudinal study (i. e., [13]). It is therefore unknown what has happened in between, i. e., during the middle-aged stage, which has greatly limited our understanding of the development of speech production and perception across the lifespan and further modeling of speech variation in general.

It is worth noting that, with evidence from a non-speech visuomotor tracking task, [2] showed that, with the increase of age, the changes in the control of the lower lip, jaw, and larynx tended to decline at the earliest from the age of 30 in a continuous and gradual matter and well extend into the age of 80. The coordination of these has been assumed as being closely related to the VOT values in plosive productions [12]. Furthermore, in a recent study on vowel production, [16] also showed that the vowel formants also shifted in a gradual manner towards the periphery of the vowel space with the increase of speaker age from the age of 21 to 49, during which vowel production has conventionally been expected to be "stable". These have pointed to the possibility that a similar gradient and continuous change in VOT might also be observed in the middle-aged period. The second goal of the current study thus aims to test this hypothesis. If any age-related change in VOT indeed happen within the middle-aged stage, we would expect to observe gradual VOT changes at least since the age of 30 (following [2]) and throughout the middle-age adulthood; otherwise, VOT with no significant age-related change would be observed during this period.

To recapitulate, there are two research questions in the current study concerning the VOT of plosives: 1) whether does VOT change as a function of age during the middle-aged adulthood? 2) what is the direction of the age-related change if any?

To answer these two questions, six plosives in Standard Chinese were examined in the current study. There are three pairs of voiceless plosives in Standard Chinese differentiated in the places of articulation, which occur unexceptionally at the onset of the syllables [21]: bilabial (i. e., /p/ as in *ba*^{1}/pa/ "eight" vs. /p^h/ as in *pa*^{1} /p^{h}a/ "to lie prone"), alveolar (i. e., /t/ as in *da*^{1}/ta/ "to build" vs. /t^h/ as in *ta*^{1}/t^{h}a/ "he/she"), and velar (i. e., /k/ as in *ge*^{1}/kɤ/ "song" vs. /k^h/ as in *ke*^{1}/k^{h}ɤ/ "subject"). Most previous studies on the aging effect on plosive VOT have mainly used stimuli in languages such as English, plosives in which are claimed to be differentiated in the voicing dimensions but not necessarily always exhibit negative-positive contrast in the VOT values (see [23]). These might potentially lead to difficulties in the interpretation of the data. The use of voiceless consonants with exclusively positive VOT thus better solves such problem.

In addition, as VOT might be influenced by speech rate, both raw VOT and VOT ratios were examined in the current study following [18]. Most of the previous studies did not take speech rate into serious consideration in the development of VOT at all. The introduction of VOT ratios therefore not only eliminates the individual differences in speech rate that further gives rise to considerable individual differences in VOT, but also excludes the possibility that any potential increase in VOT with age is correlated to decreased speech rate as the speakers get older.

2. METHODS

2.1 Participants

Thirty-three middle-aged adult speakers in total participated in the current study ranging in age from 32 to 50 (17 females: 39.4 ± 5.0 yrs; 16 males: 40.4 ±6.4 yrs). The participants were native Northern Mandarin speakers. Based on ratings by one professional judge, all participants reached comparable proficiency levels of Standard Chinese (relatively as B level, i.e., good pronunciation with very slight dialectal accents). The education levels of the participants were also controlled to be senior high school or equivalent. No participants reported hearing impairments or any history for speech disorders.

2.2 Materials

All reading materials were sentences selected from a Mandarin speech corpus RASC863. The sentences were designed based on scripts of newspapers, interviews, and regular conversations (see [39] for further details). Each participant was spontaneously allocated with one set of these sentences (95 sentences in each set), so that the reading materials for each participant covered all phonemic and lexical tone combinations in Standard Chinese.

Among sentences produced by the participants, five sentences produced by two participants were excluded due to obvious reading mistakes. Similar distributions of plosives were produced by each participant, i.e., 101 ± 13 items for /p/; 35 ±9 items for /p^h/; 122 ±17 items for /t/; 71 ±13 items for /t^h/; 90 ±12 items for /k/; 46 ±10 items for /k^h/.

2.3 Recordings

All participants were requested to read aloud the sentences presented on the computer screen at their normal speech rates. All found the task straightforward and followed the same procedure. Recordings were conducted using an M-Audio© sound card through a Sennheiser© headset microphone with a custom-written recording software in a quiet room. All data were collected with 16kHz sampling rate and 16 - bit rate in mono channel.

2.4 Data analysis

The acoustic data were manually segmented in Praat [7]. VOT was defined as the interval between the consonant release burst and the vowel onset based on both spectrograms and oscillographic sound pressure signals displayed. If multiple bursts occurred, the initial burst was used. A custom-written script was used for VOT extraction. VOT ratios were further calculated as dividing the raw VOT value by the duration of whole syllable the plosive occurs in.

The linear mixed-effects modelling was used for statistics with the package lme4 [3] in R [28]. Models for raw VOT and VOT ratio were established separately. As multiple previous studies have shown a significant effect of phonetic contexts (i.e., vowels following the plosives) on VOT (e.g., [20, 24, 37]), RHYME was considered as a random effect in both models. For each dataset, the base model was constructed with only AGE in the fixed-factor structure and the random intercept of RHYME in the random-factor structure. Centering of the AGE factor was done throughout the current study for better interpretations of the results of the linear mixed-effects models. SUBJECT, however, was not considered in the random-factor structure as usual due to strong collinearity with AGE in both cases, considering which in the model might lead to unnecessary Type II errors. Other fixed factors as well as their interactions were added into the model in a stepwise fashion. Model fits were tested at each step via model comparisons based on the change in the log-likelihood ratios. Factors that significantly improved the model fits were kept in the fixed-factor structure of the model. Parameter-specific *p*-values were estimated using the normal approximation (i. e., treating the *t*-values as a *z*-value).

3. RESULTS

3.1 Raw VOT

Figure 1 illustrates the change of raw VOT of different plosives as a function of age using simple linear regression with 95% confidence regions. Figure 1*a* shows the VOT changes for bilabial plosives /p/ (see solid lines in Figure 1*a*) and /pʰ/ (see dashed lines in Figure 1*a*), Figure 1*b* for alveolar plosives /t/ (see solid lines in Figure 1*b*) and /tʰ/ (see dashed lines in Figure 1*b*), and Figure 1*c* for velar plosives /k/ (see solid lines in Figure 1*c*) and /kʰ/ (see dashed lines in Figure 1*c*). Shades were used to illustrate possible VOT change trajectories with 95% confidence regions for different genders of speakers, i. e., dark gray for female and light gray for male.

a. BILABIAL

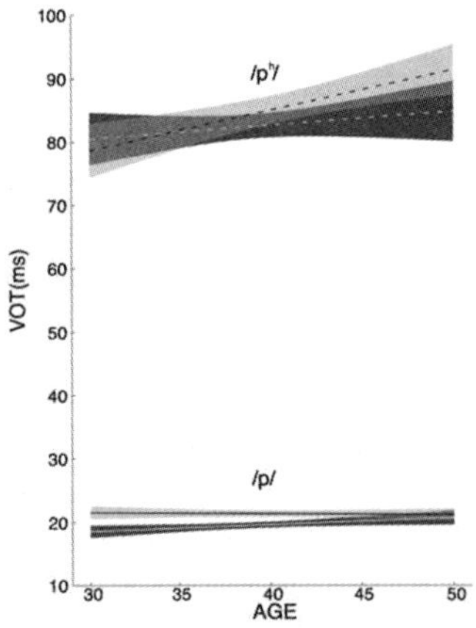

b. ALVEOLAR

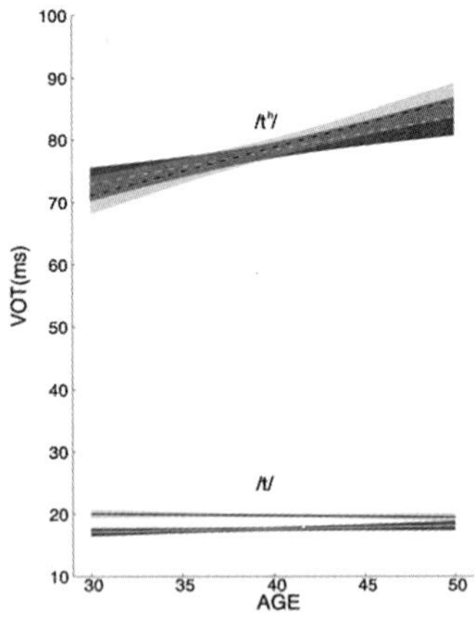

c. VELAR

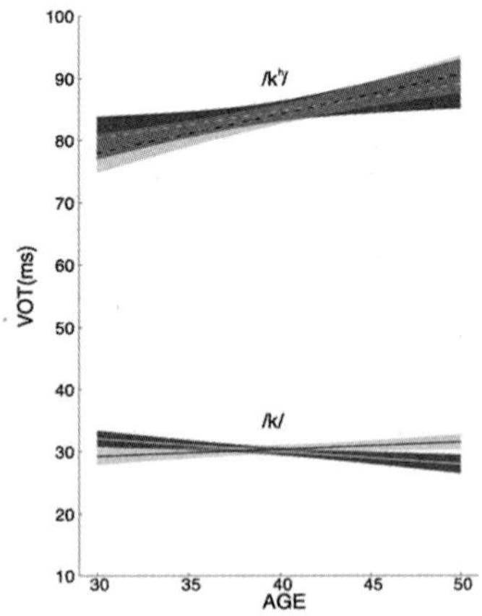

Figure 1 Simple linear regression fit with 95% confidence regions of the raw VOT (in milliseconds) of plosives as a function of age in different places of articulation, *a* for bilabial, *b* for alveolar, *c* for velar. Lines stand for the regression fits, solid lines for the unaspirated plosives and dashed lines for the aspirated ones. Shaded areas stand for the 95% confidence intervals around the regression fits, dark gray for female and light gray for male.

As can been seen from Figure 1 that, the change of raw VOT values with age show different patterns dependent on place of articulation, aspiration, the gender of the speakers. To be specific, all aspirated plosives, i. e., /pʰ/, /tʰ/, /kʰ/ (see dashed lines in Figures

1a, 1b, 1c, respectively), show clear positive correlations between the raw VOT values and the speaker age, so that the VOT values increases as the speakers get older in general. This can be observed regardless of speaker genders. However, similar exclusively rising trends cannot be observed for unaspirated plosives, i. e., /p/, /t/, /k/ (see solid lines in Figures 1a, 1b, 1c, respectively). Compared to the aspirated plosives, the unaspirated ones show changes in raw VOT values in a much slighter manner, if any. Furthermore, /p/ and /t/ show similar patterns of VOT changes, where male speakers show declining VOT while the VOT for female speakers show increasing trends; /k/, however, shows exactly opposite direction of changes from those for /p/ and /t/, where male speakers show increasing VOT while female speakers show decreasing VOT.

Results of the linear mixed-effects modeling over the full dataset of the raw VOT values showed that ASPIRATION (two levels: aspirated vs. unaspirated), PLACE (three levels: bilabial, alveolar, and velar), GENDER (two levels: female vs. male), as well as their interactions (i. e. two-way interactions: AGE: ASPIRATION, AGE: GENDER, ASPIRATION: PLACE, ASPIRATION: GENDER, PLACE: GENDER; three-way interaction: ASPIRATION: PLACE: GENDER) significantly improved the model fits. These indicate that the raw values of VOT are predicted not only by the overall effects of the age and gender of the speakers, as well as the aspiration status and the place of articulation of plosives, but also by the complex interactions of those factors. Given this situation, the full dataset was then separated according to different plosives to better interpret the effect estimate of AGE on the raw VOT values. For each sub-dataset, the linear mixed-effects model was built in a similar manner as that for the full dataset. Table 1 lists the final full model for each sub-dataset and estimates of the fixed effects in each sub-model, in which a for /p/, b for /p^h/, c for /t/, d for /t^h/, e for /k/, and f for /k^h/. The estimate values of the fixed factor AGE in Table 1 stand for the slope of VOT change as a function of age.

Table 1 The final model and parametric estimates of raw VOT for different plosives, *a* for /p/, *b* for /p^h/, *c* for /t/, *d* for /t^h/, *e* for /k/, and *f* for /k^h/.

a. Final model for /p/:
AGE + GENDER + AGE: GENDER + (1 | RHYME)
(Baseline for GENDER: FEMALE)

	β	*SE*	*t*	*p*
(Intercept)	19.19	0.62	30.93	<0.001
AGE	0.11	0.05	2.35	<0.05
GENDER	1.64	0.34	4.87	<0.001
AGE: GENDER	−0.13	0.06	−2.08	<0.05

b. Final model for /p^h/:
AGE + (1 | RHYME)

	β	*SE*	*t*	*p*
(Intercept)	82.87	2.34	35.40	<0.001
AGE	0.53	0.12	4.34	<0.001

c. Final model for /t/:
AGE + GENDER + AGE: GENDER + (1 | RHYME)
(Baseline for GENDER: FEMALE)

	β	*SE*	*t*	*p*
(Intercept)	17.58	0.36	49.50	<0.001
AGE	0.06	0.03	1.70	n. s.
GENDER	2.26	0.23	9.77	<0.001
AGE: GENDER	−0.09	0.04	−2.20	<0.05

d. Final model for /t^h/:
AGE + (1 | RHYME)

	β	*SE*	*t*	*p*
(Intercept)	79.30	1.74	45.69	<0.001
AGE	0.73	0.08	9.20	<0.001

e. Final model for /k/:
AGE + AGE:GENDER + (1 | RHYME)
(Baseline for GENDER:FEMALE)

	β	*SE*	*t*	*p*
(Intercept)	28.67	0.85	33.80	<0.001
AGE	-0.18	0.06	-2.79	<0.01
AGE: GENDER	0.29	0.08	3.46	<0.001

f. Final model for /k^h/:
AGE + (1 | RHYME)

	β	*SE*	*t*	*p*
(Intercept)	81.70	1.54	53.18	<0.001
AGE	0.60	0.10	5.92	<0.001

What can be seen from Table 1 is that, AGE shows significant main effects in all aspirated plosives (see Table 1*b*, 1*d*, 1*f*) where AGE is the only fixed-factor in the models; for the unaspirated plosives where models contain interactions of AGE and GENDER in the fixed-factor structure, significant simple effects of AGE can be observed except for /t/ (see Table 1*c*). In addition, significant simple intercept effects of GENDER can only be observed for /p/ (see Table 1*a*) and /t/ (see Table 1*c*), but not for /k/. To zoom into the effect of AGE, the estimated slope of AGE for each plosive were then computed based on the estimates in Table 1 and presented in Table 2. Positive values in the table indicate increasing VOT values as a function of age, while negative values indicate declining VOT values. * stands for estimated values significantly different from 0 (i. e., no correlation between VOT and age), indicating that the change in VOT is significant.

Table 2 The estimated slope of AGE for each plosive. * stands for estimated values significantly different from 0.

	Female	Male
/p/	0.11 *	-0.02 *
/p^h/	0.53 *	
/t/	0.06	-0.03 *
/t^h/	0.73 *	
/k/	-0.18 *	0.11 *
/k^h/	0.60 *	

续表

As can be seen from Table 2 that by and large, the estimated slopes of AGE for different plosives confirm what has been observed in Figure 1. To be specific, age shows exclusively positive slopes across genders in all aspirated plosives (see estimated slopes of AGE for /p^h/, /t^h/, /k^h/ in Table 2); in unaspirated plosives, /p/ and /t/ show positive slopes of AGE for female speakers but negative slopes for male speakers although the slope of /t/ for female speakers is not significant (see estimated slopes of AGE for /p/ and /t/ in Table 2), whereas /k/ exhibits an opposite pattern where female speakers show a negative slope while male speakers show a positive slope (see estimated slopes of AGE for /k/ in Table 2). The magnitudes of estimated slopes are generally bigger for all aspirated plosives (>0.5), indicating relatively rapid changes of VOT as a function of age, while the unaspirated plosives show much smaller magnitudes of slopes regardless of the direction of change (<|0.5|).

3.2 VOT Ratio

To tease apart whether changes in raw VOT values are co-varied with speech rate, we further examined the VOT ratios for each plosive and established comparable linear mixed-effects models as those for the raw VOT dataset. Figure 2 illustrates the change of VOT ratio of different plosives as a function of age using simple linear regression with 95% confidence regions. Figure 2*a* shows the VOT ratio changes for bilabial plosives /p/ (see solid lines in Figure 2*a*) and /p^h/ (see dashed lines in Figure 2a), Figure 2*b* for alveolar plosives /t/ (see solid lines in Figure 2*b*) and /t^h/ (see dashed lines in Figure 2*b*), and Figure 1*c* for velar plosives /k/ (see solid lines in Figure 2*c*) and /k^h/ (see dashed lines in Figure 2*c*). Shades were used to illustrate possible VOT change trajectories with 95% confidence regions for different genders of speakers, i. e., dark gray for female and light gray for male.

a. BILABIAL

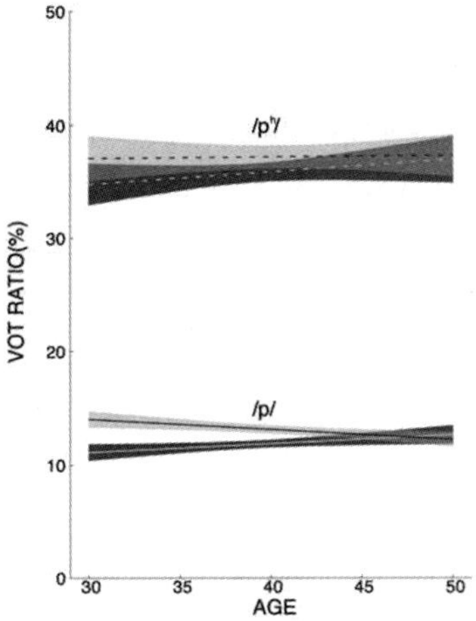

b. ALVEOLAR

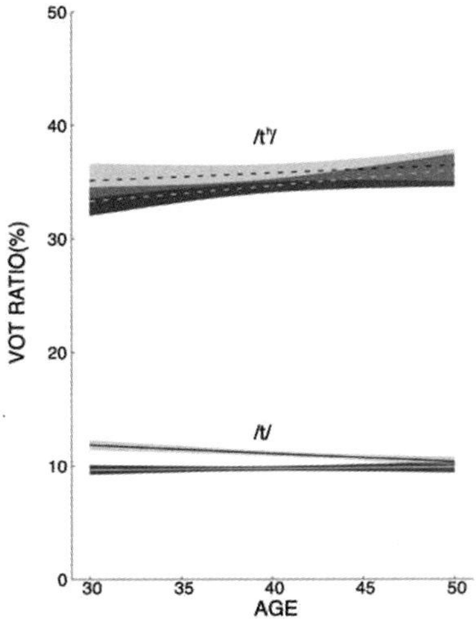

c. VELAR

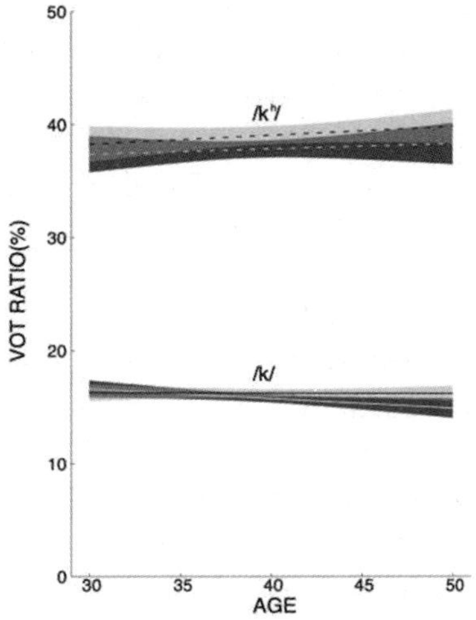

Figure 2 Simple linear regression fit with 95% confidence regions of the VOT ratios (in percentage) of plosives as a function of age in different places of articulation, *a* for bilabial, *b* for alveolar, *c* for velar. Lines stand for the regression fits, solid lines for the unaspirated plosives and dashed lines for the aspirated ones. Colored areas stand for the 95% confidence intervals around the regression fits, dark gray for female and light gray for male.

Compared to Figure 1, the changes in the VOT ratios in Figure 2 show similar trends as those of raw VOT values but with smaller magnitudes. As can be seen from Figure 2, all aspirated plosives, i. e., /p^h/, /t^h/, /k^h/ (see dashed lines in Figures 2*a*, 2*b*, 2*c*, respectively), show positive correlations between VOT ratio and speaker age across genders, but in much smaller magnitudes than those in Figure 1 (see dashed lines in Figure 1*a*, 1*b*, 1*c*, respectively).

For unaspirated plosives, i. e., /p/, /t/, /k/ (see solid lines in Figures 2*a*, 2*b*, 2*c*, respectively), the directions of change in VOT ratio are dependent on genders and places of articulation in similar ways as comparable ones in raw VOT values as in Figure 1 (see solid lines in Figures 1*a*, 1*b*, 1*c*, respectively), where male speakers show declining VOT ratios while female speakers show increasing trends for /p/ and /t/; /k/ shows slightly increasing VOT ratios for male speakers while female speakers show decreasing VOT ratios, but the differences between genders are less observable than those in the raw VOT values in Figure 1.

Results of the linear mixed-effects modeling over the full dataset of the VOT ratios show that ASPIRATION, PLACE, GENDER, as well as their two-way interactions (i. e., two-way interactions: AGE: ASPIRATION, AGE:GENDER, ASPIRATION:PLACE) significantly improved the model fits. The full dataset of VOT ratios was further broken into separate subsets according to different plosives given the interactions. Table 3 lists the final full model for each sub-dataset and estimates of the fixed effects, in which *a* for /p/, *b* for /pʰ/, *c* for /t/, *d* for /tʰ/, *e* for /k/, and *f* for /kʰ/.

Table 3 The final model and parametric estimates of VOT ratio for different plosives, *a* for /p/, *b* for /pʰ/, *c* for /t/, *d* for /tʰ/, *e* for /k/, and *f* for /kʰ/.

a. Final model for /p/:
AGE + GENDER + AGE:GENDER + (1 | RHYME)
(Baseline for GENDER:FEMALE)

	β	*SE*	*t*	*p*
(Intercept)	10.42	0.69	15.14	<0.001
AGE	0.08	0.03	2.76	<0.01
GENDER	1.09	0.21	5.27	<0.001
AGE:GENDER	−0.18	0.04	−4.75	<0.001

b. Final model for /pʰ/:
AGE + (1 | RHYME)

	β	*SE*	*t*	*p*
(Intercept)	35.15	1.18	29.86	<0.001
AGE	0.12	0.05	2.37	<0.05

c. Final model for /t/:
AGE + GENDER + AGE:GENDER + (1 | RHYME)

	β	*SE*	*t*	*p*
(Intercept)	9.42	0.33	28.41	<0.001
AGE	0.02	0.02	0.81	n. s.
GENDER	1.47	0.14	10.23	<0.001
AGE:GENDER	−0.10	0.03	−3.87	<0.001

d. Final model for /tʰ/:
AGE + (1 | RHYME)

	β	*SE*	*t*	*p*
(Intercept)	34.49	1.17	29.48	<0.001
AGE	0.13	0.04	3.66	<0.001

e. Final model for /k/:
AGE + (1 | RHYME)

	β	*SE*	*t*	*p*
(Intercept)	14.88	0.62	24.16	<0.001
AGE	−0.02	0.02	−1.04	n. s.

f. Final model for /kʰ/:
AGE + GENDER + (1 | RHYME)
(Baseline for GENDER:FEMALE)

	β	*SE*	*t*	*p*
(Intercept)	35.26	1.00	35.42	<0.001
AGE	0.07	0.04	1.70	n. s.
GENDER	1.13	0.49	2.33	<0.05

Table 3 shows that, AGE showed significant main effects in all aspirated plosives except /k/ (i. e., /pʰ/ and /tʰ/, see Tables 2*b* and 2*d*), where AGE was the only fixed-factor in the models; for models where there were interactions of AGE and GENDER, a significant simple effect of AGE was only observed for /p/ (see Table 2*a*). In addition, significant intercept differences between genders were observed for /p/ and /t/ as simple effects (see Tables 2*a* and 2*c*) and for /kʰ/ as a main effect (see Table 2*f*). As for the raw VOT values, the estimated slope of AGE for each plosive were further calculated for VOT ratios and presented in Table 4. Positive values in the table indicate increasing VOT ratios as a function of age, while negative values indicate declining VOT ratios. * stands for estimated values significantly different from 0 (i. e., no correlation between VOT ratios and age), indicating that the change in VOT ratio is significant.

Table 4 The estimated slope of AGE for each plosive. * stands for estimated values significantly different from 0.

	Female	Male
/p/	0.08 *	−0.10 *
/pʰ/	0.12 *	
/t/	0.02	−0.08 *
/tʰ/	0.13 *	
/k/	−0.02	
/kʰ/	0.07	

As seen from Table 4, significant changes in VOT ratios as a function of AGE can be observed for both bilabial and alveolar plosives, but not for velar plosives. Among those, both aspirated plosives exhibit exclusively increasing trends of VOT ratios across genders (see positive estimated slopes of AGE for /pʰ/ and /tʰ/ in Table 4), although the magnitudes were small (i. e., <0.5). The directions of change in VOT ratios for unaspirated plosives were gender-dependent. To be specific, rising slopes of change were observed for VOT ratios of /p/ and /t/ produced by female speakers, although the change in /t/ was not significant; significant falling slopes were observed in both plosives produced by male speakers. Regardless of directions, all significant changes in VOT ratios were only in minor magnitudes (i. e., $<|0.5|$).

4. DISCUSSION

Studies on speech variation have mostly focused on contextual speech variation or individual differences in the acoustic realization of phonetic elements. How age affects the acoustic realization of speech across one's lifetime, however, has long been underestimated in existing models of speech production and perception. The current study thus aims to shed some light on this issue.

By examining both raw VOT and VOT ratio of six plosives in a connected speech corpus of Standard Chinese, the current study observed two phenomena. First, while raw VOT of all plosives gradually developed throughout the middle-aged period, only bilabial and alveolar plosives show significant changes when the influence of speech rate was ruled out as indicated with changes in VOT ratio. Second, the directions of changes, however, are further dependent on speaker gender and manner of articulation. Specifically, while both raw VOT and VOT ratio of aspirated plosives /pʰ/ and /tʰ/ gradually increase across genders, those for unaspirated plosive /p/ show increasing VOT and VOT ratio only for female speakers, and /p, t/ show decreasing trends for male speakers.

In most previous studies on the effect of age on speech production, stagewise changes have been noticed where older adult speakers show different patterns from those produced by younger adult speakers. Results of the current study therefore further suggest that, such age-related change in plosive VOT is a gradual effect starting from the early stage of adulthood if any, e. g., in one's 30s, instead of an abrupt change before the older stage of life. This finding is thus comparable to the continuous changes of the physiological data [2] as well as observations in vowel production studies for instance [16] as also observed in middle-aged speakers.

Furthermore, the current study also differs from previous studies which claimed consistent trends of change in VOT as the speaker age increases (see e. g., [4, 13, 17, 20] for consistent reduction of VOT in the elderly speakers), but shows different directions of change dependent on plosive types and speaker genders. In these previous studies, speakers were asked to produce very limited numbers of stimuli words, so that results were highly influenced by the characteristics of each stimulus. By examining all plosives in Standard Chinese produced in all possible phonological contexts in connected speech and by taking phonological contexts into considerations in the statistical models, the current study was thus better capable of solving the potential stimuli-dependent problem in previous studies.

In studies which also observed different change directions depending on places of articulation and/or speaker genders, the current results are most aligned with those in [8] where unaspirated voiceless plosives were examined in connected speech. It was found in [8] that, bilabial and alveolar plosives show longer VOT and velar plosives show shorter VOT in older speakers. Although data from both genders of speakers were collected in [8], most of the speakers were females in both old and young groups (i. e., 5 males and 20 females in each group). It is therefore unsurprising that the overall results were in similar trends with those for female speakers in the current study. What is different in the present study is that, when ruling out possible influences from speech rate, the velar plosives only show non-significant changes in VOT ratios. However, the reason why velar plosives exhibited different change trajectories from bilabials and alveolars is in need of further investigations. Results of other studies are of less comparability, for example, in [37], all of the aged subjects suffered from hearing loss to different degrees, who might show very different patterns in the production of plosives.

Previous studies have proposed several explanations for the age-related changes in VOT mainly from the articulatory perspective, none of which, however, accounts for the observed variability of VOT changes in the current study satisfactorily. For example, [8] attributes the observed VOT lengthening to significantly slower rate of articulation in elderly speakers. Explanations along the same line, e. g., slower motoric movements [17] and reduced motoric efficiency [20], have also been proposed. All of these accounts would lead to longer speech sounds and slower speaking rate in general with the increase of age. However, the current study shows that the directions of change in VOT ratio kept comparable to those in raw VOT in most cases (i. e., except for two velar plosives), although the magnitudes of change were suppressed to some extents. This means that speech rate only plays a partial role in the VOT change with age. Moreover, given that the influences from speech rate have been controlled, the directions of VOT change in unaspirated plosives produced by male speakers were decreasing rather than increasing, which contradicts to the predicted direction of VOT change if a slower articulation rate was the only factor.

Other explanations, however, have been proposed to account for the opposite direction of VOT changes. For example, speakers are known with reduced muscle firmness and tissue mass with the increase of age, which further leads to reduction in the subglottal pressure to initiate the vibration of the vocal folds [4]. [8] also argues that, the declining VOT in velar plosives might be due to the decreased lung capacity so that not enough amount of air could be expelled necessary for a plosive. If these were the cases, the shortening of VOT would then be not necessarily limited to plosives in any specific place of articulation.

It is noteworthy that, in a recent study on age-related changes in cue weighting, [38] found that as adult listeners age, they rely less and less on temporal cues (e. g., VOT) to perceive the contrast of voicing,

e. g. , /b/ vs. /p/ in English, but give more weights to spectral cues (e. g. , f0) instead. One of the possible underlying mechanisms has been argued to be the degraded auditory temporal processing in the elderly listeners, so that they are less capable of utilizing small VOT differences as a reliable cue (also see e. g. , [26, 32-34]). It is therefore probable that the change of VOT in plosive production might be related to the need of maintaining phonemic contrasts given the degenerated processing ability of temporal cues as speakers age. The possibility of similar adjustments in speech production was also mentioned in [5] .

In the case of plosives in Standard Chinese in the current study, as longer VOT is needed to differentiate the contrast in aspiration with the increase of age, speakers might correspondingly lengthen the duration of VOT in their production of plosives. However, to distinguish aspirated plosives from unaspirated plosives, enough differences in VOT must be kept to avoid category overlap. Aspirated plosives are thus more likely to be lengthened (as can be observed from the increase of VOT of aspirated plosives across genders), while the VOT lengthening of unaspirated plosives are rather optimal. This is also in line with the observations in [29] where the VOT values of aspirated plosives show more variability than those of unaspirated plosives in Beijing Mandarin. In the current study, only /p/ produced by female speakers shows significant increase of VOT ratio, while /t/ produced by female speakers does not show significant changes; both /p/ and /t/ produced by male speakers show significant decrease of VOT ratios. Such variability of VOT changes for unaspirated plosives might be related to gender-specific strategies to accommodate the physiological changes due to aging (e. g. , [22, 30]) or other sociolinguistic factors as discussed in [38] . Further investigations are needed to verify these possibilities.

Some may argue that the changes in VOT observed in the present study are within-stage changes that occur only in the middle-aged adulthood period, rather than a prelude to the old age (e. g. , above 50s). However, this argument is groundless, given that the control of articulatory organs only shows uni-directional decline well into the late old age (e. g. , 80 years old) in the physiological studies (e. g. , [2]), rather than more complex trajectories. In addition, the current study suggests that, even without data from elderly speakers, the middle-aged speakers already show significant changes in the plosive VOT, which has challenged the received view that there exists a stable stage in the development of speech production in the middle-aged stage. However, it is true that to observe the entire developmental process of speech production across one's lifetime, future studies with data from speakers aged older than 50 are definitely necessary.

One limitation of the present study is that, a cross-sectional experimental design was used, and the statistical analysis was not able to take speaker variation into consideration due to potential collinearity between age and speaker. Although longitudinal studies might show similar direction of VOT change with that in cross-sectional studies (e. g. , in [13]), future longitudinal study is in need to better understand the development trajectories of the acoustic properties in speech production across the lifespan.

5. CONCLUSION

Taken together, with evidence from six plosives produced in connected speech in Standard Chinese, the present study shows that even middle-aged speakers show gradually increase VOT in the production of plosives in general. Therefore, at least for phonetic elements such as plosives, the acoustic realization is further developed and in an ongoing, dynamic process of change even in adulthood after a speaker acquires his native language. This thus challenges the traditional perception that speech production is relatively stable throughout younger adulthood and broadens the existing understanding of age-related changes of speech production in general. Such an understanding would hopefully benefit future models of speech production and perception in general.

6. ACKNOWLEDGEMENTS

This study is funded by the National Social Science Foundation of China (Grant No. 19CYY021). Many thanks go to Aijun Li for access to the RASC863 corpus. The assistance from Hongli Liang in data segmentation is greatly appreciated.

REFERENCES

[1] Andres, R. 1976. *The Normality of Aging: The Baltimore Longitudinal Study*. US Department of Health, Education, & Welfare.

[2] Ballard, K. J., Robin, D. A., Woodworth, G., Zimba, L. D. 2001. Age-related changes in motor visuomotor tracking. *Journal of Speech, Language, and Hearing Research* 44, 763 – 777.

[3] Bates, D., Maechler, M., Bolker, B., Walker, S. 2015. Fitting linear mixed-effects models using lme4. *Journal of Statistical Software* 67, 1 – 48.

[4] Benjamin, B. J. 1982. Phonological performance in gerontological speech. *Journal of Psycholinguistic Research* 11, 159 – 167.

[5] Benjamin, B. J. 1997. Speech production of normally aging adults. *Seminars in Speech and Language* 18, 135 – 141.

[6] Birren, J. E. 1964. *The Psychology of Aging*. Englewood Cliffs: Prentice – Hall.

[7] Boersma, P., & Weenink, D. 2020. Praat: Doing Phonetics by Computer (6.0.22). http://www.fon.hum.uva.nl/praat/.

[8] Bóna, J. 2014. Voice onset time and speakers' age: Data from Hungarian. *Clinical Linguistics and Phonetics* 28, 366 – 372.

[9] Botwinick, J., Thompson, L. W. 1966. Components of reaction time in relation to age and sex. *The Journal of Genetic Psychology* 108, 175 – 183.

[10] Burks, S. S., Amerman, J. D. 1979. Voice Onset Time Characteristics of Geriatric Speakers. *The Annual Convention of the American Speech-Language-Hearing Association.*

[11] Chen, Y. 2012. Tonal variation. In: Cohn, A. C., Fougeron, C., Huffman, M. K. (eds), *The Oxford Handbook of Laboratory Phonology*. Oxford: Oxford University Press, 103 – 114.

[12] Cho, T., Ladefoged, P. 1999. Variation and universals in VOT: Evidence from 18 languages. *Journal of Phonetics* 27, 207 – 229.

[13] Decoster, W., Debruyne, F. 1997. Changes in spectral measures and voice-onset time with age: A cross-sectional and a longitudinal study. *Folia Phoniatrica et Logopaedica* 49, 269 – 280.

[14] Ernestus, M. 2012. Segmental within-speaker variation. In: Cohn, A. C., Fougeron, C., Huffman, M. K. (eds), *The Oxford Handbook of Laboratory Phonology*. Oxford: Oxford University Press, 92 – 102.

[15] Flege, J. E., Eefting, W. 1986. Linguistic and developmental effects on the production and perception of stop consonants. *Phonetica* 43, 155 – 171.

[16] Gahl, S., Baayen, R. H. 2019. Twenty-eight years of vowels: Tracking phonetic variation through young to middle age adulthood. *Journal of Phonetics* 74, 42 – 54.

[17] Itoh, M., Sasanuma, S., Tatsumi, I. F., Murakami, S., Fukusako, Y., Suzuki, T. 1982. Voice onset time characteristics in apraxia of speech. *Brain and Language* 17, 193 – 210.

[18] Kaňok, M., Novotný, M. 2019. Effect of age and gender on articulation of voiced and voiceless stop consonants in Czech. *Lekar a Technika——Clinician and Technology* 49, 97 – 101.

[19] Kewley-Port, D., Preston, M. S. 1974. Early apical stop production: A voice onset time analysis. *Journal of Phonetics* 2, 195 – 210.

[20] Larson, G. W., Hayslip, B., Thomas, K. W. 1992. Changes in voice onset time in young and older men. *Educational Gerontology* 18, 285 – 297.

[21] Lee, W.-S., Zee, E. 2003. Standard Chinese. *Journal of the International Phonetic Associa-*

tion 33, 109 – 112.

[22] Linville, S. E., Rens, J. 2001. Vocal tract resonance analysis of aging voice using long-term average spectra. *Journal of Voice* 15, 323 – 330.

[23] Lisker, L., Abramson, A. S. 1964. A cross-language study of voicing in initial stops: Acoustical measurements. *Word* 20, 384 – 422.

[24] Neiman, G. S., Klich, R. J. 1983. Voice onset time in young and 70 – year-old women. *Journal of Speech and Hearing Research* 26, 118 – 123.

[25] Petrosino, L., Colcord, R. D., Kurcz, K. B., Yonker, R. J. 1993. Voice onset time of velar stop productions in aged speakers. *Perceptual and Motor Skills* 76, 83 – 88.

[26] Pichora-Fuller, M. K., Schneider, B. A., Benson, N. J., Hamstra, S. J., Storzer, E. 2006. Effect of age on detection of gaps in speech and nonspeech markers varying in duration and spectral symmetry. *Journal of the Acoustical Society of America* 119, 1143 – 1155.

[27] Ptacek, P. H., Sander, E. K., Maloney, W. H., Jackson, C. C. R. 1966. Phonatory and related changes with advanced age. *Journal of Speech and Hearing Research* 9, 353 – 360.

[28] R Core Team. 2020. R: A Language and Environment for Statistical Computing (3.3.0). https://www.r-project.org.

[29] Ran, Q. 2017. Variation and divergence-The acoustic distribution of stops in Beijing Mandarin based on a large sample. *Yuyan Wenzi Yingyong* 4, 29 – 38. (冉启斌:《变异与分化——较大样本视角下的北京活塞音格局》,《语言文字应用》2017 年第 4 期,第 29—38 页。)

[30] Rastatter, M. P., Jacques, R. D. 1990. Formant frequency structure of the aging male and female vocal tract. *Folia Phoniatrica* 42, 312 – 319.

[31] Sankoff, G. 2018. Language change across the lifespan. *Annual Review of Linguistics* 4, 297 – 316.

[32] Schneider, B. A., Hamstra, S. J. 1999. Gap detection thresholds as a function of tonal duration for younger and older listeners. *Journal of the Acoustical Society of America* 106, 371 – 380.

[33] Snell, K. B. 1997. Age-related changes in temporal gap detection. *Journal of the Acoustical Society of America* 101, 2214 – 2220.

[34] Snell, K. B., Frisina, D. R. 2000. Relationships among age-related differences in gap detection and word recognition. *Journal of the Acoustical Society of America* 107, 1615 – 1626.

[35] Sweeting, P. M., Baken, R. J. 1982. Voice onset time in a normal-aged population. *Journal of Speech and Hearing Research* 25, 129 – 134.

[36] Thomas, E. R. 2013. Sociophonetics. In: Chambers, J. K., Schilling, N. (eds), *The Handbook of Language Variation and Change (2nd edition)*. Chichester: Wiley-Blackwell, 108 – 127.

[37] Torre, P., Barlow, J. A. 2009. Age-related changes in acoustic characteristics of adult speech. *Journal of Communication Disorders* 42, 324 – 333.

[38] Toscano, J. C., Lansing, C. R. 2019. Age-related changes in temporal and spectral cue weights in speech. *Language and Speech* 62, 61 – 79.

[39] Wang, T., Li, A. 2003. Design of a connected-speech corpus for speech recognition in Chinese. *Proceedings of the 6th National Conference of Modern Phonetics.* (王大庆、李爱军:《连续汉语语音识别语料库的设计》,《第六届全国现代语音学会议论文集》)。

[40] Zlatin, M. A., Koenigsknecht, R. A. 1976. Developmental of the voicing contrast: A comparison of voice onset time in stop perception and production. *Journal of Speech and Hearing Research* 19, 93 – 111.

LI Qian PhD She is an associate professor of Institute of Linguistics, Chinese Academy of Social Sciences. Her research interests include the variability in speech production and speech recognition.
E-mail: li_qian@cass.org.cn

言语香蕉图国内外研究回顾、评述及前瞻

于　珏　金倩雯　林裕鑫

摘　要　言语香蕉图是言语信号在纯音听力图上的频谱—能量分布图示，其具有静态性和区域指向性的特点，常用于听力损失临床诊断。本文以历时的视角回顾了国内外有关言语香蕉图的研究，并从声调语言和非声调语言两个类别来总结与评述已有研究。回顾发现，言语香蕉图研究尚处于起步阶段，已有研究不足之处主要体现在研究方法细节描述欠缺和研究宽度不够两方面。因此，亟待进行更多有科学记录和阐释的研究，并在发音人数、年龄范围、母语背景、教育程度、方言环境、情感状态等方向拓宽研究思路，丰富香蕉图库。言语香蕉图的研究有望对不同背景的听力损失患者进行有针对性的治疗，甚至进一步发现人类语言的普遍规律。
关键词　言语香蕉图，听力诊断，言语感知

A Critical Review of Research on the Speech Banana at Home and Abroad

YU Jue　JIN Qianwen　LIN Yuxin

Abstract The speech banana presents the frequency-intensity distribution of speech signals on a pure tone audiogram. It has two properties: the static property and the regional directivity. It is often used in the clinical diagnosis of hearing loss. This paper reviews previous studies on the speech banana at home and abroad from a diachronic perspective, and highlights their contributions and limitations in the two categories of tonal and non-tonal languages. In short, research on the speech banana is still in its infancy. The current research can be enhanced by including detailed descriptions of the research methods and expanding its scope. There is an urgent need for more scientifically documented and interpretive research. More work is expected in several areas involving the number of speakers, different age groups, mother tongues, education levels, dialect backgrounds and emotional states, with the aim to accumulate more data for the speech banana library. The study of the speech banana has the potential of providing targeted treatments to patients with hearing loss, and even contributing to the discovery of more universals of human language.
Keywords Speech Banana, Hearing loss diagnosis, Speech perception

1. 引言

当普通说话人正常话语的所有音素都汇聚在听力图上的某一区域内时，其轮廓宛如一只平躺的香蕉，我们称这块区域为言语香蕉图（Speech Banana）。在听力损失临床诊断中，言语香蕉图可反映患者对某一特定语音的能听度，以辅助医生抉择具有针对性的康复方法，具有很高的临床听力诊断价值。本文从历时角度出发，从声调语言和非声调语言两个角度回顾了国内外已有的言语香蕉图研究，从研究方法及适用范围等方面剖析前人研究的长处与不足，为进一步开发我国各方言言语香蕉图提供建议，并呼吁语音学界、听力学界、言语病理学界发挥各自学科优势，进行更多的跨学科合作，服务于我国的言语听觉事业。

2. 言语香蕉图的简介

2.1 言语香蕉图的原理

言语香蕉图是言语信号在纯音听力图上的频谱—能量分布图示，其横坐标轴显示频率（单位 Hz），数值从左到右递增，

值域常为250—8000 Hz。对于某些特定的听力图，也有可能测量低至125 Hz或高于8000 Hz的频率，例如，由于某些耳毒性药物导致的渐进性听力损失需要测量8000 Hz以上的听力状况［9］。言语香蕉图纵坐标轴显示能量（单位dBHL①）数值从上到下递增，值域常为-10 dBHL到120 dBHL。在测量出听者的纯音听力阈值曲线后，通过比对参照香蕉图上不同语音的能量分布，可以推断听者对各个语音的听损情况。

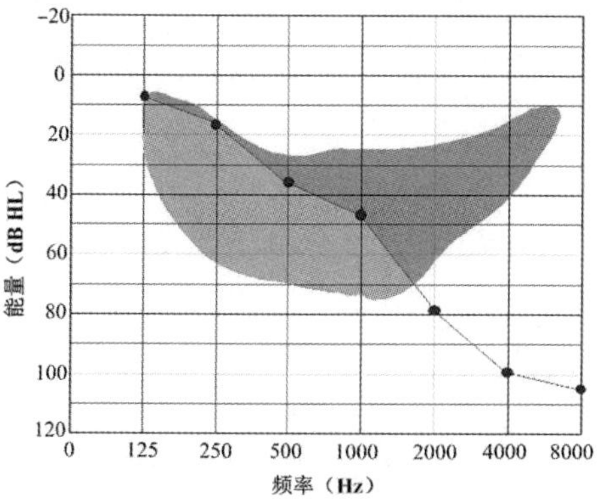

图1 基于模拟言语香蕉图某听障儿童右耳听力阈值曲线诊断结果

图1所示是一张9岁听障儿童右耳的裸耳纯音听力阈值图，后方的阴影区域为模拟的汉语语音频率—能量分布图。由图可知，在阈值曲线以下部分（浅灰色区域）的香蕉图语音是能被听见的，而阈值曲线以上的部分（深灰色区域）将无法被听到，或在得到更大的响度或能量时，听者才能有所感知。根据国际卫生组织的数据（1997），通常小于25 dB/HL的阈值被认为属于正常听力范围内，故阈值比该数值高的人会开始表现出沟通困难，即阈值数值越高，听力损失越大。临床诊断便是基于这一原理，结合言语香蕉图对测听者的听力损失情况作出判断，针对阈值曲线以上的语音，即处于深灰色区域的语音制定干预计划以及后续康复训练。

2.2 言语香蕉图的特点

2.2.1 言语香蕉图的静态性

言语香蕉图是语音在听力图上的静态示意图。而在实际生活中，会话语音往往是一个随时间变化的动态事件，多以语流的形式出现。例如，常出现在正式语体、非正式语体及各类语境中的语流音变现象［1］。故实际语音的频率和能量分布是动态的，但目前并未有更好的表示语音的动态研究出现，言语香蕉图的静态表示能很好地在听力诊断时达到辅助说明的作用。

2.2.2 语音的区域指向性

Ross［9］认为，即使言语香蕉图的定义是语音在纯音听力图上的频谱分布图示，但图示上的语音并不能精确地指向听力图上特定的点，而是指向频率—能量图上的某一区域。这是因为不同发音人在发同一元音时，由于声道长短不同，使得共振峰频率不同。所以当不同发音人的数据呈现在图中时，一个元音的某一共振峰对应的是一块区域而不是一个具体的频率。

2.3 言语香蕉图的意义

根据世界卫生组织的数据表明，听力损失及耳聋已是全球六大疾病负担之一，这在整个社会中正成为一个越来越需要得到关注的问题。Zahnert认为在听力损失康复治疗前更重要的一步便是得到及时、准确的听力诊断［11］。目前，听力损失临床诊断方法包括有纯音测听、言语测听、听性脑干反应以及耳蜗电图。言语香蕉图的出现可以有效辅助听力损失患者在言语测听上的诊断。

Fant认为，言语感知的先决条件之一就是言语信号能量需要有足够的部分在听阈之上［4］。言语香蕉图便是将言语信号的频谱分布叠加到纯音听力图上，通过观察言语香蕉图，可以很清楚地看出信号频谱的任一频率是否达到可听度。观察言语香蕉图后可以发现，辅音能量集中于高频区域，而听损患者能听到高频区语音往往需要更大的能量，导致其听到辅音存在困

① 听力级（HL）与声压级（SPL）是不同的标准，听力级（HL）是以正常人刚能听到的声压P为基准，而声压级（SPL）是指以参考声压P_0为基准，声压级所测出的数值［14］。二者间换算公式为dB HL = dB SPL - 参考值（特定频率下）。

难。Ross 认为，对部分语音感知能力的缺失，将导致听力受损患者看似听觉恢复（能听到声音），却无法完整接受到说话人的语义信息［9］。

因此，言语香蕉图是听力学临床诊断中一项有价值的工具，其直接反映对日常交流十分重要的语音能听度，可被应用于耳蜗术前术后效果评估和聋儿康复等领域［13］。

3. 国内外言语香蕉图研究述评

有关言语香蕉图的研究历史并不长，尽管香蕉图的制作最早可追溯到 1954 年 Fant 等人进行的瑞典语言语测听和发音测试实验，但言语香蕉图（Speech Banana）这一概念是 50 年后 Fant［4］在言语声学与语音学一书中提出的。时至 21 世纪，虽然有关听力学的研究相当丰富，但将研究重点聚焦在制作言语香蕉图的文献却屈指可数，且大多是来自国外的研究。

目前已公开发表的言语香蕉图包括瑞典语香蕉图、英语香蕉图、泰语香蕉图和汉语香蕉图，前二者为非声调语言，后二者为声调语言。

3.1 非声调语言的研究

3.1.1 瑞典语香蕉图

瑞典语香蕉图是最早出现的香蕉图。早在 1954 年，Lidén 和 Fant［7］便发现，人类语音的频率及能量的分布在听力图上有迹可循，无论是耳硬化症患者还是美尼尔病患者，其产出的所有语音在听力图上的分布都宛如一只平躺的香蕉，并随后将其命名为“言语香蕉”（Speech Banana）。

在后来的研究中，Fant 进一步处理其研究数据，将语音频谱按照共振峰区域分布整合到听力图上［3］。他指出语音接收需要一定的信噪比或语音信号到阈值的差值，并且不同频率区域的差值要求有所不同。Fant 等人对香蕉图的研究具有开创性和前瞻性，对之后的言语测试及言语分析研究具有指导性意义。但在瑞典语香蕉图的制作中，仍存在几点不足。第一，研究被试人皆为男性。然而，许多已有研究指

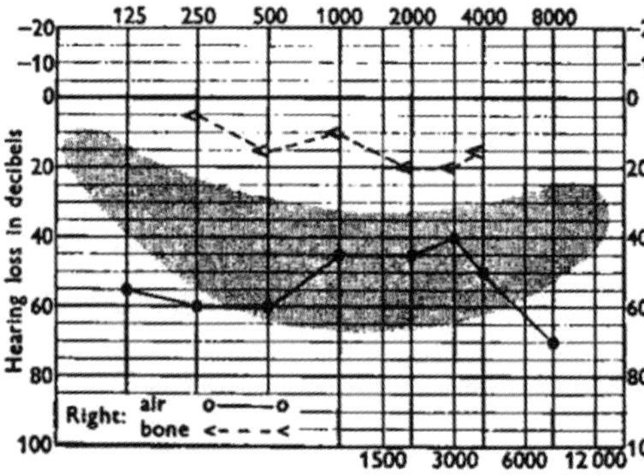

图 2　耳硬化症患者语音分布（引自 Lidén & Fant，1954）

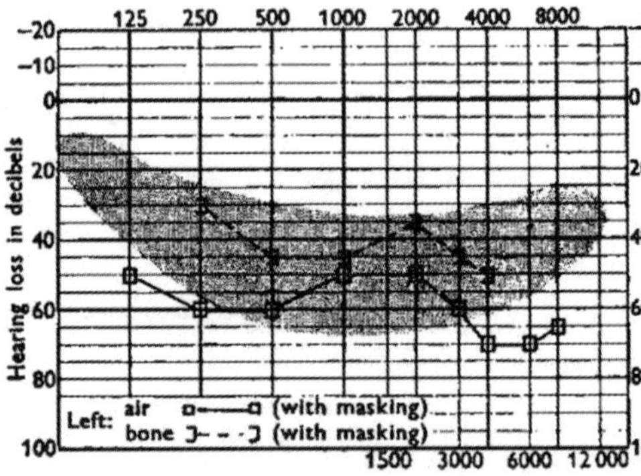

图 3　美尼尔病患者语音分布（引自 Lidén & Fant，1954）

出，男女发音器官的生理差异导致二者在语音声学特征上存在显著差异。林洁绚［12］等人发现，相对女性而言，男性喉头大、声带长，其振动频率（约 80—200 Hz）相对女性（约 120—400 Hz）更慢。因此，仅用男性发音人的言语材料作为研究数据是无法代表整个瑞典言语分布状况的。第二，研究关于言语香蕉图制作细节记录很少。瑞典语的言语香蕉图的制作并非是研究者在研究过程中的重点，因此其缺乏对制作过程细节的描述，导致难以评估实验数据获得的科学性与可操作性。

3.1.2 英语香蕉图

英语香蕉图是现如今得到最广泛使用

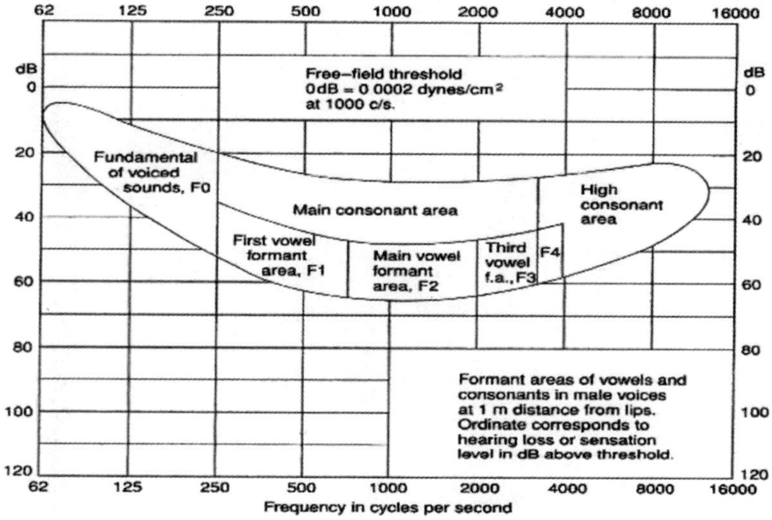

图4　瑞典语言语香蕉图(引自 Fant, 1959)

的香蕉图。Northern 和 Downs 在 1984 年对英语香蕉图展开研究［8］。在此后的听力损失诊断实验中，这张香蕉图得到较为广泛的应用。例如，Ross 就在研究中利用英语言语香蕉图解释为什么听阈曲线斜率越高的听损患者在平常的听力表现上不如听阈曲线斜率低的听损患者［9］。然而，同瑞典语香蕉图一样，Northern 和 Downs 在制作香蕉图时的研究重点也不在其本身，而是更多放在儿童听力损失原因的阐述上，并未对香蕉图制作步骤进行描述。

3.2　声调语言的研究

3.2.1　泰语香蕉图

泰语香蕉图是最早出现的声调言语香蕉图。Klangpornkun［5］等人在旧金山声学协会第 166 次会议中介绍了泰语香蕉图的制作，并展示了其将香蕉图应用于听力损失诊断的研究结果。次年，他们又在此研究基础上扩大了发音人数，并对比了泰语言语香蕉图在性别上的差异［6］。

泰语言语香蕉图对人类言语香蕉图研究做出重大贡献。首先，相比于之前的研究，泰语香蕉图的制作过程得到详细记录，研究中的录音工作、语料内容到数据收集处理都得到良好阐述。其次，该研究证明了泰语言语发音在性别上的差异，女性的音强会更大，并且说明这种差异在泰语这一语言上尤为特殊［6］。

即使泰语言语香蕉图的研究已经相对有了很大进步，但其仍有需要改进的地方。第一，其在旧金山声学协会第 166 次会议中的研究并未对不同声调的言语香蕉图进行对比，即没有指出声调对言语香蕉图结果是否有影响。在 2015 年的研究中又仅仅以辅音作为目标语音，未将元音纳入考量范围，故研究还有待进一步深入。

第二，发音人年龄范围覆盖较小。泰语香蕉图的制作来自 6 位男性和 5 位女性，年龄为 22.18 ± 4.62 岁。然而不同年龄的言语声学特征差异不容忽视，要让香蕉图更具该语言的代表性，则需获取更多不同年龄发音人的语音数据。

第三，研究采用承载句作为发音语料，而在承载句模式中，前后语音会对目标语音的声学特征产生干扰。Delvaux 和 Soquet［2］的已有研究证明，发音人在语流中会发生协同发音，元音的共振峰、辅音的噪者起始时间等声学特征将受到影响，从而导致实验数据带有一定误差。

第四，该研究对不同发音人的能量数据进行了人工调整，每个人的平均能量都

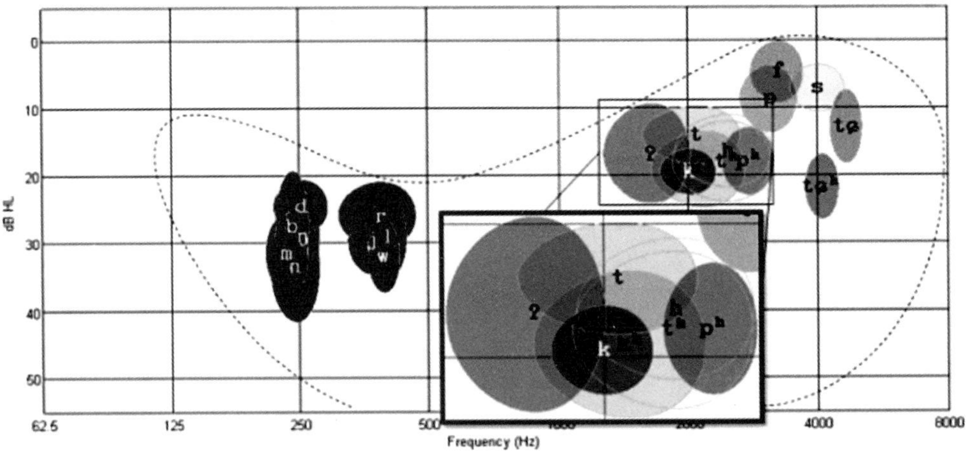

图 5　泰语言语香蕉图（引自 Klangpornkun et al.，2014）

被调至 60 dB SPL，以达到研究者所认为的“正常对话音量”的标准，但该步骤值得再斟酌。因为言语香蕉图是对普通说话人正常话语能量分布的现实记录，这一举措虽然可以减小个体之间的差异，但会给需要收集的真实语音能量信息带来损失。笔者认为，在对个体差异的控制上更为妥当的方式是在录音时以分贝仪的形式对被试进行监督并加以干预，因为在以相同音量发声时，发音人在各频率上的能量都能得到很好记录。而如果发音人声音太小，会引起对某些能量数据的缺失，后期再人工对已录入的数据进行调整也并不会重获这部分数据。

3.2.2　汉语香蕉图

紧跟泰语的步伐，同为声调语言的汉语也逐渐得到了研究者的重视。Hu 等人指出，在中国，临床医生所使用的香蕉图通常是来自于商业助听器配适系统中可供使用的或直接从互联网上下载的香蕉图[10]。但汉语的低频语音信息对理解汉语更为重要，所以用英语香蕉图来辅助语言背景为汉语的听力损失患者的诊断是不可靠的。于是，在此前研究的基础上，Hu 等人以汉语声母、韵母及 4 类声调为目标语音，通过发音实验得到普通话所有音素构成的共振峰图，又设计了一项感知实验得到普通话所有单音的最小可感知带宽，确定该单音在共振峰图上的位置，最终得到汉语香蕉图。

与以往研究不同，汉语言语香蕉图对比了不同声调下的香蕉图，研究发现不同声调在低频区的能量分布差异更为明显，其中阴平的能量比其他声调都更大。此外，泰语香蕉图的数据来自于基频和第一到第四共振峰的提取，汉语香蕉图额外将第五和第六共振峰的数据加入研究范围，增加了采样数，提高了研究准确性，汉语言语香蕉图的发音人数较之前研究有所增加，为覆盖普通话所有语音做出了重要尝试。

该研究的不足主要表现在以下几个方面：第一，和泰语香蕉图一样，汉语香蕉图的发音人年龄范围覆盖较小，为 21.6±1.3 岁。第二，其发音语料有待改进，该研究以汉语声母、韵母及其 4 个调类作为研究对象，但最早的香蕉图立足于元音辅音，并非声母韵母，二者之间的差异不容忽视。因此，汉语香蕉图是以音素还是以声韵母为语音单位仍是个值得探讨的问题。

4. 结语

总而言之，尽管语音香蕉图的概念如今已被广泛在听力学领域中提及，但其研究尚处于起步阶段，有关其制作的记录尚且不足，对语音在听力图上分布的一般规律的探索相对有限。综观言语香蕉图的研究现状大致可以看出如下情况：

一方面，研究方法细节描述不足。尽管相比于瑞典语和英语香蕉图，泰语和汉语香蕉图研究在制作细节上已有了明确记录，但对于录音输入能量控制、被试的母语背景和受教育情况等阐释不够，这直接导致研究过程的科学性难以判断，无法确定所得香蕉图是否完全可以代表目标语言下出现的所有语音分布状况。

另一方面，研究宽度有待扩展。Klangpornkun 指出，尽管人类语音在听力图上的分布形状都一致，但不同语言的语音分布位置、范围各不相同［6］。已有研究也发现，相比于英语香蕉图，汉语普通话的语音更多分布在低频区，能量会更高，安静环境下对汉语普通话的感知会比英语更好。就声调而言，普通话的不同声调在低频区的能量分布差异明显，阴平的能量比其他声调都更大。这也意味着不同语言、不同声调的语音在频谱能量的分布上不尽相同，因此我们迫切需要更多关于其他语言甚至方言的言语香蕉图研究，对不同母语的听力损失患者进行更具针对性的诊断和治疗。再者，现今研究存在发音人数少、年龄范围小、母语背景模糊的问题，而要让香蕉图更具有该语言的代表性，则需获取更多不同发音人的语音数据。此外，之后的研究有望在情感方向拓宽研究思路，丰富在不同场景下的香蕉图，这样一来便可对不同语言背景的听力损失患者进行针对性的治疗。

如果说听力图是一张听力声学地图，香蕉图则是指南针。而对于不同母语背景的人来说，其音素所形成的言语香蕉图不尽相同。因此，为了使言语听力损失的诊断更具针对性的，亟待更多不同语言的言语香蕉图研究的出现。人类言语香蕉图的丰富将有助于临床听力学的发展，在听力诊断和筛查、助听器效果评估、人工耳蜗术前术后效果评估和聋儿康复等领域都有很好的应用前景，具有良好的学术和应用价值。

参考文献

［1］Carreira, J M. 2008. Effects of teaching reduced forms in a university preparatory course. Proceedings of JALT Conference 2017, Tokyo.

［2］Delvaux, V., Soquet, A. 2007. The influence of ambient speech on adult speech productions through unintentional imitation. *Phonetica* 64.

［3］Fant, G. 1959. Acoustic Analysis and Synthesis of Speech with Applications to Swedish. Ericsson Technics 15, 3 – 108.

［4］Fant, G. 2004. Speech Perception. In: Fant, G. (eds), *Speech Acoustics and Phonetics*. Kluwer Dordrecht: Academic Publishers.

［5］Klangpornkun, N., Onsuwan, C., Tantibundhit, C., Pitathawatchai, P. 2014. Predictions from "speech banana" and audiograms: Assessment of hearing deficits in Thai hearing loss patients. *The Journal of the Acoustical Society of America* 134, 4132 – 4132.

［6］Klangpornkun, N., Onsuwan, C., Tantibundhit, C. 2015. Constructing speech banana for Thai consonants: some considerations for male and female voices. *Proceedings of the 18th International Congress of Phonetic Sciences*, Glasgow.

［7］Lidén, G., Fant, G. 1954. Swedish word material for speech audiometry and articulation tests. *Acta Oto-Laryngologica* 43 (sup116).

［8］Northern, J., Downs, M. 1984. *Hearing in Children*. Philadelphia, Pennsylvania: Lippincott Williams & Wilkins.

［9］Ross, M. 2004. The audiogram: Explanation and significance. *Hearing Life Magazine May/June*, 29 – 33.

［10］Hu, X., Li, F., Lau, C., 2018. Development of the Mandarin speech banana, *International Journal of Speech-Language Pathology* 21, 404 – 411.

［11］Zahnert, T. 2011. The differential diagnosis of hearing loss. *Dtsch Arztebl* 108 (25).

［12］林洁绚、陈小聪、蔡任栋、严恒斌：《外语产出中的语音协同及影响因素》，《外语教学与研究》2020年第52卷第2期，第237—248页。

［13］刘国益、胡旭君、冯定香：《言语香蕉图的国内外研究进展及展望》，《中国听力语言康复科学杂志》2012年，第310—312页。

［14］孟航、谢建辉、赵子琴、江洁清、马开军、

肖碧等:《 听力障碍的法医学鉴定要点》,载《法医临床学专业理论与实践——中国法医学会·全国第二十届法医临床学学术研讨会论文集》,2017 年,第 226—227 页。

于 珏 同济大学外国语学院,博士,主要研究领域为病理语言学及语音学。
E-mail: erinyu@126.com

金倩雯 同济大学外国语学院,硕士在读,研究方向为实验语音学。
E-mail: wonderlandjin@163.com

林裕鑫 同济大学外国语学院,硕士在读,研究方向为实验语音学。
E-mail: 1930865@tongji.edu.cn

由感知维度看西胪方言阴去调与阳去调的演变

李宏娜　曹梦雪

摘　要　语音的演变在产出和感知维度的发展存在不同步的现象。我们发现，西胪方言的青年母语者虽仍可产出不同的阴去调与阳去调，但二者偶有混同。本文通过调类听辨实验、极点听辨实验和范畴感知实验，综合考察了西胪方言母语者对阴去调和阳去调的感知情况。实验结果表明，青年母语者在感知上混淆这两类声调，且不同音节的混淆程度有所不同。而中年母语者则在对阴去调和阳去调的范畴感知实验中表现出优于青年母语者的区辨能力。综合来看，西胪方言的阴去调与阳去调正处于演变进程中，两个调类有合为一个调类的趋势。
关键词　潮汕方言，语音演变，调类合并，感知实验

A Perceptual Perspective on the Sound Change of the Yinqu and Yangqu Tones in the Xilu Dialect

LI Hongna　CAO Mengxue

Abstract Sound change in speech is often not in lockstep in production and perception. In our study of the Xilu dialect we found that young speakers can still distinguish Yinqu and Yangqu tones in production despite occasional confusions. This paper conducted a comprehensive study of the perception of Yinqu and Yangqu tones in tone identification, extreme point identification and categorical perception experiments. Results showed that young speakers were perceptually confused about the two tones, and the degree of confusion was related to different syllable types. Middle-aged speakers, however, exhibited a better perception ability than young speakers in the categorical perception experiment. Generally speaking, the merging of the Yinqu and Yangqu tones into one tonal category in the Xilu dialect has been ongoing.
Keywords Chaoshan dialect, Sound change, Category merging, Perception experiment

1. 引言

产出和感知是言语链的重要组成部分，语言演变应在产出和感知上有所体现。Janson［7］认为，语音变化是逐渐的，语音变化不仅表现在语音产出中，也同时存在于语音感知中，可以从感知的角度研究语音演变。

前人研究发现不少方言的声调系统正处于演变过程中，且研究者不仅通过口耳调查的方式对其进行描写，还从产出和感知的角度出发研究声调的合并现象。Bauer等［1］指出，两名粤语母语者的阴上①（25 调）和阳上（23 调）在产出和感知上混同。Fung 和 Lee［5］通过发音和感知实验发现香港粤语的阴上（25 调）② 和阳上（23 调）已经完全合并，而阳平（21 调）和阴去（22 调）正处于“近似合并”阶段，其感知混同较产出混同更严重。梁源［23］对香港粤语的声调系统进行了产出和感知实验，发现香港粤语声调的感知混同比发音混同更严重。除粤语外，其他

---

① Bauer［1］与 Fung 和 Lee［5］均讨论香港粤语，但使用不同的声调编号标记相同的调类，易引起误解。我们在此用调类名统一称说。

② Fung 和 Lee［5］虽未说明声调编号所对应的调类名与调值，但其文中的声调曲线图与 Bauer［1］所绘基本一致。我们对照两张图示，拟出 Fung 和 Lee［5］所述声调编号对应的调类名与调值。

方言也存在类似情况。陶寰和陈楠［24］对四川乐山话阳平（41 调）和上声（51 调）进行了语音实验研究，结果显示被试的感知错误率高于产出错误率。陈丽美和许小颖［14］对福建省宁德市的黄田镇九都话进行产出与感知实验研究，得到年轻一代的阳上（33 调）、阳去（44 调）和阴入（22 调）在感知上混淆这一结论。由此可见，方言声调的演变与合并现象在产出和感知上均有所体现，可以利用感知实验进行观察研究。

西胪镇属于广东省汕头市潮阳区，西胪方言为闽语—闽南片—潮汕小片［29］的方言点。我们以一位 21 岁的男性西胪方言母语者为对象，以《方言调查字表》［28］中的声调调查部分为材料，调查得到了西胪方言的单字调系统，结果见表 1。可以看出，阴去调与阳去调都为降调，且二者调形相同，调值接近。调查过程中，我们发现阴去调与阳去调存在混同的情况，发音人偶尔会将阳去读为 21 调，再次询问后又改口为 32 调。在比对声调的最小对立对时，发音人也表示两类声调十分相似，差别很小。

表 1　西胪方言青年发音人的单字调系统

阴平	阳平	阴上	阳上	阴去	阳去	阴入	阳入
33	55	445	35	21	32	21	54

从单字调系统的调查来看，发音人在产出上仍可区分阴去调与阳去调，但已经出现小范围的混同。根据 Janson［7］的观点，感知混同往往早于产出混同。梁源［23］也认为声调混同很大可能从感知出发再延至发音，语言演变受到发音感知机制的制约。因此，我们希望从感知的角度研究青年母语者的阴去调与阳去调是否出现混同。

为了获取阴去调与阳去调的产出表现，我们对阴去调和阳去调进行了录音。发音人即为方言调查发音人，录音材料主要取自《方言调查字表》［28］中的声调调查部分，根据西胪方言的常用字有所增删，阴去调共 16 个字，阳去调共 15 个字。录音时要求发音人以自然状态读出每个字，字与字需间隔至少 1 s，每个字读 1 遍，共进行 3 次录音，得到 93 个单字录音。而后，我们提取每个字的基频，计算得到阴去调与阳去调的平均基频曲线，见图 1。阴去调和阳去调的起始基频值基本重合，差异主要体现在调尾基频值与时长上。从调尾基频来看，阴去调为 107.98 ± 3.75 Hz，阳去调为 113.09 ± 3.30 Hz。从时长来看，阴去调为 0.14 ± 0.03 s，阳去调为 0.18 ± 0.03 s。

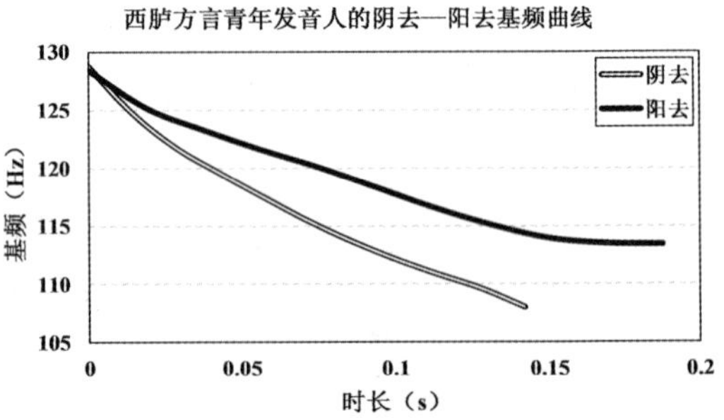

图 1　西胪方言青年发音人的阴去—阳去基频曲线图

基频是声调感知的主要线索［13，21］，基频曲线的走向是调形不同的声调间主要的感知线索［2，3］，调形相同的声调间的基频差异更多表现在高低上。那么对于调形相同的声调而言，基频的高低是否为主要区别特征？前人对调形相同的声调进行范畴感知实验，结果不尽相同。金健［16］、张锐锋［30］、孔江平［17］得到范畴感知结果，Francis 等［3］、陈丽美［14］、刘文［22］得到连续感知结果，而 Hallé 等［6］则得到类范畴感知结果。由此可见，对于调形相同的声调来说，基频是否为感知的主要线索还有待进一步研究。那么，西胪方言母语者能否仅凭调尾基频值的差异判断阴去调与阳去调？本文拟通过范畴感知实验检验基频的高低差异是否为西胪方言阴去调与阳去调的主要区别特征，并尝试从感知维度探讨方言声调的演变。

2. 实验设计

为了从感知维度探讨西胪方言青年母语者的阴去调与阳去调是否出现混同，我们设计了调类听辨实验和极点听辨实验（参见2.1节）。调类听辨实验用以观察青年母语者能否辨认自然状态下的阴去调与阳去调。极点听辨实验用以检验青年母语者能否辨认承载各自平均基频曲线的阴去调与阳去调。若被试调类听辨实验和极点听辨实验中表现优秀，则说明被试可以较好地感知阴去调与阳去调，若表现不佳则说明被试无法感知阴去调与阳去调。此外，我们设置了阴去调与阳去调的范畴感知实验（参见2.2节），以此检验基频的高低差异是否为西胪方言阴去调与阳去调的主要区别特征。

本次实验的被试均为西胪方言母语者，被试共15名，其中男性7名，女性8名，平均年龄为19.93±1.69岁。被试的日常用语均以西胪方言为主，上大学前均在西胪镇生活，父母均为西胪镇人。被试均无视听障碍，均未受过专业的音乐训练。各个被试的实验环境相同，实验环境安静。发音人即是方言调查的发音人，为21岁的男性西胪方言母语者，口齿清晰，方言背景与被试相同。

本次实验均使用语音软件Praat［9］进行实验刺激音的播放和行为数据的采集。

2.1 听辨实验

本文设置两个听辨实验，分别为调类听辨实验与极点听辨实验，以观察被试对阴去调与阳去调的听辨情况。

在听辨实验开始前，我们设置了练习测试，目的是让被试熟悉实验过程和实验任务。练习测试的刺激为8个不同音节、不同声调的字，每个刺激随机出现2次，共16次判断。播放语音后，实验界面出现8个选项，选项即为上述8个不同音节、不同声调的字，被试需在听到语音后选择对应的字。

调类听辨实验的刺激未经音高、音长处理，是发音人发出的自然语音。以三对阴去调与阳去调的最小对立对为实验刺激：“四［ɕi^{21}］—誓［ɕi^{32}］”“卸［ɕia^{21}］—谢［ɕia^{32}］”“训［xun^{21}］—份［xun^{32}］”。同时，我们还设置了对应声调的冗余项“菜［$\text{ts}^{h}\text{ai}^{21}$］、送［$\text{saŋ}^{21}$］、醉［$\text{tsui}^{21}$］、用［$\text{Øeŋ}^{32}$］、大［$\text{tua}^{32}$］、漏［$\text{lau}^{32}$］”。调类听辨实验中共有12个刺激，每个刺激随机、重复出现10次，共120次判断。实验任务与练习测试相同，被试需要根据听到的语音选择对应的字。实验进度由被试控制，被试做出判断后，系统会间隔1 s后播放下一个刺激，以减少前后刺激的相互影响。

极点听辨实验的设置与调类听辨实验的设置相同。实验以阴去字“四［ɕi^{21}］”和“卸［ɕia^{21}］”为基础音节，分别制作基于阴去调与阳去调平均基频和平均时长的刺激音，得到“四10（阴去基频）、四1（阳去基频）、卸10（阴去基频）、卸1（阳去基频）”4个实验刺激；另有8个冗余刺激，为：菜［$\text{ts}^{h}\text{ai}^{21}$］、送［$\text{saŋ}^{21}$］、醉［$\text{tsui}^{21}$］、用［$\text{Øeŋ}^{32}$］、大［$\text{tua}^{32}$］、漏［$\text{lau}^{32}$］、训［$\text{xun}^{21}$］、份［$\text{xun}^{32}$］；共12个刺激。实验过程中每个刺激随机、重复出现10次，共120次判断。实验任务与调类听辨实验相同，被试根据听到的语音选择对应的字。被试选择后间隔1 s播放下一个刺激。

2.2 范畴感知实验

本文的范畴感知实验采用经典的范畴感知实验范式，包括辨认实验和区分实验。根据调类听辨实验和极点听辨实验的结果（参见3.1节），我们选用“四［ɕi^{21}］—誓［ɕi^{32}］”作为范畴感知实验中“阴去—阳去”范畴的承载项。实验刺激的基础音节为“四［ɕi^{21}］”，其时长修改为阴去调与阳去调的平均时长。我们使用语音软件Praat［9］的PSOLA功能来修改基频曲线，制作音高连续统，各刺激间的音高在赫兹标度上等间距。本次实验刺激不保留调形，仅控制声调的调头基频及调尾基频，基频曲线为调头基频与调尾基频的连线。其中，调头基频的变化范围为

128.4—128.7 Hz，调尾基频的变化范围为 108.0—113.4 Hz。我们共制作 10 个刺激，其中 1 号刺激为连续统中调尾基频值最高的刺激（对应典型的阳去调），10 号刺激为调尾基频值最低的刺激（对应典型的阴去调）。实验刺激的基频曲线如图 2 所示。

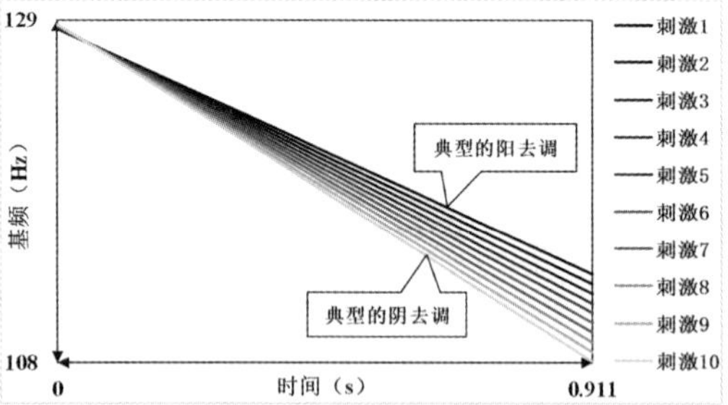

图 2　范畴感知实验刺激基频示意图

辨认实验中共有 10 个刺激，每个刺激重复出现 10 次，共 100 次判断。实验时，我们每次向被试随机播放 1 个刺激，要求被试判断所听到的刺激并点击屏幕上的选项进行选择。每个刺激播放时间间隔 1 s。

区分实验采用 2IAX 范式［10］，两个刺激构成一对，组合方式有 AA、AB、BA、BB，A 与 B 间隔两个步长，因此共 26 个刺激对。每个刺激对中两个刺激的播放间隔为 500 ms，每个刺激对之间间隔 1 s。每个刺激对重复出现 5 次，共有 130 次判断。实验时，我们向被试随机播放刺激对，要求被试判断同一个刺激对中的两个刺激是否表示相同意思。

在进行正式的区分实验之前，我们还设置了区分实验的练习。区分实验练习的刺激为“四［ɕi²¹］、刺［tɕʰi²¹］”组成的刺激对 AA、AB、BB，每个刺激对出现 1 次，共 3 次判断。被试的任务与区分实验相同。

下面介绍数据分析方法。我们依据 Repp［11］提出的范畴感知的四个特征判断实验结果是否为范畴感知：（1）辨认函数曲线的斜率较大，最大斜率处于范畴边界；（2）区分函数曲线在范畴边界处有峰值，即处于范畴边界处的连续刺激更容易被区分；（3）范畴内部的区分能力处于或接近机会水平；（4）区分函数曲线可以完美地由辨认函数曲线预测得到。其中，辨认函数曲线通过辨认率得到，区分函数曲线由区分正确率得到。此外，我们可以通过计算预测区分正确率得到预测区分曲线，与区分函数曲线进行对比，判断辨认函数曲线的预测能力。

辨认率指被试将刺激辨认为 A 或 B 的百分比。同时，辨认率可以用于计算预测区分正确率。我们采用 Pollack 和 Pisoni［10］提出的公式（1）：

$$P^{*} = \frac{1 + (P_A - P_B)^2}{2} \tag{1}$$

预测区分曲线与实测区分曲线的相关度是衡量范畴感知程度的一大标准，可以通过观察预测区分曲线与实测区分曲线的波动趋势、峰值的位置是否具有一致性来评估其范畴化的程度［12］。

区分正确率的计算采用 Xu 等［12］提出的公式，将所有刺激对重新划分为八组，每组包含 AA、BB、AB、BA 四个不同的刺激对形式，每组的区分正确率 P 值的计算使用公式（2）：

$$P = P(S \mid S) \times P(S) + P(D \mid D) \times P(D) \tag{2}$$

其中，$P(S \mid S)$ 是被试在听到刺激相同的刺激对后做出“相同”判断的百分比，$P(D \mid D)$ 是被试在听到刺激不同的刺激对后做出“不同”判断的百分比。$P(S)$ 为每组内相同刺激对占所有刺激对的百分比，$P(D)$ 为每组内不同刺激对占所有刺激对的百分比，本次实验中 $P(S)$ 和 $P(D)$ 均为 50%。

3. 实验结果

我们整理了 15 名被试的实验结果后发现实验结果没有明显差异，因此我们将所有被试的实验结果加合算出平均结果，并对其进行分析。

3.1　听辨实验结果

练习测试中被试的正确率为 100%，说明被试都能理解实验任务，符合实验要求。

我们对调类听辨实验中“阴去—阳去”目标项“四—誓［ɕi］”“训—份［xun］”“卸—谢［ɕia］”的实验结果进行统计，结果如图3所示。可以看到，［ɕi］组的调类听辨正确率最高，均在80%以上，但不足90%，说明被试可以较好地辨认“四”和“誓”，但并非完全准确。而［ɕia］组的调类听辨正确率最低，只有41%和55%，处于机会水平，说明被试无法对二者进行有效辨认。

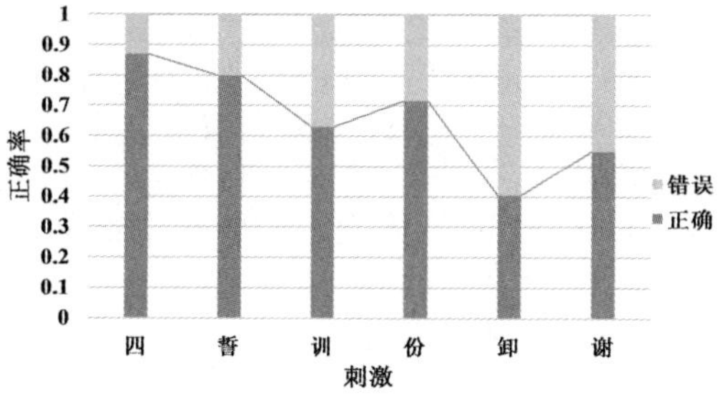

图3　调类听辨实验结果图

极点听辨实验中的“阴去—阳去”目标项是通过修改阴去字“四［ɕi21］、卸［ɕia21］”的基频和时长后得到的4个刺激“四10（阴去基频）、四1（阳去基频）、卸10（阴去基频）、卸1（阳去基频）”。若被试将带有阴去调平均基频值的刺激辨认为对应的阴去字，则视为辨认正确，反之则辨认错误。如：刺激“四10”的基频值为阴去调的平均基频值，若被试将其辨认为“四”则视为辨认正确，辨认为“誓”则视为辨认错误。阳去调同理。极点听辨实验的结果见图4。

“四1”和“卸10”的辨认正确率均不足40%，说明被试对携带阳去基频值的［ɕi］音节和携带阴去基频值的［ɕia］音节存在辨认困难。“四10”和“卸1”的辨认正确率均在70%以上，说明［ɕi］的阴去调更具有辨认优势，［ɕia］的阳去调更具有辨认优势。这显示出被试对不同音节的感知能力不同。而本次实验中表现最好的“四10”，其辨认正确率也仅有80%，低于典型范畴中极点刺激应有的高

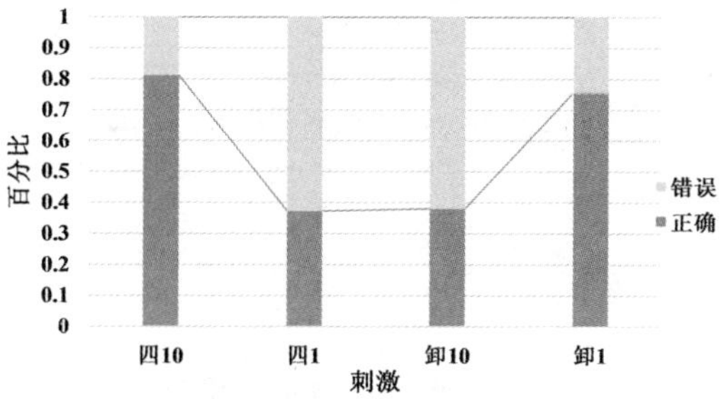

图4　极点听辨实验结果图

正确率。

3.2　范畴感知实验结果

我们对范畴感知实验的辨认实验和区分实验结果进行整合和统计，计算得到各个刺激的辨认率，及各个刺激对的预测区分正确率和实测区分正确率，将其绘制于一张图上，结果见图5。首先，观察辨认曲线可以看到阴去和阳去的辨认曲线没有交叉，说明被试对1号至10号刺激的感知不存在范畴上的交替。同时，辨认曲线仅在30%—70%的范围内波动，难以判定为典型的辨认范畴。其次，从预测区分曲线来看，各个刺激对的预测区分正确率都处于机会水平，这也说明了被试对阴去和阳去的辨认不足以形成范畴，也没有范畴上的交替，阴去调与阳去调辨认率的差异不具备统计学上的意义，与辨认曲线所展示的结论相同。而实测区分曲线也是在50%上下波动，波动幅度不超过10%，且波动状况均与辨认曲线的变化没有明显关系。

因此，综合辨认曲线、预测区分曲线和实测区分曲线，可以认为被试无法将阴去调和阳去调感知为两个范畴，感知上存在混同。

4.讨论

我们针对西胪方言的青年被试进行了阴去调与阳去调的调类听辨实验、极点听辨实验和范畴感知实验，三组感知实验的结果均导向阴去调与阳去调的调类范畴在

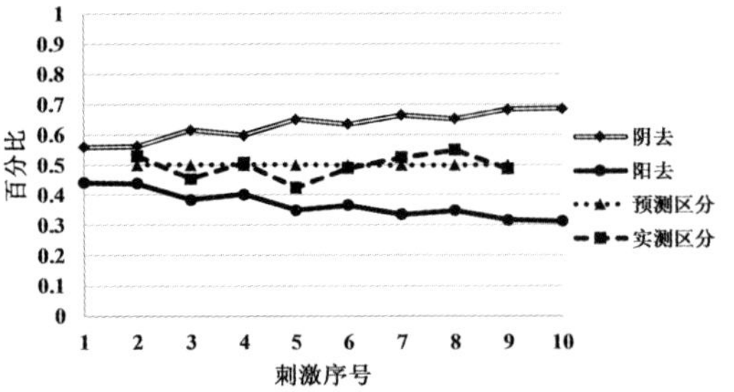

图5 范畴感知实验结果图

感知领域出现混淆这一结论。这种混淆表明，西胪方言的阴去调和阳去调在青年人群中很可能正处于合流的过程中。以下我们就调类混淆情况和声调演变问题展开讨论。

4.1 调类混淆

结合调类听辨实验和极点听辨实验的结果，我们认为西胪方言的阴去调和阳去调在青年人母语者的感知中存在混淆，但两个调类还处于合并的早期阶段，未完全合并。

调类听辨实验的结果是调类混淆的有力证据，被试在面对未经处理的、自然的语音时，也难以辨认阴去调与阳去调。［ɕia］组的辨认正确率处于机会水平，说明被试完全无法辨认［ɕia］组刺激；而［ɕi］组刺激的辨认正确率也没有呈现出典型范畴应有的高正确率。此外，［ɕi］组和［ɕia］组的辨认正确率差距较大，也进一步说明了被试对阴去调和阳去调的辨认在音节上有差异，被试对不同音节的声调敏感程度不同，部分音节的阴去调与阳去调在感知上已经完全混同。Mok 等［8］对广州的声调进行感知实验，也发现被试的感知在音节上存在差异，并认为这是词汇扩散的早期表现，是语音演变的早期现象。

极点听辨实验结果说明不同音节的优势声调不同，被试对不同音节的感知能力不同。该结果一方面加强了被试对不同音节的声调敏感程度不同这一结论的可信度，另一方面也体现出被试在感知上具有不稳定性。若阴去调与阳去调在被试的感知中仍是两个泾渭分明的声调范畴，其调类听辨实验和极点听辨实验应该表现一致，且均表现出高正确率。然而事实并非如此。被试感知上的不稳定性也进一步说明了阴去调和阳去调在调类上的混淆，以及二者正处于不稳定的演变过程中。

范畴感知实验的结果显示被试的辨认曲线和实测区分曲线都在50%左右波动，被试不存在明显的调类范畴，无法辨认和区分阴去调和阳去调，说明被试在感知上无法准确感知阴去调和阳去调。范畴感知实验中两个极点（1号刺激和10号刺激）的辨认率远远低于调类听辨实验中的辨认正确率，且基频值较高的1号刺激，也更多地被感知为阴去调，说明仅凭基频值被试很难将1号刺激感知为阳去调。此外，1—10号刺激感知为阴去调的概率都更高，这可能与音节本身的感知倾向有关。范畴感知实验中我们以［ɕi］为实验刺激的基础音节，音节［ɕi］在调类听辨实验和极点听辨实验中的表现，都是阴去调更具感知优势。

4.2 声调演变

上述实验结果和讨论表明，西胪方言的阴去调与阳去调很可能正在经历调类合并的过程。方言特征的简化与合并往往先产生于青年人群中［18］，且本研究中的青年被试不仅无法准确辨认极点刺激，也无法辨认未经处理的原始刺激。因此，为了检验西胪方言声调发展的趋势，我们需要进一步了解西胪方言中年母语者的单字调产出及感知情况。

我们以一名48岁的男性为对象，调查了西胪方言中年母语者的单字调系统，调查方法与青年组相同，结果如表2所示。

表2 西胪方言中年发音人的单字调系统

阴平	阳平	阴上	阳上	阴去	阳去	阴入	阳入
33	55	53	35	21	32	<u>21</u>	<u>54</u>

对比表1和表2，我们可以看出，西胪方言的单字调系统确实存在代际差异。

中年人的阴上调 53 为高降调，而青年人的阴上调 445 则为平升调。然而，中年母语者的阴去调 21 与阳去调 32 与青年母语者的表现一致。但具体来看，中年发音人虽然在调查过程中表示二者的差异很小，但没有像青年发音人那样出现两类声调混读的情况。

此外，为了获取中年母语者的阴去调与阳去调的产出表现，我们对此名中年发音人进行了录音。录音材料主要取自《方言调查字表》中的声调调查部分，阴去调共 8 个字，阳去调共 14 个字。我们分别计算了阴去调与阳去调的平均基频值，结果见图 6。中年发音人的阴去调与阳去调在调头基频和调尾基频上都有明显差异。从调头基频来看，阴去调为 117.52 ±2.39 Hz，阳去调为 129.19 ±9.14 Hz。从调尾基频来看，阴去调为 72.74 ±4.62 Hz，阳去调为 81.40 ±4.17 Hz。从时长上看，阴去调为 0.33 ± 0.04 s，阳去调为 0.36 ± 0.04 s，相差不大。此外，青年发音人与中年发音人的阴去调与阳去调在音强上差异不显著。

青年发音人与中年发音人的阴去调和阳去调在基频上有较大差异。青年发音人的阴去调与阳去调的调头平均基频基本重合，中年发音人的相差 11.67 Hz。青年发音人的调尾平均基频相差 5.11 Hz，中年发音人的则相差 8.66 Hz。由此可见，从声学表现上看，中年发音人产出的阴去调与阳去调具有更高的区分度，中年母语者产出阴去调与阳去调的能力优于青年母语者。

我们进一步采用与青年被试相同的实验步骤对 4 名西胪方言中年母语者进行范畴感知实验，分别为男性 M1（47 岁），M2（54 岁），女性 F1（48 岁），F2（43 岁）。由于中年母语者的产出与青年母语者的产出存在差异，青年发音人产出的刺激可能不符合中年被试的感知习惯，使用青年发音人产出的刺激进行中年组的感知实验可能会导致实验结果出现偏差。因此，中年感知实验的刺激由上述接受方言调查的 48 岁男性产出。

由于中年组的被试人数较少，且不同

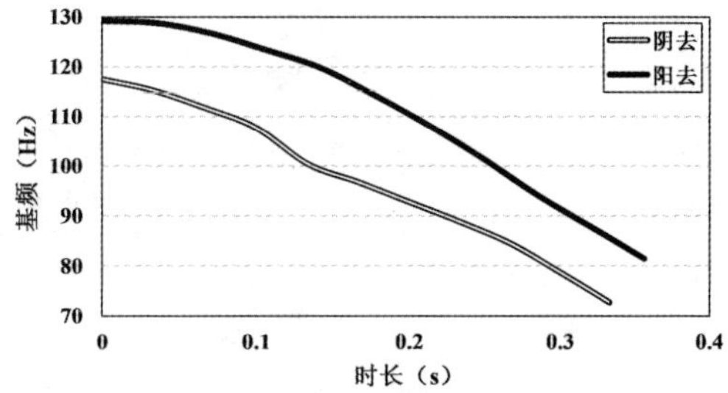

图 6　西胪方言中年发音人的阴去—阳去基频曲线图

被试的结果有所差异，因此我们将每名被试的结果分开讨论，见图 7、8、9、10。

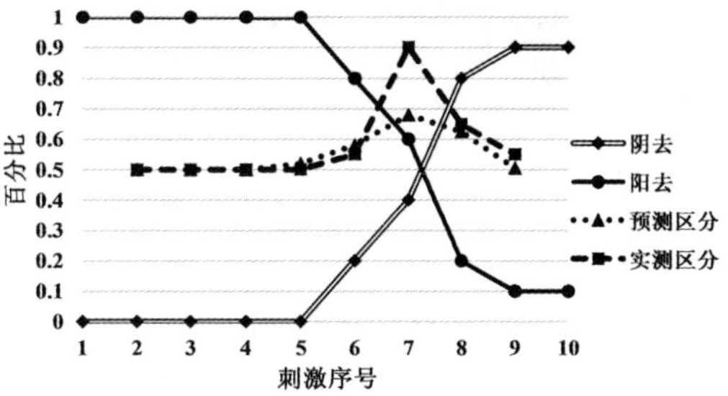

图 7　F1 范畴感知实验结果图

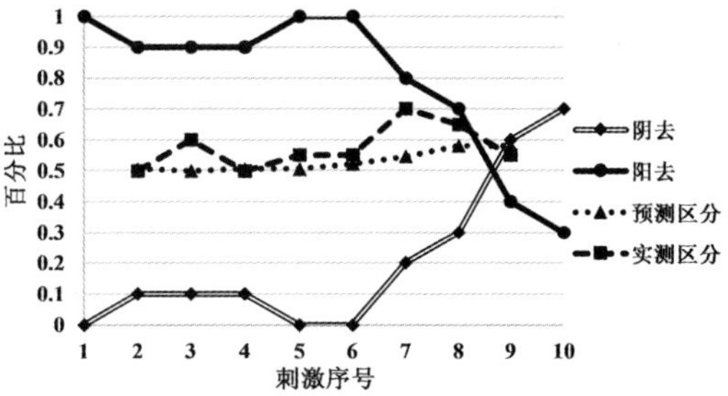

图 8　M1 范畴感知实验结果图

结果显示，中年母语者对阴去调和阳去调的感知也存在一定程度的混同，但多数情况下仍可感知为两个范畴。同时，不同被试的感知模式差异较大，如 F1 呈现出典型的范畴感知结果，而 F2 则已经难以将刺激感知为两个范畴。值得注意的是，F2 是 4 名被试中年纪最小的，其感知结果也最接近青年人的感知结果，说明年

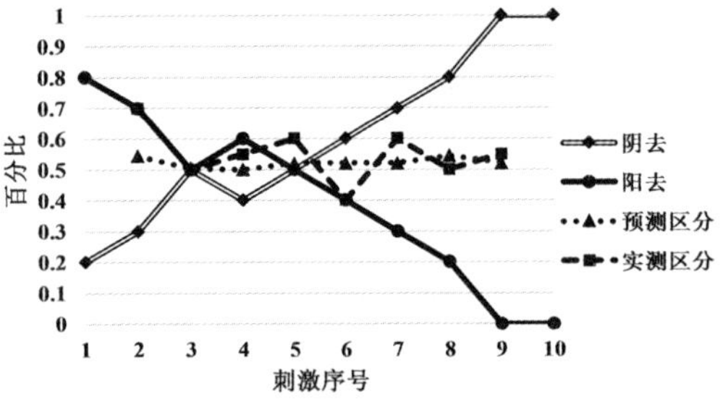

图9 M2范畴感知实验结果图

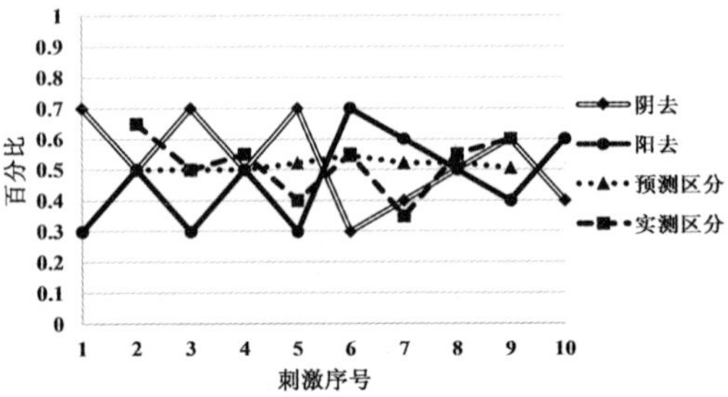

图10 F2范畴感知实验结果图

龄可能是影响调类感知的一个重要因素。

对比西胪方言青年母语者和中年母语者的感知实验结果，我们可以看到西胪方言母语者对阴去调和阳去调的感知能力存在一定程度的代际差异。多数中年母语者仍可分出两个范畴，且存在典型的范畴感知结果，而青年母语者整体呈现出无法感知为两个声调的结果。因此，我们认为中年母语者对阴去调和阳去调的感知能力明显强于青年母语者。同时，不同中年母语者表现出不同的感知模式，也说明了中年母语者在感知阴去调与阳去调上已经呈现出不稳定性。朱晓农［32］发现属于潮汕小片惠普方言的惠来、惠中等地出现了阳去调与阴去调合流的现象。林春雨和甘于恩［19］也指出惠来靖海的阴去调与阳去调已经合并为一个声调。由此看来，阴去调和阳去调的合并可能是潮汕方言的普遍现象。

值得注意的是，西胪方言的青年母语者和中年母语者都能产出阴去21调和阳去32调，即在产出上尚未混同，而感知上已经出现了混同。拉波夫［19］指出“近似合并”（Near－Merger）是两个音段在合并过程中的一个中间阶段；处于“近似合并”阶段的两个音段区别特征很小，通常在发音角度具有两个范畴，而在感知角度只有一个范畴，并且不同被试的感知结果不同，被试在不同情况下的感知结果也不同。本次西胪方言阴去调与阳去调就表现出了“近似合并”的相关特征。其他方言中也存在类似现象。陶寰和陈楠［24］对四川乐山话阳平（41调）和上声（51调）进行了语音实验研究，也发现被试的感知错误率高于产出错误率，并表现出年龄差异，且不同被试表现出不同的结果，认为乐山话的阳平调和上声调正处于“近似合并”的过程当中。此外，梁源［23］对香港粤语的声调系统进行了产出和感知实验，得到香港粤语声调的感知混同比发音混同更严重，并推断声调混同很大可能是从感知出发、再延至发音。Fung等［4］针对香港粤语的阳平（21调）和阴去（22调）进行了行为实验和ERP实验，结果均得到阳平调和阴去调处于“近似合并”阶段。这些实验的结果都与本次西胪方言的实验结果相同，声调的合并从感知开始，再延至产出。

此外，Janson［7］在论证语音演变与产出和感知的关系时，也认为语音演变中感知混同先于发音混同。他以辅音［r］向［ʀ］的演变为例，指出声音演变至少需要经历5个阶段，如表3所示。

结合阴去调和阳去调的产出及感知结果，目前这两类声调的演变大致正处在第2阶段，并逐渐向第3阶段发展。

表3 语音演变中产出和感知的关系表［7］

STAGE	PERCEPTION	PRODUCTION
1	r	r
2	r—ʀ	r
3	r—ʀ	r—ʀ
4	r—ʀ	ʀ
5	ʀ	ʀ

值得注意的是，在寻找被试的过程中，我们遇到了一名 21 岁的男性母语者，他既无法产出也无法感知阳去调，原本的阳去调已经完全归入阴去调中。可见这名男性母语者很可能已经处于演变的第 5 阶段。该个例展示了阴去调与阳去调合并的可能方向为并入阴去调，如表 4 所示。但关于阴去调与阳去调的演变方向和进程还需要更多深入的调查和研究。

表 4　阳去调向阴去调演变的产出和感知关系表

阶段	感知	产出
1	阳去	阳去
2	阳去—阴去	阳去
3	阳去—阴去	阳去—阴去
4	阳去—阴去	阴去
5	阴去	阴去

西胪方言阴去调与阳去调的合并，可能是自身声调系统简化及周围强势方言影响双重作用下的结果。王士元［25］认为声调系统的演变主要产生于感知的相似性，而曹志耘［15］也指出在自变型方言中，调类合并的唯一依据就是调值的相似度，调值越相近的调类越容易合并。西胪方言的阴去调是低降调，阳去调是中降调，二者调形相同，调值相近，具有声调简化合并的声学条件。同时，谢郴伟［26］认为降阶和下倾机制的感知补偿失效或混乱，引发广州话调域低频区平调的感知混淆，表现为中平调与低平调的混淆。而西胪方言的阴去调和阳去调与广州话的中低平调情况类似，可能也与此有关。另外，由于广州话是广东地区的强势方言，对周边的其他方言有很强的影响力，所以广州话阴去调与阳去调的合并［20，27］也可能对西胪方言产生了影响。

然而，我们现在仍无法很好地解释为什么发音人不能感知两个范畴的差异，却能发出这两个范畴的语音。拉波夫［19］提出一个可能的解释是音位对立的中止，即那些本来能区分两个音位的说话人在与不能区分的说话人密切接触中发现这种区别没有用处，因而逐渐停止使用这种区别。这是语言经济性的一个组成部分。从这一观点出发，西胪方言的青年母语者可能在学习普通话、与外界接触的过程中，受到普通话及其他方言的影响，而中止使用阴去调与阳去调的对立来区分语义。但此观点难以解释为何合并没有发生在其他区别音位之间。这一问题对我们认识语音加工模式有重大影响，仍需后续研究进行探讨。

5. 总结

西胪方言的阴去调与阳去调正处于“近似合并”阶段，青年母语者可以产出不同的阴去调与阳去调，但在感知上存在混同，无法准确辨认两个声调、感知为两个声调范畴。同时，青年母语者感知不同音节的能力和声调倾向不同：将［ɕi］音节的刺激感知为不同声调的能力较强，且倾向于感知为阴去调；而将［ɕia］音节的刺激感知为不同声调的能力较弱，倾向于感知为阳去调。中年母语者的产出能力和感知能力均优于青年母语者。一方面，中年母语者产出的阴去调与阳去调在声学上具有更高的区分度。另一方面，多数情况下中年母语者仍可将阴去调与阳去调感知为两个范畴，且存在典型的范畴感知结果。但中年母语者的感知能力存在个体差异，不同被试的感知结果不同。由此可见，西胪方言的阴去调与阳去调在不同个体、不同音节中表现不同，仍处于演变的早期阶段。西胪方言阴去调与阳去调的合并可能是在自身声调系统简化及周边强势方言调类演变的双重影响下发生的。

本文主要对西胪方言的青年母语者和中年母语者进行了感知实验，结合初步的产出数据讨论阴去调与阳去调的演变阶段。就目前而言，本研究仍存在一定局限。（1）青年母语者与中年母语者的产出数据均仅由一人完成。本文主要关注感知在语音演变中的表现，产出情况并非本文关注的重点。此外，虽然发音人数量有限，但两名发音人的方言背景单纯，与同组被试的方言背景一致，具有代表性。后续研究可以增加发音人的数量及例字，获取更全面、更有代表性的产出数据。(2) 同一刺激对的两个刺激项在词频上存在差异，不同音节的感知倾向可能受到词频高低的影响。从实验结果来看，不同音节确实具有不同的感知倾向，而目前的研究尚不能解释这种倾向性是否与词频有关。后续研究可以增加对照实验，分别设置词频相近的刺激对与词频差异大的刺激对，探究词频对感知阴去调与阳去调的影响。(3) 青年组与中年组使用的感知材料不同，没有进行交叉测试。由于青年母语者的产出与中年母语者的产出存在差异，我们希望将问题的讨论限制在代际内部：使用青年母语者的产出数据作为青年组的感知材料，使用中年母语者的产出数据作为中年组的感知材料。在此基础之上，再进行代际之间的差异比较。虽然没有进行交叉测试，但我们不认为青年组与中年组的感知差异是由实验刺激材料的差异导致的。一方面，虽然青年组所产出的阴去调和阳去调在声学特征上差异较小，且较小的声学差异容易在听感上导致混淆，但由于青年组在产出中是可以区分两个调类的，所以青年组所表现出的感知混淆并不是将声学差异小的产出材料用作实验刺激的直接结果。感知范畴的混同才是主要因素。另一方面，虽然中年组所产出的阴去调和阳去调在声学特征上差异较大，但中年组并不总表现出范畴化感知的模式，年龄较小的F2甚至表现出与青年组相似的感知混淆。所以，采用声学差异较大的产出材料做为实验刺激也并不总能使中年组表现出典型的范畴化感知模式。以上证据综合表明，青年组和中年组在感知模式上所表现出的差异与刺激材料之间的差异没有直接联系，相关实验结果所反映的本质是声调范畴感知模式在代际间的差异。这种感知维度的差异是方言声调演变的一种重要表现。

以往方言特征的演变问题大多从历时与描写的角度对母语者的语言产出进行讨论，但这只能关注到已经完成的演变，难以发现正处于演变中的特征，也难以跟踪具体的演变过程。而从实验的角度，结合方言母语者的产出和感知特点来讨论方言的演变，则更容易发现一些正在演变的特征，跟踪演变过程，预测演变方向。此外，同时观测语言演变在产出与感知两个方面的表现，可以加深我们对语言加工模式的认识。

6. 致谢

本文研究得到了国家社会科学基金青年项目"'方言—普通话'双语环境下的婴幼儿声调习得机制研究"（编号：18CYY021）的经费支持。

参考文献

[1] Bauer, R., Cheung, K. H., Cheung, P. M. 2003. Variation and merger of the rising tones in Hong Kong Cantonese. *Language Variation and Change* 15 (2), 211-225.

[2] Chan, S. W., Chuang, C. K., Wang, W. S. Y. 1975. Cross-linguistic study of categorical perception for lexical tone. *The Journal of the Acoustical Society of America* 58 (S1), S119.

[3] Francis, A. L., Ciocca, V., Ng, B. K. C. 2003. On the (non) categorical perception of lexical tones. *Perception & psychophysics* 65 (7), 1029-1044.

[4] Fung, S. Y. R., Kung, C. C., Law, S., Su, I. F., Wong, S. P. C. 2012. Near-merger in Hong Kong Cantonese tones: A behavioural and ERP study. *Proc. The Third International Symposium on Tonal Aspects of Languages* Nanjing, S1-6.

[5] Fung, R. S. Y., Lee, K. C. C. 2019. Tone Mergers in Hong Kong Cantonese: An asymmetry of production and perception. *The Journal of the Acoustical Society of America* 146 (5), EL424-430.

[6] Hallé, P. A., Chang, Y. C., Best, C. T. 2004. Identification and discrimination of Mandarin Chinese tones by Mandarin Chinese vs. French listeners. *Journal of phonetics*32 (3), 395-421.

[7] Janson, T. 1983. Sound Change in Perception and Production. *Language* 59 (1), 18-34.

[8] Mok, P. P. K., Zuo, D. H., Wong, P. W. Y. 2013. Production and perception of a sound change in progress: Tone merging in Hong Kong Cantonese. *Language Variation and Change* 25

(3), 341 – 370.

[9] Paul, B., David, W. 2021. Praat: doing phonetics by computer [Computer program]. Version 6.1.41, retrieved 25 March 2021 from http://www.praat.org/.

[10] Pollack, I., Pisoni, D. 1971. On the comparison between identification and discrimination tests in speech perception. *Psychonomic Science*, 24 (6), 299 – 300.

[11] Repp, B. H. 1984. Categorical perception: Issues, methods, findings. *Speech and language* 10, 243 – 335.

[12] Xu, Y., Gandour, J. T., Francis, A. L. 2006. Effects of language experience and stimulus complexity on the categorical perception of pitch direction. *The Journal of the Acoustical Society of America*, 120 (2), 1063 – 1074.

[13] 鲍怀翘、林茂灿主编:《实验语音学概要》,北京大学出版社 2014 年版。

[14] 陈丽美、许小颖:《黄田镇九都话平调产出与感知实验研究》,《中国语音学报》2016 年第 1 期,第 53—61 页。

[15] 曹志耘:《汉语方言声调演变的两种类型》,《语言研究》1998 年第 1 期,第 89—99 页。

[16] 金健:《广州方言和东海方言平调的感知研究》,《方言》2010 年第 2 期,第 51—61 页。

[17] 孔江平:《藏语(拉萨话)声调感知研究》,《民族语文》1995 年第 3 期,第 56—64 页。

[18] 拉波夫·威廉:《语言变化原理》,商务印书馆 2019 年版。

[19] 林春雨、甘于恩:《粤东闽语声调的地理类型学研究》,《学术研究》2016 年第 5 期,第 160—165 页。

[20] 李书娴:《关于广州话阴去调和阳去调的听辨实验》,《方言》2008 年第 1 期,第 34—39 页。

[21] 林焘:《林焘语言学论文集》,商务印书馆 2001 年版。

[22] 刘文:《升还是平:新寨苗语声调个案研究——兼论平调的感知判断》,《民族语文》2020 年第 1 期,第 48—57 页。

[23] 梁源:《声调变异中的发音与感知机制——以香港粤语为例》,《中国语文》2017 年第 6 期,第 723—732、768 页。

[24] 陶寰、陈楠:《新派乐山方言单字阳平、上声调的实验研究》,《中国语言学报》2018 年第 18 期,第 116—150 页。

[25] 王士元、刘汉成、张文轩:《声调发展方式一说》,《语文研究》1988 年第 1 期,第 38—42 页。

[26] 谢郴伟:《广州话中低平调混淆的感知研究》,《中国语音学报》2019 年第 1 期,第 138—146 页。

[27] 谢郴伟、石锋、温宝莹:《广州话平调的感知》,《清华大学学报(自然科学版)》2017 年第 3 期,第 299—305 页。

[28] 中国社会科学院语言研究所编:《方言调查字表 修订本》,商务印书馆 2009 年版。

[29] 中国社会科学院语言研究所、中国社会科学院民族学与人类学研究所、香港城市大学语言资讯科学研究中心编:《中国语言地图集 第 2 版 汉语方言卷》,商务印书馆 2012 年版。

[30] 张锐锋、孔江平:《河南禹州方言声调的声学及感知研究》,《方言》2014 年第 3 期,第 16—24 页。

[31] 朱晓农:《语音学》,商务印书馆国际有限公司 2010 年版。

[32] 朱晓农:《演化比较法:如何进行声调演化的研究?》,《语言科学》2018 年第 2 期,第 113—132 页。

李宏娜 北京师范大学文学院,硕士研究生,主要研究领域为语音学、方言学。
E-mail: lihongna@mail.bnu.edu.cn

曹梦雪 北京师范大学文学院,博士,讲师,主要研究领域为语音学、方言学、儿童语言习得、语言习得建模。
E-mail: mengxue.cao@bnu.edu.cn

山东桓台方言入声调今读变异的声学与感知研究

董文琪　刘　文

摘　要　在汉语北方官话区，有的方言仍然存在入声调。桓台方言属冀鲁官话沧惠片章桓小片，该片是山东目前仍保留入声调的方言片区。桓台方言的入声调是一个中平调，其来源主要是中古清入声字。前人研究指出山东方言的入声正处于最后的消失阶段。基于田野调查，我们发现桓台方言的入声调主要与阴平调产生混淆。声学研究表明，阴平与入声的调型无显著差异，在调值上男女表现略有不同；感知实验显示，无论是自然语音的听辨还是合成样本的听辨，阴平调与入声调的感知结果均呈现随机分布模式。结合声学和感知实验结果，本文认为桓台方言的入声调与阴平调基本完成合流。

关键词　桓台方言，入声变异，声学，感知

An Acoustic and Perceptual Study on Variations of the Rusheng Tone in the Huantai Dialect

DONG Wenqi　LIU Wen

Abstract Some dialects in the Northern Mandarin Chinese still keep the Rusheng tone. The Huantai dialect spoken in Shandong Province, which belongs to the Jilu Mandarin, is a case in point. The Rusheng tone in the Huantai dialect is a level tone; words in Rusheng today mainly correspond with syllables in the Rusheng tone with voiceless onsets in the Middle Chinese. Previous studies have demonstrated that the Rusheng tone in Shandong dialects is in the final stage of disappearance. The linguistic fieldwork testified to confusion of the Rusheng tone with the Yinping tone in most cases. Our acoustic analysis showed no significant difference in the tone contours between Yinping and Rusheng, but slight differences in the tone values. The perceptual experiment also indicated that the two tones showed a random pattern of distribution in natural and synthetic stimuli. Based on the acoustic and perceptual results, this study suggested that the Rusheng tone has nearly emerged with the Yinping tone in the Huantai dialect.

Keywords Huantai dialect, Rusheng Tone variation, Acoustic analysis, Perceptual experiment

1. 引言

桓台县地处鲁中平原，隶属于山东省淄博市。桓台方言属冀鲁官话沧惠片的章桓小片。据李荣［25］，“冀鲁官话的主要特性是古清音入声今读阴平，古次浊入声今读去声”。章桓小片古清入字多自成一个调类，少数今读阴平［25］。从山东方言内部分区来看，据古知庄章三组字今声母的异同，可将山东方言分为东西两区；又据古入声次浊声母字的今声调，可将西区分为西齐和西鲁两片［11］。根据这一标准，桓台方言属山东方言西区的西齐片。

1.1　研究现状

前人对桓台方言入声调的研究已经取得了较为丰硕的成果，主要可以分为对山东方言入声调的研究、对桓台方言与周边区县方言的对比研究、对桓台方言的专门性研究三类。

对山东方言入声的研究，前人达成了较为一致的认识，即：在有独立入声调的山东方言中，入声调是一个无喉塞尾的中平调，读为入声调的字基本为古清入字；

山东方言的入声随时间的变化正在逐渐消失［12，20，21，23］。

值得重视的是，赵学玲［23］在调查中发现了一个特殊现象，即“高青县、邹平北部、桓台北部的陈庄、马桥、荆家等地的年轻人口中的阴平字不同数量地读成了中平调33，和入声混为一谈。甚至在连读变调中，两类字也合为一类。”然而，该文并未就该问题展开讨论。此外，当时的年轻人如今也已步入中年，今桓台年轻人口语中是否仍有这种现象存在，抑或出现了其他的变异，还需要通过声学实验和感知实验来进一步探究。

在对其他有入声调的山东方言的研究中，有的将所调查方言的入声调现状及其演变与桓台方言的入声调进行了比较［4］［16］。苏培［14］通过对比周村方言新老派之间的声调差异，发现老派阴平的调值为213，而新派则为23。这一研究为桓台方言入声调的演变及归派问题提供了参考。

张树铮［19］通过对比《等韵简明指掌图》与今桓台方言的声韵调系统、梳理古籍及前人研究结论，指出今桓台方言中的入声调在180年前已经基本形成。且在桓台方言声调的发展中，合并是主要趋势，调值相似的声调可能发生混淆，从而导致音位合并。张梦瑶［22］通过统计给出更为细致的入声演变规则。该文认为入声单字调在桓台的东部和东北部，由西向东、由南向北逐渐减少直至消失；不读入声调的古清入字，在中部和南部多归上声，在西北和东北多归平声。

通过对前人研究成果的梳理，我们归纳出前人对桓台方言今读声调的具体调值描写，如表1所示。

表1　前人对桓台方言声调调值的描写

出处	阴平	阳平上	去声	入声
张树铮（1999）	213	55	21	33
赵学玲（2003）	213	55	21	33
王小梅（2007）	213	55	21	44
张梦瑶（2018）	213	55	31	33/44

总的来说，前人的研究主要是从音韵学和方言学的角度对桓台方言进行共时描写和历时比较。本文前期运用声学分析方法处理个案数据时发现，桓台方言的阴平与入声字在单字调中有所混淆，并被母语者感知为同一调，即平调。这一点在前人文献中也有报道，但前人仅就问题进行了描述，并未用实验的方法进行验证。

前人采用经典的范畴感知模式对北京话或普通话的上声与阴平的感知边界进行研究［13，15，17，18］，认识到对上声的感知受到多种机制和因素的复杂影响。还有的以方言［5］、少数民族语言［9，10］为研究对象，探讨母语者对平调与曲折调的感知模式。这些实验设计及实验结果为本文的感知实验设计提供了参考。

1.2　研究问题

通过先前对个案的声学分析，我们发现桓台方言的阴平调与入声调的基频值相近，且阴平调的曲折度较小，几乎可以看作一个平调；从听感上看，母语者将两者感知为同一声调，且认为是平调。由此提出本文的研究假设，桓台方言今读入声调影响了阴平调，在感知上二者已经混淆。

根据研究假设，本文基于田野调查，运用声学分析对桓台方言的单字调的调型、调值进行说明，在此基础上设计感知实验探究阴平与入声在单字调中的混淆现象，并对桓台方言入声调今读的归派进行讨论。

2. 声学实验

2.1　实验说明

在字表设计上，考虑到声母对声调的影响，以及桓台方言声母的实际情况，本节所选单音节例字的声母为清不送气塞音声母［p、t、k］和零声母，韵母为单元音韵母［ɑ、i、u、ɔ、ɛ、ə］。最终得到［pɑ、tɑ、kɑ、pi、ti、pu、tu、ku、pɔ、tɔ、kɔ、pɛ、tɛ、kɛ、pə、i］16组音节，共46个例字（见附录1），录音时每个字读两遍。

在发音人选取上，本节共选取6名发音人，3男3女，（M01－M03为男性，F01－F03为女性）母语均为桓台方言，无言语或听力障碍，无长期外地或外国居住经历。详见表2。

表2　　　　发音人信息

编号	年龄	民族	是否母语者	出生地	职业
M01	65	汉	是	桓台	退休
M02	72	汉	是	桓台	务农
M03	72	汉	是	桓台	退休
F01	33	汉	是	桓台	律师
F02	49	汉	是	桓台	个体
F03	20	汉	是	桓台	学生

录音地点为安静的民房，录音软件为Cool Edit Pro 2.1，采样频率为22 050 Hz，精度值为16 bit，采录通道为单声道。录音设备为联想S41型笔记本电脑，采用电容式麦克风（SONY ECM－44B）录制语音信号，并通过调音台（XENYX 302 USB）和声卡（SBX）进入电脑。

2.2　单字调实验

由附录1可知，仅［pɑ、ti、ku、i］四组有四个声调的最小对立对。本小节以［pɑ］组为例，首先用语图直观展示四个声调的基频变化趋势（图1）。

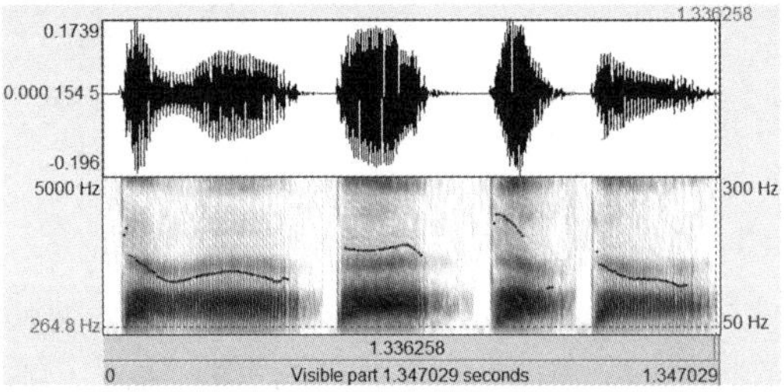

图1　F01［pɑ］组语图
（左→右：阴平、阳平上、去声、入声）

由于弯头段与降尾段中的基频与字音的声调音高感知无关［7］，因此可忽略“弯头降尾”。从图1中可以看出，阴平、阳平上、入声的基频趋势基本为平，其中阳平上的基频值在三者中最高，阴平与入声基本处于同一音高水平；去声为高降调。

基于语图观察，本节将通过声学分析提取基频和时长参数，分别给出桓台方言男性与女性的单字调音高曲线图。具体操作流程如下：

（1）确定语音波形的起点与终点。为保持数据的内部一致性，本节参考语音波形的基频曲线、音强曲线与共振峰曲线，选取波形图的稳定段。起点选择第一个基频点，终点选择基频曲线稳定，第一、第二共振峰结构稳定，能量稳定的点。

（2）归一化处理。选中语音波形的稳定段，每个样本提取11个基频值与稳定段时长。将同一声调提取的所有样本经过离群值检验后按性别分别进行平均，并对同一调类不同样本的时长进行归一化处理。具体数据见附录2。

（3）绘图。利用前两步得到的数据，用Excel绘制散点图。由于基频是一个纯物理量，为了使数据更接近人耳的听感，本节将基频转换为半音，参考频率为64.66 Hz［6，8］。

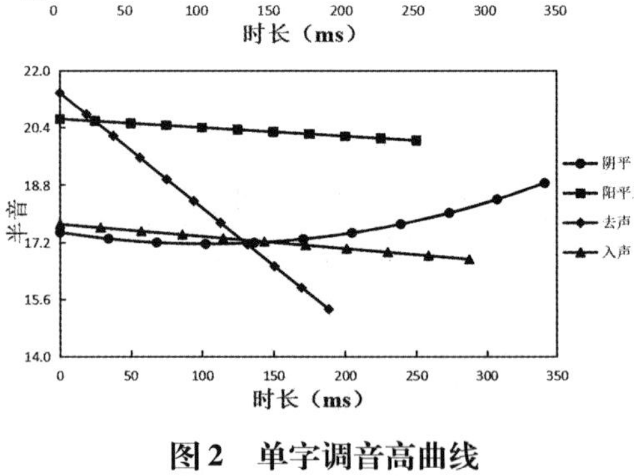

图2　单字调音高曲线
（上：男性；下：女性）

图2是桓台方言男性与女性的单字调半音图，横轴表示时间，纵轴表示半音。从图2与附录2数据中可以看出，阴平与入声的音高十分接近。男性与女性音高曲线的走势大体一致，女性的入声调呈略降趋势，男性的入声调则呈现略升趋势。在音域上，女性的音域处于15—21.5个半音，中间相隔6.5个半音；男性的音域处于7.5—17.5个半音，中间相隔10个半音。就音域而言，男性要比女性的音高范围更大。时长方面，T检验显示阴平与入声二者也无显著差异（$p = 0.07$）。直观来看，阳平上也不是典型的高平调，音高曲线呈略降趋势。去声则为典型的高降调。

本节在数据与分析的基础上，采用“五度标调法”［1］来标记桓台方言的调值，具体调值的确定方案参考刘复［8］，即先分别找到男性与女性半音的最大值与最小值，计算出两者之间的差值；将半音差分为五等份（五度），并说明一度之间相差几个半音。在本实验中，具体情况为：男性每两度之间相差约1.9个半音，女性每两度之间相差约1.2个半音。最终得到的调值如表3所示。

表3　桓台方言单字调调类调值表

调类	调值	
	男	女
阴平	34	23
阳平上	54	54
去声	51	51
入声	33	22

由声学实验可知，桓台方言的阴平与入声调在调型上接近，具体调值上二者略有差异，男性阴平与入声调的调值整体上比女性略高。在同一性别内部，入声为平，阴平则呈略升趋势，这体现了性别差异对声调演变的影响。声调是一个语言学概念，是母语者感知的产物。因此，下文我们通过感知实验来验证阴平调与入声调在母语者的听感上是否已经混淆。

3. 感知实验

3.1　实验说明

本节将分两步进行感知实验。首先，进行自然语音的听辨实验。将录制的所有自然语音样本组合为阴平+阴平、阴平+入声、入声+阴平、入声+入声四组，考察被试能否区分两个随机出现的声调。在自然语音样本的感知阶段，音节将作为一个整体被母语者感知。其次，用合成语音进行辨认实验。利用Praat在阴平和入声两个声调间进行合成样本，并随机播放给被试听，考察被试在何时将两声调区分开，以确认阴平与入声是否有明显的感知边界。

感知实验所用语音样本均来自一名桓台方言较为地道的青年女性。录音地点为山东大学语音实验室，设备为联想S41型笔记本电脑，录音软件为Cool Edit Pro 2.1，采样频率为22 050 Hz，精度值为16bit，采录通道为单声道。所需例字均放在承载句中采录，后期用Praat和Cool Edit Pro 2.1进行切音与合成处理。被试均为在校大学生，且男女数量均衡。

3.2　自然语音听辨实验

首先，根据《方言调查字表》［24］及前人的统计结果［22］［23］，本节选取桓台方言中今读阴平调与入声调的常用字（多音字除外），得到35组阴平调与入声调的最小对立对（见附录3）。

录音时，通过承载句“把——读一遍”录制例字样本。原始样本共35对，每一对有4种组合，即“阴平+阴平”“入声+入声”“阴平+入声”“入声+阴平”，共计得到140（35×4）种组合。“阴平+阴平”和“入声+入声”组的声音样本为重复两遍的同一次发音，“阴平+入声”和“入声+阴平”组的区别性特征为声调。

本次实验共选取20名被试，性别数量均衡。实验要求每名被试都要对这140种组合做出判断，共计有2800个试次，即“阴平＋阴平”（700个试次）、“入声＋入声”（700个试次）、“阴平＋入声”（700个试次）、“入声＋阴平”（700个试次）。

经过统计得到自然语音听辨结果，见表4。

表4　自然语言听辨结果

样本类型	样本频次	判断为同的频次	判断为异的频次	同音率（%）
阴平＋阴平	700	608	92	86.86
入声＋入声	700	622	78	88.86
阴平＋入声	700	332	368	47.43
入声＋阴平	700	241	459	34.43

从表4中可以看出，在声调相同的两组样本（“阴平＋阴平”“入声＋入声”）中，被试将两个声调判断为相同的比例分别为86.86%和88.86%（参考值为100%）；在声调不同的两组样本（“阴平＋入声”“入声＋阴平”）中，被试将两个声调判断为相同的比例分别是47.43%和34.43%（参考值为0）。因此，被试对阴平调和入声调的感知具有随机性，说明两个声调产生了混淆。此外，阴平＋入声组被感知为相同的比例高于入声＋阴平组，这说明声调出现的先后顺序对声调的感知也有一定的影响。

3.3　辨认实验

基于自然语音听辨实验的结果，本节选取了一组阴平和入声的最小对立对（阴平调［pɑ］与入声调［pɑ］）进行辨认实验。合成样本的流程如下：

（1）提取原始样本中阴平与入声调的11个基频值和时长，并进行归一化处理。见表5。

（2）据合成方向选择样本的时长。以阴平为母本合成由阴平向入声过渡的连续统时，选用阴平的时长；以入声为母本合成由入声向阴平过渡的连续统时，选用入声的时长。

表5　阴平和入声归一化基频（Hz）与时长（ms）

调类	阴平	入声
词义	［pa］疤	［pa］八
1	202	185
2	192	171
3	175	163
4	162	160
5	162	159
6	160	156
7	163	156
8	168	155
9	169	157
10	172	159
11	179	162
时长	255	259

（3）获取过渡样本的基频值。运用内插法，按十等分来调节阴平和入声调之间的11个基频值。

（4）合成样本。利用Praat，基于使用简便且合成样本的自然度高的PSOLA（基音同步叠加法）算法，在两个连续统中分别合成七个语音样本，合成过程如图3和图4所示。图3为以阴平为母本过渡到入声的连续统，样本1为原始音频；图4为以入声为母本过渡到阴平的连续统，样本1为原始音频。

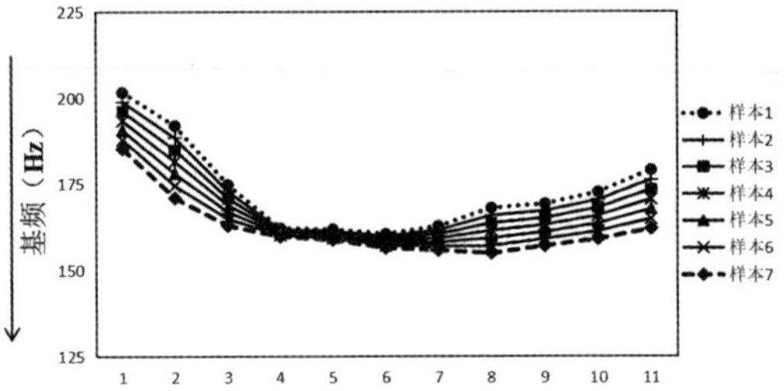

图3　由阴平过渡到入声的基频调节

辨认实验共选取20名母语者（10男10女）作为被试，年龄在19—23岁，无言语或听力障碍，无长期外地或外国居住经历。

实验在安静的房间内进行，样本通过Praat脚本呈现，所有样本均以固定的音量

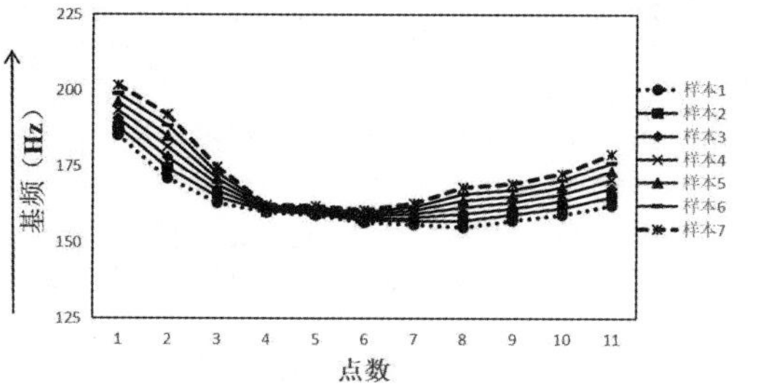

图4　由入声过渡到阴平的基频调节

播放。实验开始前，要求被试进行实验练习，以熟悉样本。实验中，7个样本随机出现，每个样本重复3次，被试根据要求通过按键做出选择，程序自动记录实验结果。实验采用强迫性选择，即被试必须在阴平和入声两个选项中选一个。

通过对20名被试的数据进行平均处理后得到辨认曲线，见图5。

从图5中可以直观看出，无论以阴平为母本还是以入声调为母本合成样本实验，两声调的辨认曲线之间均未出现陡峭边界［3］，辨认正确率在50%左右，母语者对两声调的感知呈现出随机性特点，这表明两声调在听感上已经混淆。

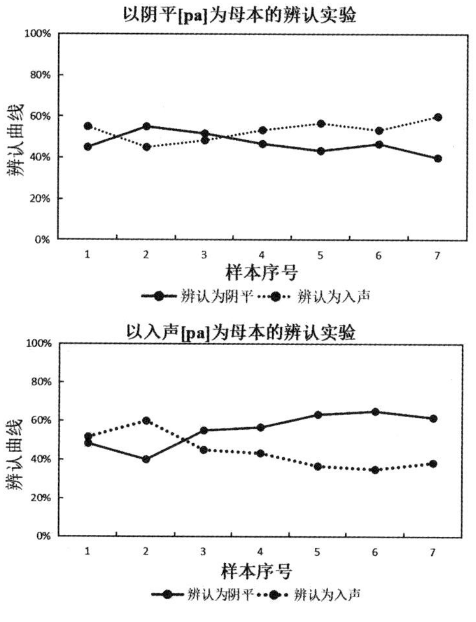

图5　辨认结果
（上：阴平→入声；下：入声→阴平）

通过自然语音听辨与合成语音的辨认实验可以得出，桓台方言阴平与入声在感知上已经产生混淆。

4. 讨论

根据桓台方言声调的声学与感知实验结果，我们进行以下讨论。

钱曾怡［12］指出，入声消失是汉语声调简化的重要方面；入声的消失又可以分为塞音尾的脱落与入声调类的转化两种，今桓台方言入声调的演变属于后者。前人研究指出，冀鲁官话清声母入声字归阴平，胶辽官话清声母入声字归上声［25］。桓台方言处在冀鲁官话与胶辽官话过渡地带，其入声调的归派可能受到多方面的影响。

本文声学实验的结果表明，桓台方言的阴平与入声调产生混淆，并表现为阴平向入声调合流。前人研究结果表明，在桓台周边的张店、滨州方言当中，阴平仍然为曲折调［4，16］，其阴平调的演变是否与桓台方言保持一致，可以参考声学表现与感知实验进行进一步的研究。桓台方言阴平与入声调的声学表现在男性与女性之间存在差异，但性别内部具有同一性：男性的音高变化呈略升趋势，女性的则呈略降趋势。在性别上表现不同的原因还需要后续扩大发音人数量来进一步探讨。除性别外，阴平和入声的声学表现还可能受到年龄的影响。青年一代是否均在入声调的音高走势上呈略降趋势也需要通过下一步的研究来验证。

此外，青年人在阴平和入声两声调感知实验的结果呈现出随机性。这表明桓台方言的阴平与入声调已趋于合流。这一结果不仅验证了前人的观察，同时说明了当下语音演变的速度正在加快。

5. 结论

本文对桓台方言的声调进行了声学实验，并就阴平与入声调是否混淆进行了感知实验。

声学实验提取的主要参数为基频和时

长，基频经过转换后得到半音。在声学表现上，桓台方言的阴平与入声的音高水平接近，阴平的时长略长，但不具有显著差异；同时在性别和年龄上存在差异。与阴平和入声相比，阳平上的基频值处于较高音高水平，去声是典型的高降调。

感知实验分为自然语音听辨与合成语音的辨认实验两部分。通过自然语音听辨实验，得出了两个结论：（1）不管是同时呈现同一声调，还是呈现不同声调，母语者均无法完全正确辨别，因此，在听感上阴平与入声已经混淆；（2）在呈现不同声调的样本中，当阴平在前、入声在后时，母语者将两声调感知为同音的比例更大。通过合成语音的辨认实验，得到桓台方言阴平与入声的辨认曲线，结果显示，不管是以阴平为母本而是以入声为母本合成样本来实验，母语者对两声调的感知均呈现随机性，无辨认边界，辨认正确率在50%左右。因此，阴平与入声调在感知表现上也已混淆。

6. 致谢

本研究得到山东大学基本科研业务费资助项目“平调范畴化感知的物理心理基础及其神经机制”（编号：2019GN08）资助。文章初稿曾在中国语音学会议（2021）宣读，又蒙《中国语音学报》编辑老师和匿名审稿专家惠赐修改建议，谨此一并谢忱。

参考文献

[1] Chao, Y. R. 1930. A system of tone-letters. *Le Maître Phonétique* 45, 24 - 27.

[2] Ladefoged, P. 2003. *Phonetic Data Analysis An Introduction to Fieldwork and Instrumental Techniques.* Blackwell.

[3] Liberman, A. M., Harris, K. S., Hoffman, H. S., Griffith, B. C. 1957. The discrimination of speech sounds within and across phoneme boundaries. *Journal of Experimental Psychology* 54 (5), 358.

[4] 曹晓燕：《论张店方言的几个语音特点》，硕士学位论文，天津师范大学，2010年。

[5] 陈丽美、许小颖：《黄田镇九都话平调产出与感知实验研究》，《中国语音学报》2016年第6辑，第53—61页。

[6] 孔江平：《实验语音学基础教程》，北京大学出版社2015年版。

[7] 林茂灿：《北京话声调分布区的知觉研究》，《声学学报》1995年第20卷第6期，第437—445页。

[8] 刘复：《四声实验录》，中华书局1924年版。

[9] 刘文：《新寨苗语五平调的声学和感知研究——兼论五度标调法》，《中国语音学报》2019年第11辑，第79—87页。

[10] 刘文：《升还是平：新寨苗语声调个案研究——兼论平调的感知判断》，《民族语文》2020年第1期，第48—57页。

[11] 钱曾怡、高文达、张志静：《山东方言的分区》，《方言》1985年第4期，第243—456页。

[12] 钱曾怡：《从汉语方言看汉语声调的发展》，《语言教学与研究》2000年第2期，第1—9页。

[13] 荣蓉、石锋：《音高和时长对普通话阴平和上声的听感影响》，《语言科学》2013年第12卷第1期（总第62期），第17—26页。

[14] 苏培：《周村方言与普通话的语音接触研究——基于实验语音学和听辨记音的田野调查材料的分析》，硕士学位论文，曲阜师范大学，2019年。

[15] 王萍、石锋、荣蓉、陈曦丹、李舒、王秀秀：《汉语普通话上声的听感范畴》，《中国语文》2014年第4期，第359—384页。

[16] 王小梅：《山东滨州方言语音研究》，硕士学位论文，山东大学，2017年。

[17] 王韫佳、覃夕航：《普通话单字调阳平和上声的辨认及区分—兼论实验设计对声调范畴感知结果的影响》，《语言科学》2015年第14卷第4期，第337—352页。

[18] 于谦：《普通话上声的范畴感知与发声类型》，《中国语音学报》2019年第11辑，第60—69页。

[19] 张树铮：《方言历史探索》，内蒙古人民出版社1999年版。

[20] 张树铮：《清代山东方言中古入声的演变》，《语言研究》2003年第23卷第1期，第52—60页。

[21] 张树铮：《山东方言语音特征的扩散方向和历史层次》，《山东大学学报（哲学社会科学版）》2007年第5期，第35—41页。

[22] 张梦瑶：《桓台方言语音内部地理差异研究》，硕士学位论文，山东大学，2018年。

[23] 赵学玲：《山东方言入声调研究》，硕士学

位论文，山东大学，2003 年。

［24］中国社会科学院语言研究所编辑：《方言调查字表修订本》，商务印书馆 1981 年版。

［25］中国社会科学院语言研究所、中国社会科学院民族学与人类学研究所、香港城市大学语言资讯科学研究中心：《中国语言地图集（第 2 版）汉语方言卷》，商务印书馆 2012 年版。

附录

附录 1　桓台方言单字调录音例字

调类	阴平	阳平上	去声	入声
pɑ	疤	拔	霸	八
tɑ	——	打	大	搭
kɑ	——	——	——	割
pi	——	逼	闭	笔
ti	低	底	地	滴
pu	——	补	布	不
tu	——	读	杜	堵
ku	姑	鼓	雇	骨
pɔ	包	——	暴	——
tɔ	刀	导	到	——
kɔ	高	镐	告	——
pɛ	——	摆	拜	——
tɛ	呆	——	带	——
kɛ	该	改	盖	——
pə	——	薄	——	博
i	衣	姨	艺	一

附录 2　桓台方言单字调基频（Hz）与时长（ms）

	阴平		阳平上		去声		入声	
	男	女	男	女	男	女	男	女
1	144	182	165	211	161	215	134	183
2	136	174	168	209	156	211	131	178
3	138	171	172	209	153	207	131	176
4	141	171	176	211	149	203	133	175
5	143	172	178	212	143	198	134	175
6	145	174	177	214	136	192	136	175

续表

	阴平		阳平上		去声		入声	
	男	女	男	女	男	女	男	女
7	147	177	174	214	128	185	137	175
8	149	181	169	213	121	177	138	175
9	151	184	163	211	113	169	140	174
10	153	187	152	206	106	160	141	171
11	150	181	140	196	98	150	138	167
时长	315	341	210	250	211	188	292	287

附录 3　桓台方言阴平与入声最小对立字表

调类	阴平	入声
ɕi	西 ~边	媳 ~妇
ɕiə	些 一~	血 出~
ɕuə	靴 皮~	雪 下~
ɕy	须 胡~	宿 一~
fu	孵 ~小鸡	福 有~
i	衣 ~裳	一 ~个
iɑ	丫 脚~	压 ~力
ku	姑 小~	骨 ~头
kuɑ	瓜 西~	刮 ~风
kuə	锅 铁~	郭 黄~地名
pɑ	疤 伤~	八 ~个
pei	悲 ~伤	百 一~
P^{h}i	批 ~准	匹 一~
ʂʅ	师 老~	湿 打~
su	酥 桃~	速 ~度
ʂu	梳 ~头	叔 叔~
tɕ^{h}i	欺 ~负	七 ~个
tɕ^{h}y	蛆 长~	屈 ~辱
tɕi	基 ~本	饥 ~困
tɕiɑ	家 ~庭	夹 ~住
tɕiɔ	浇 ~地	饺 水~
tɕiɛ	阶 台~	街 上~
tɕy	居 ~住	橘 ~子
t^{h}i	梯 楼~	踢 ~球
t^{h}uə	拖 ~地	脱 ~衣裳
ti	低 高~	滴 水~
tiə	爹 称呼	跌 ~倒

续表

调类	阴平	入声
tʂɔ	周 姓氏	粥 小米～
tʂɵ	遮 ～盖	浙 ～江地名
tʂi	芝 ～麻	汁 果～
tʂu	猪 养～	竹 ～子
ʦu	租 出～	卒 兵～
vɑ	洼 ～子地名	挖 ～土
vu	巫 姓氏	屋 房～
xu	呼 ～喊	忽 ～然

董文琪 山东大学文学院，硕士研究生在读，研究兴趣包括实验语音学和病理语音学。
E-mail：dongdong19981026@163. com

刘　文 通讯作者，山东大学文学院，副研究员，博士，硕士研究生导师，主要研究领域为语言记录、嗓音发声类型和言语感知。
E-mail：liuwen3214@163. com

基于听辨实验的武安话阴平与阳平合流研究

王延慧　傅　林

摘　要　河北武安方言的阴平、阳平两种调类正处于合并的动态过程之中。本文设计了针对“阴平—阳平”最小对立组的听辨实验，对80位武安当地人分年龄段进行测试。统计分析发现，阴平字有很高的稳定性，阳平字则正处于向阴平字合流的进程中。从年龄条件看，四个年龄组合流的趋势总体相同，性别因素和教育程度在青年组中存在显著差异。武安方言阴平与阳平合流模式的发现，实质上是从相似趋同到“跳船效应”的连续式音变。除武安话这种合流模式外，还有一种是调值接近未发生合流的模式，如沧县旧州镇阳平和上声调值相近，但没有合流的迹象。调值接近的两个调类是否在未来发展中合流，其控制条件是什么，还需进一步探索和研究。
关键词　武安话，阴平，阳平，合流，听辨实验

Merging of Yinping and Yangping Tones in the Wu'an Dialect: A Discrimination Experiment

WANG Yanhui　FU Lin

Abstract The Yinping and Yangping tones in the Wu' an dialect are in the process of merging. This paper studied the two tones in a perceptual discrimination experiment. Eighty speakers of Wu' an were recruited to participate in the discrimination experiment in different age groups. Statistical analyses of the data showed strong stability of the Yinping tone, while the Yangping tone was merging with its Yinping counterpart. It was also found that merging occurred across age groups, but gender and education levels in the youth group led to significant differences. The merging pattern of the Yinping and Yangping tones in the Wu'an dialect is essentially a continuous sound change process from being similar initially to a sudden shift in tonal category. In addition to the pattern observed in the Wu'an dialect, another pattern was attested in other dialects, i. e. the pitch is getting similar, but the merging has yet to happen. For example, the tones of Yangping and Shangsheng in the town of Jiuzhou, Cangxian County are similar in tonal values, but there is no sign of merging. It remains to be seen whether the two tones in similar tonal values will eventually merge and in what conditions.
Keywords Wu' an dialect, Yinping, Yangping, Merging, Discrimination experiment

1. 引言

音变是历史语言学的主要研究对象，但音变研究大多集中在未变之前和已变之后两个静态阶段的比较描写上，描写静态之间的动态过程则很少。调类合并是汉语历史音变中的一个常见现象，但历史上重要的调类合并已结束，我们往往无从得知其合并的具体过程。因此，观察汉语方言中正在进行的调类合并现象，提取其动态规律，对于历史语言学来说是很重要的。

河北武安话的阴平调和阳平调目前正处在合并的过程中，是一个很好的观察对象。在前人的调查中，阴平和阳平都被记作两个调类。两个调类调值不同，但十分接近。刘淑学［10］指出武安话有五个调类，调值定为阴平453，阳平53，上声55，去声213，入声44或43。刘晓楠［11］与传统研究方言的方法相比，首次采用实验语音学的手段，对武安话单字调和双字调进行了实验研究，得出武安话的

声调格局为阴平 51，阳平 41，上声 55，去声 34，入声 43。王志勇［14］提到，“在发音人的口里，阴平、阳平的调值十分接近，很难区别，甚至有时候反过来，阴平读为［31］，阳平读为［42］。在连读变调中，阴平字作为前字时多变为［31］，这就更加剧了两调的相混。”

图 1 显示了武安话中未合流的声调特征。本文在实际调查中发现，武安方言的阴平和阳平在部分人和部分字中已经出现了相混现象。为进一步得出相混的规律，本文采取了听辨实验进行研究。关于哪些人相混？哪些字相混？相混的人和其社会因素是否存在相关性？则需通过大规模调查和统计来确认。

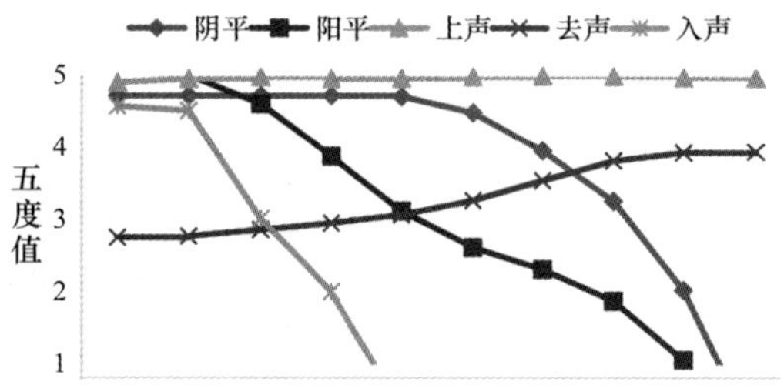

图 1　武安方言声调图

2. 实验说明

2.1　实验材料

实验材料选取的是武安话阴平字与阳平字最小对立组，即声韵完全相同，只是声调分别是阴平和阳平的一组字。除 8 个入声韵和韵母 yə、uɛ、ʅ 及 uəŋ 没有对应的字组之外，实验材料涵盖了 29 个韵母，每个韵母下配合的声母和声母数量不同，一共是 112 对字组。

表 1　　阴平与阳平最小对立字组表

韵母	例字	韵母	例字	韵母	例字
ɿ	呲词		威围	yæ̃	冤园
ʅ	诗时	ɔ	抛袍		圈全
i	眯迷		猫毛		宣旋
	梯提		刀捯	ɑŋ	乓旁
	妮泥		掏桃		汤堂
	披皮		孬挠		方房
	妻齐		捞劳		苍藏
	医姨		操曹		昌长
u	铺菩		蒿毫		康扛
	敷扶		抄巢	iɑŋ	枪墙
	初锄		爊熬		香祥
	呼湖	iɔ	飘瓢		央羊
y	区渠		挑条	uɑŋ	疮床
	需徐		敲桥		筐狂
	淤余		妖谣		慌黄
ɑ	趴爬	ou	偷头		汪王
	妈麻		州轴	əŋ	喷盆
	叉茶		抽稠		闷门
iɑ	鸦牙	iou	妞牛		风冯
	虾霞		溜留		熥疼
uɑ	花华		秋囚		撑乘
	娲娃		优游		伸神
ɤ	婀鹅	æ̃	潘盘		扔人
iə	些斜		贪谭		亨衡
uo	坡婆		帆凡	iŋ	拼贫
	拖驮		簪咱		听停
	搓矬		餐残		拎邻
ɛ	猜才		鼾寒		青情
	胎台		搀缠		星行
	钗柴	iæ̃	淹炎		音银
	哀挨		天田	oŋ	村存
ei	飞肥		迁钱		松怂
	胚陪		先闲		通同
uei	推颓		篇便		烘红
	亏葵	uæ̃	湍团		冲虫
	灰回		川船	yŋ	胸雄
	吹垂		欢还		晕云
	虽随				

2.2　实验对象

实验对象选取了老、中、青、少年组各 20 位发音人，为方便后期数据统计和分析，每位实验对象都有对应的编号，少、青、中、老年组分别对应 a、b、c、d 组。

少年组 13—18 岁，男性分别编号为 a1—a10，女性分别编号为 a11—a20。他们都是在校的中学生，母语方言属于武安话城关小片，跟作者本人所说方言一致，方言环境较为单一。青年组 19—35 岁，男性分别编号为 b1—b10，女性分别编号为 b11—b20。青年组实验对象的学历差别较大，有研究生学历，也有初中学历。在外上学的学生在家说方言，和同乡人之间用方言交流顺畅流利。中年组 36—59 岁，男性分别编号为 c1—c10，女性分别编号为 c11—c20。老年组 60—70 岁，男性分别编号为 d1—d10，女性分别编号为 d11—d20。中老年组基本只说方言，没有长期外出的经历，方言比较纯正。

2.3 实验过程

第一步，录音。首先为 80 位发音人录音，录音的内容一致，都是实验材料中的 224 个单字。录音时，采取 10 个字一组进行录制。为避免连读变调的影响，前后两字之间有相隔 2 秒以上的停顿。第二步，听辨。每位实验对象听辨自己的录音内容。通过专门编写的程序，每个字听辨 5 次，一个实验对象需要听 1120 次录音，作出 1120 次选择。每次随机播放一个音频，屏幕出现的选项有两个，一个是该音频对应的字，即正确选项，另一个是该音频对应的阴平字或者阳平字。播放的顺序是程序随机进行的，整个听辨过程结束后，程序会自动输出每位实验对象 224 个字相应的正确率。也就是说，每个实验对象都有 224 个字的正确率结果。

2.4 统计方法

阴平和阳平合流情况的代际差别采用列表作图进行汇总，其中，正确率 = 听辨正确的次数/听辨总次数。社会因素的影响采用独立样本 t 检验和多因素方差分析的统计方法进行计算，通过统计软件 SPSS20.0 进行分析。

3. 实验结果及分析

3.1 阴平字和阳平字的听辨数据比较

3.1.1 字际差别

字际差别是指在同一个年龄段中，处于同一音韵地位的阴平字和阳平字，即最小对立对之间的正确率差异。通过计算不同年龄组之间的字际差别，进一步比较阴平与阳平之间的合流方向。

表 2　各年龄组阴平和阳平字正确率比较表

年龄组 \ 正确率	阴平字平均数（%）	阳平字平均数（%）	阴平字中位数（%）	阳平字中位数（%）
少年组	78	63	80	63
青年组	88	68	89	67
中年组	85	72	86	78
老年组	84	64	86	66
总体	84	67	85	67

纵向来看，四个年龄组的阳平字正确率显然低于对立组中的阴平字正确率，反映了阴平字要比阳平字稳定的整体趋势。但四个年龄组阴阳平字正确率并不一致，说明合并的步调不一致。只依据阴阳平总体的正确率平均数和中位数来看，并不能充分找出四个年龄段历时合并的轻重程度，还需计算每个年龄组处于同一音韵地位的阳平字正确率低于阴平字正确率的比例。

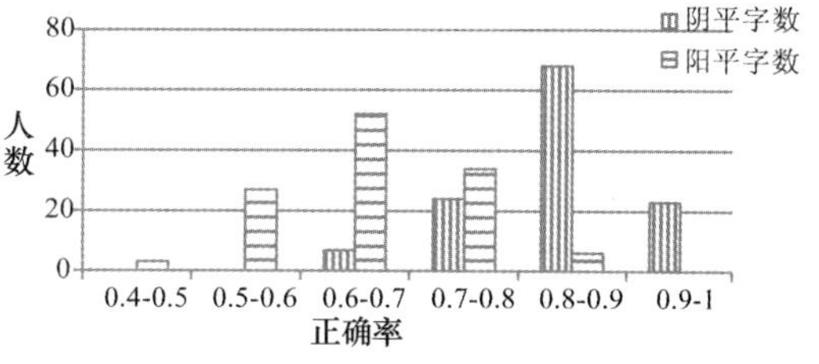

图 2　阴平和阳平字正确率总体分布直方图

从图 2 可以看出，80 个实验对象的阴阳平字正确率分布有明显的差异，但都呈正态分布。阳平正确率呈现出典型的正态分布，正确率集中在0.6—0.7，两端正确率对称分布，阳平字正确率平均数没有小于0.4的。正确率在0.5（合并状态）和1（未合并）的字数占少数，这说明阳平字正处于动态变化中，少数的字已经合并，大多数字还未完成合并。

阴平字有更高的正确率，其正确率平均数没有低于0.6的，阴平字正确率集中在0.8—0.9，保持较高的稳定性。阳平向阴平合流的进程要快于阴平向阳平合流的进程。

四个年龄段每对最小对立组的阴平和阳平正确率比较情况不一样，我们将四个年龄组的阴平和阳平差值情况进行对比，对比情况如表3（“阴＞阳”表示，“最小对立对”中阴平正确率平均数大于阳平正确率平均数，“阴＜阳”是相反情况，阴＝阳不计数）。

表3　各年龄组阴平与阳平正确率比较

差值／年龄组	阴＞阳（占总对的比例）	阴＜阳（占总对的比例）	合计
少年组	89（80.2%）	22（19.8%）	111
中年组	92（84.4%）	17（15.6%）	109
青年组	101（91%）	10（9%）	111
老年组	103（92%）	9（8%）	112
总体	102（91%）	10（9%）	112

由表3看出，每个年龄组“阴＞阳”的比例要远大于“阴＜阳”，说明最小对立组中的阳平字大多听成了对应的阴平字，反映了阳平向阴平合流的总体趋势。

3.1.2　代际差别

代际差别是指阴平字和阳平字正确率在少、青、中、老四个不同年龄段的差异。在四个年龄段，阴平字正确率都比阳平字正确率有更高的稳定性，阳平字处于向阴平字合并的不平衡状态中。

但在不同的年龄段，阳平字走向阴平字的情况并不处于同一个步调。中年组正确率最高，其阳平字正确率多半具有较高的稳定性，正确率平均是72%，这说明多数字组还处于合流开端状态。其次是青年组，阳平字正确率平均数和中位数也较高。再次，老年组阳平字的正确率低于青年组。少年组阳平字正确率最低。

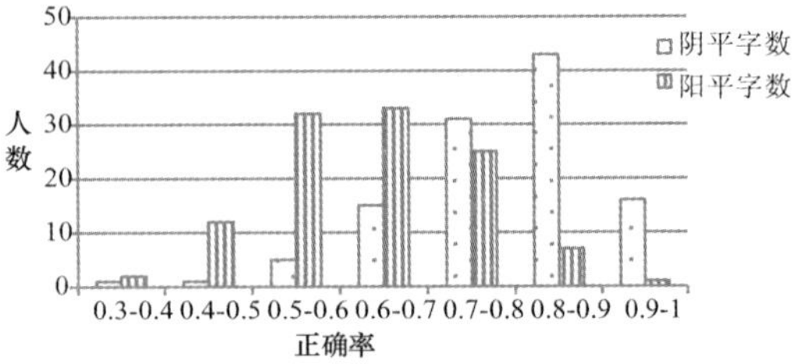

图3　少年组阴平与阳平正确率分布直方图

图3显示，少年组阳平字正确率集中分布0.6—0.7，两端正确率呈对称分布。阳平字正确率平均数是0.63，中位数是0.63。正确率在0.5（合并状态）的字数占少数，正确率在1（未合并状态）的字数也是少数，这表明阳平字正处于合并状态中。

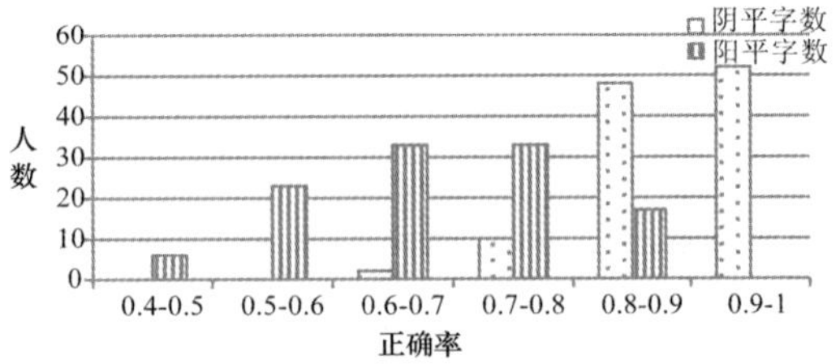

图4　青年组阴平与阳平正确率分布直方图

图4显示，青年组阳平字正确率呈正态分布，其正确率集中在0.6—0.8，两端分布对称且较少。阳平字正确率平均数是0.68，中位数是0.67。正确率在0.5（合并状态）左右的字数没有少年组多，正确率靠近1（未合并状态）的字数要多于少年组，这表明青年组的阳平合并程度比少年组低，合并速度比少年组慢。

图5显示，中年组阳平字正确率呈正态分布，其正确率集中在0.7—0.8，两端分布对称且较少。阳平字正确率平均数是0.72，中位数是0.78。正确率在0.5（合并状态）左右的字数没有前两组多，正确

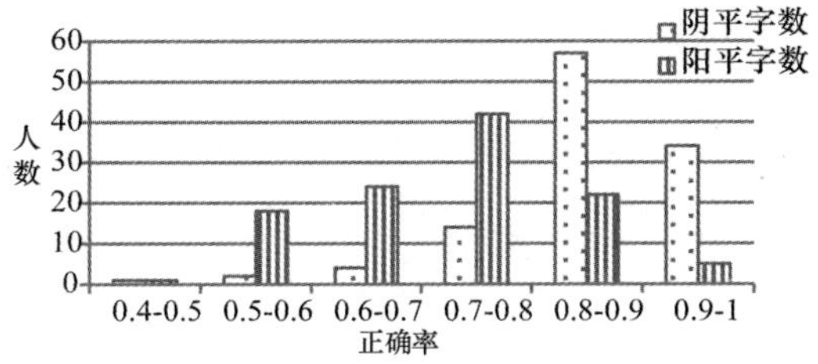

图5　中年组阴平与阳平正确率分布直方图

率靠近1（未合并状态）的字数要多于前两组，这表明中年组阳平的合并进程和合并速度比前两组慢。

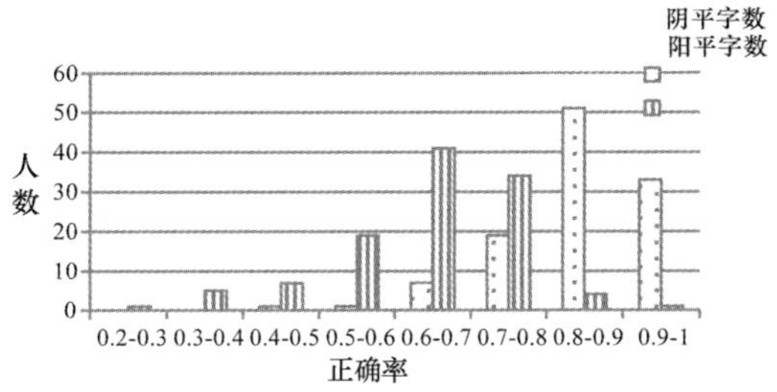

图6　老年组阴平与阳平正确率分布直方图

图6显示，老年组阳平字正确率集中分布在0.6—0.7，阳平字正确率平均数是0.64，中位数是0.66。其合并流程慢于少年组，快于青年组。

总体看来，阳平字合流的进程如下：中年组<青年组<老年组<少年组。

3.2　社会因素对听辨结果的影响

实验对象的教育水平分为本科及以上、高中和高中以下三个等级。四个年龄组的性别都是均衡的，每个年龄组实验对象的教育程度分布如表4。

表4　　教育程度分布表

年龄组	教育水平	人数
少年组	初中	20
青年组	1 本科及以上	7
	2 高中	4
	3 高中以下	9

续表

年龄组	教育水平	人数
中年组	1 本科及以上	2
	2 高中	9
	3 高中以下	9
老年组	1 高中	6
	2 初中	14

由于少年组的教育程度处于同一个水平，因此只有性别因素对正确率有影响，通过独立样本检验分析男女之间的正确率是否存在显著性差异。青年组、中年组和老年组既有性别因素，也有教育程度的影响，因此通过多因素方差分析，计算性别和教育水平对阴平字和阳平字正确率是否存在显著差异。

少年组阴平字独立样本t检验结果（$df=18$，$t=0.405$，$p>0.05$）显示，少年组阴平字男女正确率之间没有显著差异。少年组阳平字独立样本t检验结果（$df=18$，$t=0.723$，$p>0.05$）显示，少年组阳平字男女正确率之间也没有显著差异。

青年组教育水平分为三个等级，本科及以上、高中和高中以下。青年组阴平字多因素方差分析结果显示，$p_{教育水平}=0.002$，$p_{性别}=0.051$，教育水平的p值小于0.05，性别大于0.05。所以，教育水平与正确率存在显著性差异，性别不存在显著差异。通过对教育水平的三个等级两两比较发现，高中以下和本科以上这两个等级水平存在显著性差异，本科以上和高中之间以及高中和高中以下之间不存在显著性差异。

统计结果显示，不同的教育水平和性别对阳平字正确率也有显著性差异。$p_{教育水平}=0.011$，$p_{性别}=0.012$，两者的p值都小于0.05。$p_{教育水平\times性别}=0.813$，青年组阳平字的正确率于教育水平和性别中不存在显著性交互影响。青年组阳平字正确率在不同教育程度之下也不存在显著性差异。

中年组阴平字多因素方差检验结果

（$p_{教育水平}=0.324$，$p_{性别}=0.667$）显示，p 值都大于0.05，不同教育水平和性别之间的阴平字正确率不存在显著差异。中年组阳平字多因素方差检验结果（$p_{教育水平}=0.846$，$p_{性别}=0.504$）显示，p 值都大于0.05，不同教育水平和性别之间的阳平字正确率也不存在显著差异。这说明，中年组实验对象男女之间的单字正确率没有显著差异，初中和高中水平的实验对象单字正确率也没有显著差异。

老年组阴平字多因素方差检验结果（$p_{教育水平}=0.860$，$p_{性别}=0.458$）显示，p 值都大于0.05，不同教育水平和性别之间的阴平字正确率不存在显著差异。老年组阳平字多因素方差检验结果（$p_{教育水平}=0.197$，$p_{性别}=0.919$）显示，p 值都大于0.05，不同教育水平和性别之间的阴平字正确率不存在显著差异。这说明，老年组实验对象男女之间的正确率没有显著性差异，而且初中和高中两个教育水平的单字正确率也没有显著差异。

上述统计显示，在教育水平上，只有本科以上和高中以下的青年组实验对象的阴平字正确率有显著差异，其他年龄组中，不同教育水平的实验对象并没有显著差异。在性别上，只有青年组男女之间的阳平字正确率有显著差异，其他年龄组并没有显著差异。

我们看到，当教育程度差别非常大时，合流结果才会有显著性差异。阴平、阳平在普通话中是分开的两个调类，教育程度越高，受普通话的影响就越大，实验对象对阴阳平的单字感知区别就会越明显。那么，青年组本科以上的实验对象在武安话阴阳平合流的趋势中就会出现“逆流”情况，更倾向于将阴平、阳平两个调类分开。

4. 连续式音变的实际过程：从相似趋同到“跳船效应”

武安话阴阳平的合并现象，可以让我们对语音的演变有更多的认识，尤其是对经典的“连续式音变”提出更充分的描述，也可以对一些成因极其复杂的音变给出新的解释。经过上文的讨论后，我们可以尝试回答：（1）连续式音变是否自始至终存在不可离散化的状态？（2）调类合并为什么会发生？

汉语从《切韵》时代的中古音到现代方言，调类发生了剧烈的分化和合并。以北京话而论，则是“平分阴阳、入派三声、全浊上声变去声”。方言学也常以调类合并的具体方式来对方言进行分类、分区。但是，我们能够观察到的往往只是调类合并和分裂的结果，回答“合并为什么会发生”这一类的问题，只能凭借理论推演。我们对武安话的阴阳平合并的具体过程的观察，可为回答这一问题提供一些答案。

武安话的阴平和阳平的调值是非常接近的，这是它们合并的原因。但是，通过听辨实验已经看出，两个调类并不是一直以无限接近的方式逐渐合并到一起的，而是在接近到达一定程度后，直接越过最后的音值距离发生合并。在已经发生合并的字音中，阴平和阳平并不需要调值完全相同就可以被听辨为同一个调。就像一个人在乘船驶向码头时，他并不需要在船完全与码头触碰后再上岸，而是在船已经靠近码头后，可以直接跳上岸，因此我们把这种现象称作“跳船效应”。

连续式音变虽然可能存在“锯木头”那样的难以分割的连续式变化过程，但当音变接近末尾时，“跳船效应”才应该是音变的常态，即音变不需要一种无限接近状态作为音变结束的充分条件，当音值接近达到说话人的某一心理阈值时，合并式的音变可以直接发生。我们可以把“跳船效应”描述为：

$$P1 \cdots Pn \cdots P! \rightarrow P2$$

我们用“P!”来表示心理合并的阈值，在P1发生Pn个无限状态的变化后到达P!值时，发生离散化变化，直接与音值为P2的音合并。具体到武安话的阴阳平，我们用T1和T2来表示阴平和阳平，在从T2到T1的合并中，实际过程是：

$$T2 \cdots Tn \cdots T! \rightarrow T1$$

这种心理阈值的存在，可由其他实验

来佐证。王士元[13]在测试北京话阴平和阳平的范畴感知时，发现人工调制阳平的35调，使其起始点不断升高，当接近一个阈值时，虽然整体调型仍然是升调，但被试者已经将其判断为阴平的55调了。

对于认识"心理阈值"，沧县话也是一个有价值的例子。沧县话内部存在差异，旧州镇的方言中，阳平和上声调值非常接近，但单字调完全没有合并的个例，而城关（沧州市城区）的方言则完成了合并：

阳平　上声

沧县话（旧州镇）：54　55

沧县话（沧州城关）：55

由此可见，旧州镇的阳平和上声虽然接近，但还没达到说话人心理的阈值，以至于两个调类的防线虽岌岌可危，但并未失守。武安话与之相反，阴平和阳平的接近程度，已经到了心理阈值，两个调类的防线都开始垮塌。

在认识到心理阈值的存在后，如何找出阈值的常量，应该是下一步应该回答的问题，但因为方言中正在发生的音变的具体状态很少得到记录，使得这种阈值常量的确定还缺乏足够的计算基础。不过，仅从武安话和沧县话的例子，我们也许可以做出初步的理论假设：因调值接近而可能发生合并的调类，如果调型相同（如武安话），则阈值相对较低，如果调型不同（如沧县话），则阈值相对较高。这意味着不同音变的阈值可能是不同的，阈值常量可能只是一个范围而非某一绝对值。

5. 致谢

本文是2017年度教育部人文社会科学研究青年基金项目"语言接触对京津冀汉语方言历史演变的影响研究"（17YJC740019）的阶段性成果。

参考文献

[1] Labov, W. 1965. On the mechanism of linguistic Change. *Language and Linguistics* 18, 91–114.

[2] Labov, W. 2001. *Principles of Linguistic change: Social Factors.* New Jersey: Blackwell.

[3] Wang, F., Wang, S.-Y. 2004. Basic words and language evolution. *Language and Linguistics* 5 (3), 643–662.

[4] 陈保亚：《20世纪中国语言学方法论研究》，商务印书馆2015年版。

[5] 丁邦新：《汉语方言接触的几个类型》，《语言学论丛》1998年第20期，第149—165页。

[6] 高晓虹：《北京话古清入字归调历史及成因考察》，《语言教学与研究》2003年第4期，第10—19页。

[7] 高晓虹：《北京话入声字的历史层次》，北京语言大学出版社2009年版。

[8] 河北北京师范学院、中国科学院河北省分院语文研究所：《河北方言概况》，河北人民出版社1961年版。

[9] 河北省地方志编纂委员会：《河北省志·方言志》，方志出版社2005年版。

[10] 刘淑学：《中古入声字在河北方言中的读音研究》，河北大学出版社2000年版。

[11] 刘晓楠：《河北武安话声调实验研究》，硕士学位论文，河北师范大学，2014年。

[12] 王洪君：《北京话清入归调的层次与阶曲线判定法——兼评〈基本词汇与语言演变〉》（汪、王2004），《语言学论丛》，商务印书馆2006年版。

[13] 王士元：《王士元语言学论文集》，商务印书馆2002年版。

[14] 王志勇：《武安方言声调调查研究》，硕士学位论文，河北大学，2007年。

[15] 武安市地方志编纂委员会：《武安县志》，中国广播电视出版社1990年版。

[16] 徐通锵：《历史语言学》，商务印书馆1991年版。

[17] 朱晓农：《语音学》，商务印书馆2010年版。

王延慧　河北司法警官职业学院，硕士，主要研究方向为理论语言学。
E-mail: 976372193@qq.com

傅　林　河北大学文学院副教授，博士，主要研究方向是历史语言学、民族语文。
E-mail: fulinpoem@126.com

音段与声调：听觉记忆的发音延长效应探究

李叙辰　刘　彬

摘　要　英语母语者在说话时倾向于把与说过的词音近的词“拉长”，即增加该词发音时值。许多学者已从“交流”与“机械”的角度解释了这种现象。近来，有学者为这种现象增加了“听觉记忆”角度的考量。本文旨在探究听觉记忆是否导致二语发音延长以及汉语声调的听觉记忆是否有发音延长效应。本研究采用启动范式，包含三组实验：实验一让被试发出有音段重叠的相近英语词，实验二让被试产出音段序列与声调都相同的字，实验三让被试产出音段序列相同但声调不同的汉字。尤其对于实验三，如果声调听觉记忆无效，启动字将使目标字缩短，有效则反之。我们通过对比每一音段重叠与音节两次测量的时长验证是否产生了延长效应。实验一结果显示，中国英语学习者产出相近的二语音段序列时会延长该序列重叠部分；实验二结果表明，用音段和声调完全相同的汉语音节启动，目标项产出的发音缩短；实验三结果说明，声调听觉记忆会导致同音不同调汉字延长。此外，本研究证明了延长现象发生在重叠音段内，并提出发音潜伏期与音长正相关的假设。

关键词　听觉记忆，音段序列，汉语声调，发音延长，时长

Segments and Tones: A Study of Auditory Memory Induced Lengthening in Speech Production

LI Xuchen　LIU Bin

Abstract English speakers tend to increase the duration of a word when it is phonologically like a previously produced word. Many researchers have accounted for this phenomenon from either a "communicative" or "mechanistic" viewpoint. A recent study added an auditory memory perspective to these theories. This article investigated whether auditory memory could lead to L2 speech lengthening and whether the auditory memory of Mandarin tones had a similar lengthening effect. This study included three experiments using a priming paradigm. Participants were prompted to produce English words with a phonological cohort in Experiment 1. The production of Chinese single-character words identical in both sequence and tones were elicited from participants in Experiment 2, and those phonemically identical but tonally different were elicited in Experiment 3. Experiment 3 was designed to test whether the prime word would cause the target word to shorten if tonal auditory memory had no identifiable effect. We examined the durations of segment overlaps in English production and the durations of syllables in Chinese production to detect whether the target was lengthened than the prime. Results in Experiment 1 showed that Chinese learners of English did lengthen the segment overlap when producing similar English sequences. Results in Experiment 2 showed that Chinese syllable auditory memory accelerated the production of duration in identical syllables. Results in Experiment 3 revealed that the tonal auditory memory triggered the lengthening of Chinese words with an identical syllable structure, but in different tones. Moreover, this study suggests that the lengthening happens within the phonological overlap, and a hypothesis about the positive correlation between production latency and duration is proposed.

Keywords Auditory memory, Segment sequences, Chinese tones, Lengthening, Duration

1. 引言

言语产出一直以来是心理语言学、语音学研究的重要领域，自声学手段广泛应用于语音学研究以来，语言学家得以凭实际语音的声学特征推断言语产出过程的心理机制，本文即关于语音时长及其反映何种心理机制的研究。

在进行口语对话时，人们必须监控语境中的大量重要信息才能成功实现交流。说话者可能需要对谈论过的话题与事物保持关注，预测可能提及的事物，同时也会注意到词与词之间发音的相似。这些信息来源不只会影响说话者选择说的内容，还会影响他们说的方式［9］。

两个词发音的相似，通常指它们由相似的音段序列（或称音位序列，为区分音段音位与超音段音位，本文使用术语音段序列）构成。音段是通过音质划分的最小语音单位，音段序列指特定顺序的音段组合，例如：pat 与 tap 都由/p/、/t/、/æ/三个音段组成，但不属于同一音段序列。两个相似的音段序列的相同部分称为重叠（overlap），例如：pat（/pæt/）与 pad（/pæd/）的重叠是/pæ/。

1.1 音段的发音延长研究概述

关于相似发音影响言语产出，我们可以思考（1）中的句子：

（1a） I'm not mad. I'm really not mad.

（1b） He seems really mad. He doesn't like the mat.

在（1a）中，mad 在第二次产出时，发音时长会变短，而在（1b）中，mat 与先前说过的 mad 有重叠，时长会增加。

大量心理语言学研究已经证实了这两种产出言语时的语音倾向：说话人倾向于缩短说过的词［2，3，5，10，14，18，19］，延长（lengthen）与说过的词有重叠的词［22，25，27］。Lindblom［20］提出，决定言语产出的因素包括系统性的能量节省趋势和向听话人更好地传达语言信息的需要。基于这一思想，Buxó-Lugo et al.［9］把前人对这两种现象的解释总结为“交流性解释”（communicative accounts，下称交流论）与“机械性解释”（mechanistic accounts，下称机械论）。交流论，即说话者为了促进听话者的理解而调节他们说的话［6，7，8，12，15，16，28］。根据交流论，说话人在说话时会分辨不同的指称表达（referring expressions），延长对听话人而言是新的、未预想到的指称表达，缩短对听话人而言是旧的、已知的指称表达。支持机械论的语言学家认为交流论解释的是“Levelt 式产出模型”中“信息规划”（message planning）层面的问题，而机械论主要关注的是信息规划以下层面的问题［21］。根据机械论，发音延长现象是由语言产出的相关过程导致的［1，11］。

Jacobs et al.［17］发现重复发音导致的时长缩短只在有声产出同一词汇时发生，在默念（inner speech）和动口默念（mouthed inner speech）同一词汇的条件下，发音时长不缩短，由此证明这一现象由听觉记忆（auditory memory）导致。

Buxó-Lugo et al.［9］进一步通过实验发现，听觉记忆除了能导致发音缩短，也能导致发音延长。研究采用了事件描述任务范式［1，17，18，27］以及 Yiu 和 Watson［27］的部分材料。每一试次（trial）中，被试看到四个图片刺激，其中有一个启动项、一个目标项以及两个填充项，启动项与目标项构成或不构成竞争关系。它们表现出不同的动画效果，被试需要对动画加以描述，描述会被录音。实验条件有四个：①产出目标项前产出竞争的启动项，如启动项和目标项分别为帽子（hat）和手（hand）的图片，同时呈现在屏幕上，两个名词发音具有音段重叠。首先启动项帽子表现出缩小的动画效果，被试需要描述出“the hat shrinks”，之后目标项手表现出消失的动画效果，被试则需要说出“the hand disappears”。②被试产出目标项前听到竞争项，如上述实验情境下，被试会听到“the hat shrinks”的录音，然后说出“the hand disappears”。③竞争项被无声阅读，又分为默念与动口默念两种。④图片中不存在竞争的启动项。结果表明，说话者只有在说过或直接听过竞争词，才会导致目标词的发音延长，说明发音延长过程不是由音系表征直接激活，而是由于说话人记忆中竞争词的听觉信息引起，这种记忆中的听觉信息称为听觉印象（auditory image）。Buxó-Lugo et al. ［9］表示，这一发现对交流论与机制论两个解释框架进行了补充，进一步限制了可能影响发音方式的信息范围。

需要注意的是，Buxó-Lugo et al. ［9］分析的不是词汇组中启动词与目标词重叠段的时长，而材料中还存在 beak-beach（爆破音—破擦音）这类“启动—目标”词对，其单词音长差别很可能源于二者末尾辅音的差别。尽管实验中这样的材料不多，但可能对音段重叠的时值增加效应造成混淆。

1.2 汉语音节和声调加工

言语听觉信息包含了所有音段与超音段信息。Buxó-Lugo et al. ［9］证明的是音段序列听觉记忆可以导致发音延长，但其提出的听觉印象、音系重叠（phonological overlap）等概念也暗示了超音段特征听觉记忆可能起某种作用。声调属于超音段特征，汉语作为一种声调语言，适合用来检验超音段听觉记忆的效应。

目前证据大多支持音节是汉语音韵（音系）编码（phonological encoding）的加工单元［13，32，33，34］。张清芳［33］、刘帅和王曼［30］指出：音节不同声调相同的启动项对目标项无启动效应，声调只有和音节结合才能对词汇产出过程产生作用。Zhang and Zhu［29］通过事件相关电位（ERPs）与 Go/No-go 范式实验发现，声母的加工早于声调，韵母与声调平行加工，各自编码。通过内隐产出范式以及测量目标词产出的反应时（即从看到目标项到被记录到声音的时长），张清芳［33］发现同音节同声调的启动项相较无关刺激促进了目标词发音反应速度，而且这一启动效应远大于同音节不同声调的启动效应，说明在音韵编码阶段，声调的加工会影响音节提取的速度。

但是，这些研究没有考察目标词的音长。与发音潜伏期相比，发音音长这一指标反映了音段或韵律的加工在发声阶段体现的效应。也就是说，目前有关汉语声调和音节加工在发音执行层面的认识是欠缺的。本研究将弥补这一缺口。我们认为，同音节不同声调的汉字与音段重叠的英语词相似，在加工中都需要同时处理相同和不同的部分，相同的音节类似不同音段序列的重叠，不同的声调类似序列不重叠部分，由于产出系统对前词产出趋势的抵抗，后词时长可能延长。但是，当启动项是同音节同声调的汉字时，情况可能不明朗。一方面，完全相同的发音可能会导致第二次发音时长缩短，类似 Jocobs et al. ［17］的结果以及张清芳［33］关于潜伏期的发现。另一方面，不同于英语中重复产出同一个词，汉语两次相同的发音可能对应的是两个不同的汉字（语素），这时，前字的相同语音对后字加工造成的是干扰而不是促进，后字发音过程可能体现为发音机制需要更大的成本来抵抗前字形成的听觉记忆，即表现为发音时长加长。

1.3 研究目的

现有的发音延长研究的对象主要是英语本族语者，未探讨英语作为第二语言或外语的说话者使用英语时是否表现出同样的倾向，未排除重叠段以外部分对发音时长变化的干扰。汉语的相关证据仍缺失。

因此本研究主要探究：①母语为汉语的英语学习者在产出音段重叠的英语词汇时，是否在重叠段时长上重现英语母语者的延长效应？②在汉语产出过程中，同音不同调和同音同调两种启动条件会如何影响汉字发音时长？根据听觉记忆的作用方式，我们假设：①汉语母语者产出音段重叠的英语词汇时发音时长会缩短；②汉语同音节同声调听觉记忆具有发音缩短效应；③汉语同音节不同声调听觉记忆具有发音延长效应。

2. 研究方法

2.1 实验简述

本研究包含一组英语实验以及两组汉语实验。实验一考察音段重叠对二语发音时长的影响。实验二考察汉语同音节同声调对发音时长的影响。实验三考察汉语同音节不同声调对发音时长的影响，启动字为二声，目标字为四声。Tseng［26］指出，汉语四个声调的绝对时长中，三声最长，二声次之，一声第三，四声最短。那么，在单独发音的情况下，四声字理应比同音的二声字发音更长。如果实验中我们观测到四声启动字与二声目标字的发音时长相比没有明显差异或甚至更长，将说明实验操纵在目标字上引发了发音延长。

三组实验形式相同，我们对同一批被试先后进行了所有实验。实验程序使用PsychoPy3（版本2020.2.10）编制运行，实验的形式为“字词识别与描述任务”，该任务改编自Buxó-Lugo et al.［9］的实验三。Buxó-Lugo et al. 为进一步验证竞争项不在场条件下目标项的时长变化以及排除任务相关性对被试发挥的干扰，设计了实验三，设置了“同时呈现”(same-display）和“分开呈现”(different-display）两个条件。在“分开呈现”条件下的实验中，本来在一个试次中呈现的启动项与目标项被分别置于连续的两个试次中。我们基于这一做法设计了整个实验，将同一“启动—目标”词对分别置于连续呈现的启动试次（prime trial）与目标试次（target trial）中。被试在启动试次中描述启动项的位置，在目标试次中描述目标项的位置。在本研究中，听觉记忆效应即说话者听到自己产出的启动项标注段形成的记忆对目标项标注段时长的效应。比如，在我们的实验一中，被试会在某一试次描述“hat”的位置，然后再下一试次描述“hack”的位置。

2.2 被试

实验被试为26位来自中国科学院大学的研究生与本科生，我们未区分被试的英语水平。被试在实验后取得一定报酬。

2.3 材料

本实验的目的是得到被试所发“启动词”与“目标词”第一个辅元（CV）序列的时长，即重叠段时长，材料也根据这一目的设计。

2.3.1 英语部分

我们从Yiu et al.［27］与Buxó-Lugo et al.［9］使用的“启动—目标”(prime-target）词对中选出8对音段重叠的“启动—目标”项，词对数无特别意义。我们挑选的目标项末尾辅音大多长于启动项末尾辅音，或与其同样长，排除因末尾辅音过短导致重叠部分增长的可能。所选项目不含带鼻音的词，因为元音鼻化会导致元音和鼻音在频谱图中的分界不明，影响对目标音段序列的编码。另设有7对音段不重叠的“启动—目标”项。由于每一试次需要展示4个项目，我们还准备了一些无意义字母串作为填充项，字母串的长度与“启动—目标”词相近。

表1 英语启动项与目标项

实验组	词对组	启动项	目标项
1	1	hat	hack
1	2	bell	beg
1	3	brick	bridge
1	4	hell	head
1	5	rose	rope
1	6	rice	right
1	7	lace	lake
1	8	beat	beep

2.3.2 汉语部分

实验二选用了7对音段序列、声调都相同的不同汉字构成相同声调的“启动—目标”项，实验三选用了8对音段序列相同、声调不同的汉字构成不同声调的“启动—目标”项。材料见表2。

填充项方面，我们采用了日语平假名，因为平假名源于汉字草书，与汉字相似性较高。

表2　汉语启动项与目标项

实验组	词对组	启动项	目标项
2	1	小	晓
2	2	然	燃
2	3	路	录
2	4	杯	悲
2	5	借	介
2	6	气	器
2	7	鬼	诡
3	1	梨	力
3	2	皮	屁
3	3	谈	探
3	4	孩	害
3	5	刨	炮
3	6	牢	烙
3	7	房	放
3	8	牙	亚

2.4　流程

英文与汉语三组实验流程基本相同。每一试次，显示器的上下左右四个位置会出现一个启动项或者目标项，还有三个填充项（图1、图2）。被试需要面对话筒与显示屏，用规定的句式（2）描述出该启动项或目标项的位置（X为启动词或目标词）。

（2a）There's a X up/ down /on the left / on the right.

（2b）有个X字在上/下/左/右边。

例如，进行图1试次时，需要说出“There's a hat on the left”；进行图2试次时，需要说出“有个力字在下边”。套用固定句式是为了使被试关注语音产出，不作过度的语义加工。后台运行的Audacity进行录音。描述完成后被试可以点击空格键立即进入下一试次（该操作在试次开始3s后才能实施）。启动试次与相应的目标试次前后呈现，每一试次启动项、目标项、填充项的位置是事先设计好均匀分布的，英语组实验中的“音段重叠”与“音段不重叠”词对，汉语组实验中的“不同声调”与“相同声调”词对以一定顺序交叉呈现，增加干扰。

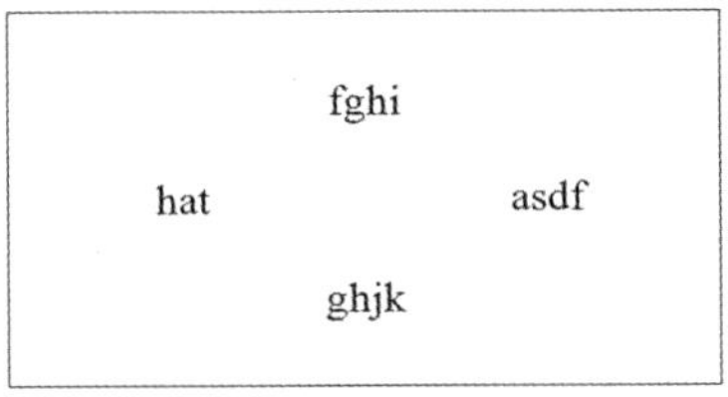

图1　英语组一个试次的呈现

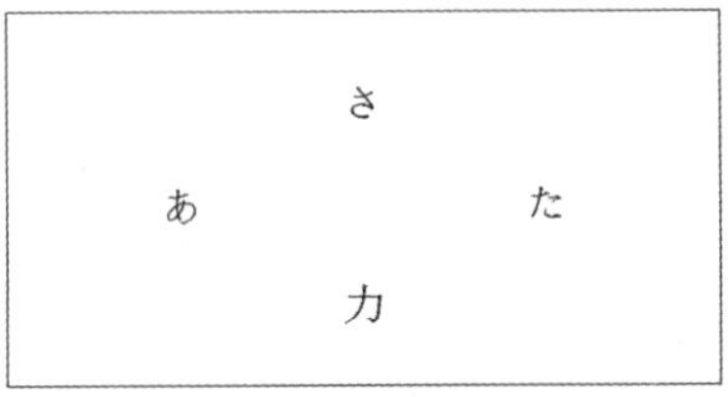

图2　汉语组一个试次的呈现

表3中罗列了我们的假设与支持该假设的实验结果。

表3　各假设与支持该假设的结果

假设	相应正面结果
听觉记忆影响二语发音时长	实验组1目标项重叠比启动项重叠显著增长
汉语音节听觉记忆具有发音延长效应	实验组2目标项比启动项显著缩短
汉语声调听觉记忆具有发音延长效应	实验组3目标项显著增长或无显著变化

3. 结果

我们选取了20份有效音频进行了标注、时值提取、音高提取和统计分析。剩余6位被试中有一位录音失败，另外5位的数据由于录音时实验场所附近噪音过大，未采用。

3.1 数据编码

我们使用 Praat［4］对上述 20 位被试录音中的目标音段序列进行了标注。对英文组实验数据，我们截取了启动词与目标词的重叠部分；对中文组的实验数据，我们截取了完整的启动项与目标项汉字。标注边界根据频谱图中共振峰形状与听辩结果设置。标注完成后，我们使用 Praat 脚本提取了录音中标注段的时值。编码经过另一编码员的检查，以保证编码的信度。

3.2 统计分析

从实验中我们提取出了 898 个时值，按照英语有音段重叠、汉语不同声调、汉语相同声调将数据分为 3 个小组，每个小组的数据都包含多个词对、启动与目标前后两次测量。图 3 显示了三组实验中启动项与目标项标注段的平均时长。每小组中的启动和目标试次相当于对词项同一位置的两次测量，所以我们对三组数据分别进行了重复测量方差分析，得到了表 4 中的结果。

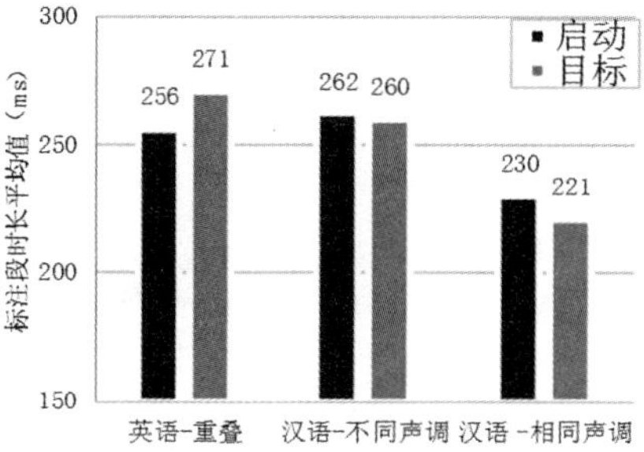

图 3 音段序列时值平均值

表 4 两个因素及其交互效应统计值（p 值）

	测量次数	词对	测量次数 * 词对
英语有音段重叠	0.001	<0.001	<0.001
汉语不同声调	0.684	<0.001	<0.001
汉语相同声调	0.009	<0.001	0.808

英语有音段重叠小组的结果都显示，测量次数（竞争词对目标词的启动效应）效应显著（$p < 0.05$），说明在目标词的发音时值变化上启动效应显著，目标项比启动项的重叠段时长显著拉长。

汉语不同声调词对组没有呈现出测量次数的显著效应（$p = 0.684$），启动项和目标项单字发音时长相近。相同声调组呈现显著的测量次数效应（$p = 0.009$），然而其方向有别于英语音段序列引发的效应，目标项与启动项相比，发音时长缩短而非拉长。

4. 讨论

4.1 听觉记忆对发音的影响

实验一结果显示，母语为汉语的英语学习者在进行英语产出时，产生了重叠音段的发音延长。Buxó-Lugo et al.［9］的研究表明英语音段序列相似的英语词汇整体在发音过程中会被延长，本研究通过考察重叠段的音长，证实了重叠部分发生了延长，但未排除重叠部分的辅音会延长的可能性。

实验二结果显示，汉语母语者对同声调同音节字产出中，发音时长缩短，而不是本文第一节中提到的，同音同调字的字义差别干扰会导致发音延长，我们认为这是由于实验设计规避了被试对字义的加工。该结果证明在汉语的产出中，听觉记忆同样具有发音促进效应。

实验三结果表明，汉语声调不同竞争项的听觉记忆未对目标项的时长造成显著影响，这一结果支持我们提出的假设，即在启动项应当导致目标项时长缩短的实验设计中，目标项时长未受到显著影响，说明声调的不同导致了目标项的延长，声调听觉记忆具有发音延长效应。

另外，我们不认为汉语的字形会对本研究的汉语实验产生明显干扰。根据普遍语音原则（universal phonological principle）［23，24］，在所有书写体系中，语音加工都是阅读的一部分，书写体系只影响加工的细节。吴诗玉等［31］也发现，汉语母语者在阅读汉语词汇时，语音先于语义激活，其语义通达路径与英语母语者阅读英语一样，都是“书写→语音→语义”（O→P→S），否定了汉语字形在汉语使用者的词汇加工拥中有特殊地位的观点。

4.2 听觉记忆的作用方式

Buxó-Lugo et al. ［9］指出，在纳入对听觉记忆的考量后，交流论需要关注的是，在竞争词与目标词不出现在同一语境中时（如［9］实验三的情形），延长目标词如何促进听话者的理解。而机械论需要考虑在无意听过竞争词后，说话者为何会放缓发音速度。

我们认为，通过对比发音潜伏期与发音时长效应的研究结果，可以推测出音段、音节与声调的编码（encoding）效率对发音执行过程效率的影响。先前针对汉语产出潜伏期的研究［32，33，34］发现，同音节同声调对汉字产出反应时的促进效应量大于同音节不同声调。张清芳［33］也提到，短时内产出相同声调音节时，“韵母+声调”编码的反应时受到了记忆的干扰。我们的研究发现，产出与听觉记忆中音节和声调都相同的汉字，发音时长会缩短，产出同音节不同声调汉字，时长会增加。可以看出，同音节同声调启动项对发音潜伏期时长和发音执行时长都有显著的缩短效应，声调不同的启动项则导致了反应时和音长的（相对）增加。由于音韵编码阶段与语音编码阶段早于发音阶段，我们假设：潜伏期时长与音长正相关，反应时减少会导致发音缩短，反应时增加会导致发音延长。

Buxó-Lugo et al. 和 Jacobs et al. ［9，17］对听觉记忆作用的观点也和音韵以及语音编码有关，他们将听觉记忆的作用描述为：说话人记忆中的听觉图像会促进音系排列（phonological sequencing），直到新序列和旧序列的分歧点出现。按照这一描述，听觉记忆的促进效应发生在音韵编码阶段。根据我们的“潜伏期—音长正相关”假设，听觉记忆产生发音延长效应可能有两种方式：①听觉记忆加快了重叠音段的编码，非重叠部分的不同致使编码效率降低，在发音过程中表现为非重叠部分的延长；②在听觉记忆促进编码重叠音段后，产出系统在保持已完成编码的同时侦测到非重叠段的差异并开始提取新的音段，保持已有辨别差异耗费了额外反应时，导致发音过程中重叠音段的延长。本研究实验一的结果支持第二种解释。

4.3 局限与进一步研究方向

本研究未排除时值增加现象发生在音段重叠外的可能性，重叠部分外的特定辅音在某种情况下时值也许也会增大，比如出于交流需要故意延长词尾辅音。潜伏期时长与音长正相关的假设，以及如果二者正相关，具体是潜伏期编码的哪个阶段与音长正相关等问题，还有待专门的研究验证。

另外，音域改变的原因也值得进一步研究。我们对本研究基频数据的初步分析显示，人对同音不同调的词发音时会整体提高字内音域，但具体表现以及可能机制还有待深入探讨。

5. 结语

本文探究了汉语本族语者听觉记忆中的英语音段序列对其英语言语产出的影响，以及汉语声调听觉记忆对于汉语言语产出的影响，发现：①听觉记忆对于二语产出同样有延长效应；②听觉记忆导致汉语同音同调字的发音缩短，导致同音不同调字的发音延长；③听觉记忆导致的时值增加（至少大部分）发生于目标词与启动词音段的重叠部分。此外，我们结合前人的研究结果，提出潜伏期时长与音长正相关的假设。本研究的发现可能对语音合成与人工智能语音的自然度方面有所启发。

6. 致谢

感谢洪雷教授、李桠教授为本研究提出的宝贵建议。

参考文献

［1］Arnold, J. E., Kahn, J. M., Pancani, G. C.

2012. Audience design affects acoustic reduction via production facilitation. *Psychonomic Bulletin Review* 19, 505 - 512.

[2] Bard, E. G., Anderson, A. H., Sotillo, C., Aylett, M., Doherty-Sneddon, G., Newlands, A. 2000. Controlling the intelligibility of referring expressions in dialogue. *Journal of Memory and Language* 42, 1 - 22.

[3] Bell, A., Brenier, J. M., Gregory, M., Girand, C., Jurafsky, D. 2009. Predictability effects on durations of content and function words in conversational English. *Journal of Memory and Language* 60, 92 - 111.

[4] Boersma, P., Weenink, D. 2019. *Praat: doing phonetics by computer* (Version 6.1.08). Retrieved from http://www.praat.org/.

[5] Breen, M., Fedorenko, E., Wagner, M., Gibson, E. 2010. Acoustic correlates of information structure. *Language and Cognitive Processes* 25, 1044 - 1098.

[6] Brennan, S. E., Clark, H. H. 1996. Conceptual pacts and lexical choice in conversation. *Journal of Experimental Psychology: Learning, Memory, and Cognition* 22, 1482 - 1493.

[7] Brown-Schmidt, S. 2012. Beyond common and privileged: Gradient representations of common ground in real-time language use. *Language and Cognitive Processes* 27, 62 - 89.

[8] Brown-Schmidt, S., Yoon, S. O., Ryskin, R. A. 2015. People as contexts in conversation. *Psychology of learning and motivation*. Salt Lake City: Academic Press, 59 - 99.

[9] Buxó-lugo, A., Jacobs, C. L. et al. 2020. The world is not enough to explain the lengthening of phonological competitors. *Journal of Memory and Language* 110, 1 - 14.

[10] Buxó-Lugo, A., Toscano, J. C., Watson, D. G. 2018. Effects of participant engagement on prosodic prominence. *Discourse Processes* 55, 305 - 323.

[11] Bybee, J. L., Hopper, P. J. (eds), 2001. *Frequency and the emergence of linguistic structure* Philadelphia: John Benjamins Publishing.

[12] Clark, H. H., Murphy, G. L. 1982. Audience design in meaning and reference. *Advances in psychology*. Amsterdam: North-Holland, 287 - 299.

[13] Dell, G. S. 1986. A spreading-activation theory of retrieval in sentence production. *Psychological Review* 93, 283 - 321.

[14] Fowler, C. A., Housum, J. 1987. Talkers' signaling of "new" and "old" words in speech and listeners' perception and use of the distinction. *Journal of Memory and Language* 26, 489 - 504.

[15] Fussell, S. R., Krauss, R. M. 1989. Understanding friends and strangers: The effects of audience design on message comprehension. *European Journal of Social Psychology* 19, 509 - 525.

[16] Horton, W. S., Gerrig, R. J. 2002. Speakers' experiences and audience design: Knowing when and knowing how toadjust utterances to addressees. *Journal of Memory and Language* 47, 589 - 606.

[17] Jacobs, C. L., Yiu, L. K., Watson, D. G., Dell, G. S. 2015. Why are repeated words produced with reduced durations? Evidence from inner speech and homophone production. *Journal of Memory and Language* 84, 37 - 48.

[18] Lam, T. Q., Watson, D. G. 2010. Repetition is easy: Why repeated referents have reduced prominence. *Memory Cognition* 38, 1137 - 1146.

[19] Lam, T. Q., Watson, D. G. 2014. Repetition reduction: Lexical repetition in the absence of referentrepetition. *Journal of Experimental Psychology: Learning, Memory, and Cognition* 40, 829 - 843.

[20] Lindblom, B. E. F. 1990. Explaining phonetic variation: A sketch of the H&H theory. In: Hardcastle, H. J., Marchal, A. (eds), *Speech Production and Speech Modeling, NATO ASI Series D: Behavioural and Social Sciences*, Dordrecht: Kluwer Academic Publishers, 403 - 439.

[21] MacDonald, M. C. 2013. How language production shapes language form and comprehension. *Frontiers in Psychology* 4, 226.

[22] O'Seaghdha, P. G., Marin, J. W. 2000. Phonological competition and cooperation in form-related priming: Sequential and nonsequential processes in word production. *Journal of Experimental Psychology: Human Perception and Performance* 26, 57 - 73.

[23] Perfetti, C. A. 1992. The representation problem in reading acquisition. In: Gough, P. B., Ehri, L. C., Treiman, R. (eds), *Reading Acquisition*. Hillsdale: Lawrence Erlbaum Associates.

[24] Perfetti, C. A., Harris, L. N. 2013. Universal

reading processes are modulated by language and writing system. *Language Learning and Development* 9 (4), 296 – 316.

[25] Sevald, C. A., Dell, G. S. 1994. The sequential cuing effect in speech production. *Cognition* 53, 91 – 127.

[26] Tseng, C. 1990. *An Acoustic Phonetic Study on Tones in Mandarin Chinese*. Taipei: Institute of History Philosophy.

[27] Yiu, L. K., Watson, D. G. 2015. When overlap leads to competition: Effects of phonological encoding on word duration. *Psychonomic Bulletin Review* 22, 1701 – 1708.

[28] Yoon, S. O., Brown-Schmidt, S. 2014. Adjusting conceptual pacts in three-party conversation. *Journal of Experimental Psychology: Learning, Memory, and Cognition* 40, 919 – 937.

[29] Zhang, Q., Zhu, X. 2011. The temporal and spatial features of segmental and suprasegmental encoding during implicit picture naming: An event-related potential study. *Neuropsychologia* 49, 3813 – 3825.

[30] 刘帅、王曼:《口语单词产出的音韵编码过程研究》,《中国语音学报》2020 年第 13 期,第 51—59 页。

[31] 吴诗玉、马拯、叶丹:《中国高级英语学习者词汇语义通达路径的汉英对比研究:语义关联判断任务的证据》,《外语教学理论与实践》2016 年第 1 期,第 1—8 页。

[32] 岳源、张清芳:《汉语口语产生中音节和音段的促进和抑制效应》,《心理学报》2015 年第 3 期,第 319—328 页。

[33] 张清芳:《汉语单音节和双音节词汇产生中的音韵编码过程:内隐启动范式研究》,《心理学报》2008 年第 3 期,第 253—262 页。

[34] 张清芳、杨玉芳:《汉语单音节词汇产生中音韵编码的单元》,《心理科学》2005 年第 2 期,第 374—378 页。

李叙辰 中国科学院大学外语系,硕士研究生,研究兴趣为二语音系学、心理语言学。
E-mail: lixuchen19@ mails. ucas. ac. cn

刘 彬 中国科学院大学外语系,教授,研究方向为语音学与语音教学。
E-mail: liu_bin@ ucas. ac. cn

末点音高对广州话低调域调类感知边界的影响

余俊毅　曾　玲　刘新中

摘　要　广州话的阳平（/21/）、阳上（/23/）、阳去（/22/）都是起点音高相近的低调域调类，本文通过探讨这三个声调的感知边界，观察在末点音高影响下这三个低调域调类的感知范畴。通过感知实验，我们初步发现，要区分这三个调最重要的声学线索是末点音高，具体表现为，广州话阳去调并不完全被感知为"平调"，而带有"缓降"的特征；相较于阴去（/33/）与阳上，被试更容易混淆阳去与阴去，同时当低调域中刺激音基频变化越平缓，被试对于阴去与阳去的混淆可能性就越大。

关键词　广州话，低调域，感知边界，末点音高

The Effect of Pitch Endpoints on the Perceptual Boundaries of Cantonese Low Tones

YU Junyi　ZENG Ling　LIU Xinzhong

Abstract *Yangping (/21/)*, *Yangshang (/23/)* and *Yangqu (/22/)* tones in Cantonese are three low tones with similar pitch onsets but different endpoints. In this study, the perceptual boundaries of the three tones were experimentally determined by varying their pitch endpoints. It was found that *Yangqu* is not completely perceived as a level tone, but a slight falling tone. In the discrimination task, Cantonese speakers were more likely to confuse *Yangqu* with *Yinqu (/33/)* as both are flat tones.

Keywords Cantonese tones, Perceptual boundaries, Pitch endpoints

1. 引言

粤方言作为汉语七大方言之一，以声调类型丰富、与中古汉语调类对应整齐而著称。广州话作为粤方言广府片的代表，共有九个声调，形成"平上去各分阴阳，入声三分"的声调格局。

根据传统方言学的描写，广州话的阳调类都在低调域，其中阳平（/21/）、阳上（/23/）、阳去（/22/）调的起点音高都是五度值的2，如表1《广东粤方言概要》［12］所示。

表1　《广东粤方言概要》中广州话阳平、阳上和阳去调值

调类	阳平	阳上	阳去
调值	/21/或/11/	/23/	/22/
例字	时、扶	市、妇	事、父

调值的定性描写应与实验语音学的定量分析并进。通过测量单字调的基频并进行归一化处理，能较好地描写广州话的声调格局，现列举石锋［10］、刘新中［8］和贝先明、向柠［4］归一化后的广州话阳平、阳上、阳去调值如表2。

表2　广州话阳平、阳上和阳去实验研究的调值

	阳平	阳上	阳去
石［10］	/21/	/23/	/22/
刘①［8］	/21/	/23/	/22/
贝、向［4］	/31/	/223/	/32/

①　在刘新中所测得的广州话调值中，除中年男性发音人的阳上（/23/）调为/12/，其余发音人均为/23/；除中年男性发音人的阳去（/22/）调为/11/，其余发音人均为/22/。

由上述研究可以看出，无论是传统方言学的听记还是语音学的实验都表明，广州话低调域调类的起始调值都是一致的，均为/2/。而造成这三个调类最主要的差异在于末点音高值，其中阳上（/23/）最高，阳去（/22/）次之，阳平（/21/）最低，并进而影响了调形。据此，广州话的阳上（/23/）是一个低升调，阳平(/21/)为低降调，阳去（/22/）为低平调。Francis et al. ［2］发现虽然调形不同，但粤语声调的感知模式都是范畴型的，并针对阳平（/21/）与阳上（/23/）进行感知实验发现：被试对阳平（/21/）的听辨比阳上（/23/）的反应更为敏锐，但这系列实验并没有将音高起点相同的阳去（/22/）作为刺激项。仔细观察声调曲线图，我们发现阳去（/22/）也同样具有低降调形，不过低降的程度不如阳平（/21/）明显。图1是《广州话单音节语图册》［8］老中青发音人的阳去（/22/）音高数据，将所得到的音高数据进行归一，然后用石锋［9］的T值转换公式把这些音高数据转换为对数值，最后根据这些对数值做出声调曲线。

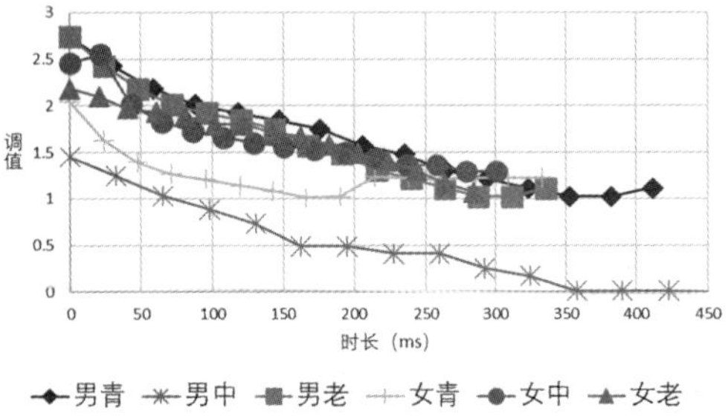

图1　广州话阳去调音高曲线

从图1可知，阳去调曲线并不真的是低平，而是呈现低降的调形。既然阳平（/21/）和阳去（/22/）都具有下降的调形，那人耳是如何凭借末点音高区分这两个声调的呢？低降调形或低平调形哪一个更契合广州话母语者对阳去调的听感呢？末点音高是如何决定阳平（/21/）、阳上（/23/）和阳去（/22/）的感知边界？为回答上述问题，本研究的实验一和实验二将通过控制起点音高、改变末点音高的方法进行“阳上（/23/）—阳去（/22/）”以及“阳去（/22/）—阳平（/21/）”的感知实验，探究末点音高对这三个调类感知边界的影响，并得出它们的感知范畴。

此外，黄得森［5］研究发现粤语阴去（/33/）与阳上（/23/）有相混的现象。而李书娴［7］、谢郴伟等［11］对广州话阴去（/33/）与阳去（/22/）的相混做出了分析，两个研究都是将阴去与阳去视作平调设计的辨认实验。但如果低降调形对广州人辨认阳去的影响更大，那么调形也会影响阴去与阳去的区分。为了探究“阴去—阳上”以及“阴去—阳去”是否混淆，实验三将根据实验一和实验二确定好的阳上与阳去的感知范畴，给被试播放同样的刺激音，但增加“阴去（/33/）”的选项，考察原处于阳上（/23/）或阳去（/22/）范畴内的刺激音，是否会被判断为阴去；如果会，与末点音高之间是否有特定的关联。

2. 实验方法

2.1　实验材料

制作实验刺激的原始声音样本选自《广州话单音节语图册》［8］，由一名母语方言为广州话的中年女性发音人录制。录音内容覆盖广州话音节全表2572个音节。本研究选用的是si和fu两个自然音节，这两个音节在广州话阳平、阳上和阳去中的常用字较多。

实验使用语音分析软件Praat［1］修改原始样本的音高和时长。由于阳平（/21/）、阳上（/23/）以及阳去（/22/）共6个音节的平均调长为350 ms，为了排除时长因素的干扰，将所有刺激音的调长都控制为350 ms。此外，将三个调类的起点音高进行平均，得到平均值210 Hz，因此将所有刺激音的起点音高都控制为210 Hz。对于末点音高，我们测量发现，该发音人阳平（/21/）的平均末点音高为134 Hz，阳去（/22/）的平均末点音高为175 Hz，阳上（/23/）的平均末点音高为244 Hz，即该发音人从阳平（/21/）调到阳上（/23/）调，末点音高的基频范围为134—

244 Hz。以100 Hz作为参考基频，所有刺激音的起始半音值均为13 st[①]。si和fu音节的合成母本为阳上（/23/），从阳上（/23/）到阳去（/22/）的末点半音值范围为10—15 st，共分为10个台阶，每个刺激音末点音高相差0.5 st，生成11个刺激音，为实验一的刺激音（见图2）；从阳去（/22/）到阳平（/21/）的末点音高半音范围为5—10 st，也分为10个台阶，每个刺激音末点音高相差0.5 st，生成11个刺激音，为实验二的刺激音（见图3）。

通过实验一和实验二中测定属于“阳上（/23/）—阳去（/22/）”范畴内的刺激音共15个，将这15个刺激音作为实验三的刺激材料。

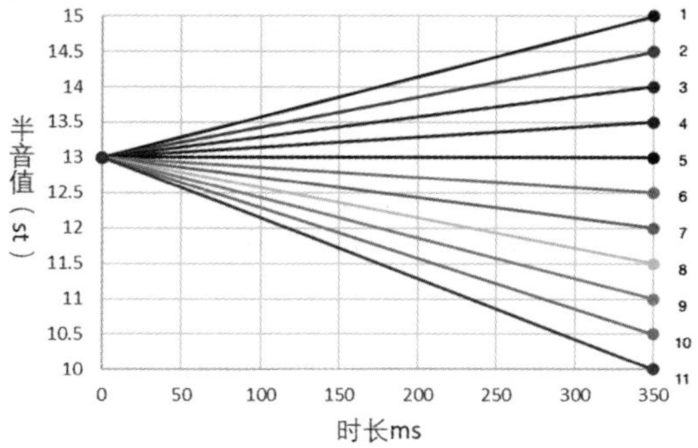

图2　实验一“阳上（/23/）—阳去（/22/）”刺激音音高示意图（从上至下按顺序编号）

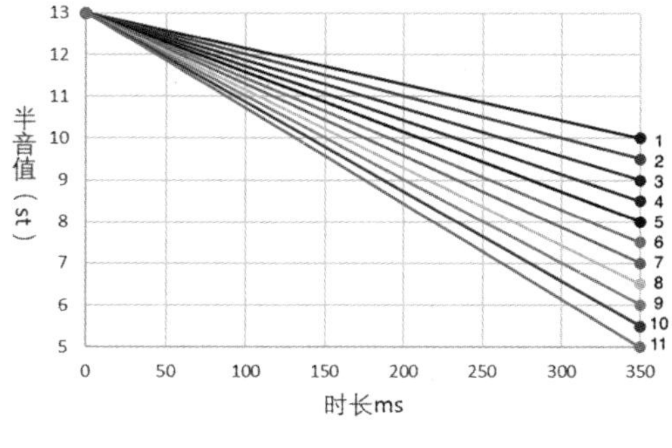

图3　实验二“阳去（/22/）—阳平（/21/）”刺激音音高示意图（从上至下按顺序编号）

2.2　被试

本次实验被试总共有10名男生和10名女生，总共20人，均为土生土长的广州人，平均年龄22±2岁。所有被试身体健康，听力正常，右利手，母语方言为广州话。

2.3　实验流程

本研究的实验一和实验二都由辨认任务和区分任务组成。

在辨认任务中，每一个刺激音都会以随机次序呈现4次，刺激音播放前会先播放一个1 s的提示音，提醒被试集中注意力，刺激音播放1 s后出现选择界面，要求被试在5 s内判断所听到的是哪个字，并进行二选一的强迫性选择，以保证被试作出及时反应，避免过度回想导致选择偏差。实验用字见表3：

表3　实验用字

	阴上（/23/）	阴去（/22/）	阴平（/21/）
si	市	事	时
fu	妇	父	扶

被试共需要完成11个刺激音×4次=44次按键选择。

区分任务是将相隔一个台阶的刺激音组成一个刺激对（如刺激音1和3，刺激音2和4）。假设相差一个台阶的刺激音A和B，那么与A和B相关的刺激对就有四种组合，分别是AA、BB、AB、BA。其中，末点音高不同的刺激对共有18组，末点音高相同的刺激对有11组，共29组。刺激对内部刺激音的播放相隔500 ms，在刺激对播放后1 s出现判断界面，要求被试反应在5 s内判断所听到的刺激音是否相同。29组刺激对随机出现4次，被试将完成116次按键选择。

实验三与前两个实验中的辨认任务不同的是，被试需要在听到刺激音后从“阳上、阳去、阴去和阳平”四个选项中作出选择，比如：妇（/23/）、裤（/22/）、父

① 本研究中半音的换算采用［6］中公式：st = 12×ln（x/100）/ln2。

（/33/）和扶（/21/）。15个刺激音，每一个随机播放4次，共60次按键选择。

本研究所有刺激材料均使用 E-prime 2.0 进行呈现，并用该软件收集被试按键反应。

2.4 数据分析

本研究中的辨认实验主要考察辨认率 P_I，并依照 Xu 等人［3］的 probit 回归分析方法得到刺激音（计算时以刺激音序号为观察值）与辨认率的回归方程，计算出范畴边界 S_{bc} 以及辨认范畴边界的宽度 W_{bc}，计算方法如下。

设 P_I 为刺激 I 被辨认为阳平/阳上/阳去的概率，每一个刺激音被辨认为阳去/阳上或阳去/阳上的辨认率之和为1。

$$P_I = \frac{\text{辨认为阳平/阳上/阳去的次数}}{\text{刺激播放的次数}} \tag{1}$$

对辨认曲线进行 probit 回归分析（logit 模型），得到回归方程：

$$In\frac{P_I}{1-P_I} = b_0 + b_I S \tag{2}$$

其中 S 相当于刺激音序号，刺激音序号与末点音高位置一一对应。需要说明的是，末点音高位置本来是一个连续的变量，在实验设计中观察的是人为设定的离散值，回归方程将这个参数还原为连续值 S。b_0 为回归曲线的截距，b_I 为斜率。

当 $P_I=0.5$ 时，对应的 S 是对应实验连续统的辨认范畴边界 S_{bc}，$P_I=0.75$ 与 $P_I=0.25$ 对应 S 之间的距离即是辨认范畴边界的宽度 W_{bc}。回归方程的斜率与范畴边界的宽度是观察范畴化程度的重要指标。

对于区分实验，本文主要考察了区分正确率 $P_{(A,B)}$ 以及区分曲线的峰陡峭度 DP，计算方法如下。

刺激对 A 和 B 的区分正确率 $P_{(A,B)}$ 的区分正确率是：

$$P_{(A,B)} = \frac{\text{正确区分的次数}}{\text{刺激对呈现的总次数}} = \frac{P_{(A,A)}+P_{(A,B)}+P_{(B,A)}+P_{(B,B)}}{4} \tag{3}$$

计算区分曲线上的峰度 DP，用区分曲线上的最大值减去首尾两组刺激对的区分正确率平均值：

$$DP = P_{\text{峰值}} - \frac{P_{(1,3)}+P_{(5,7)}}{2} \tag{4}$$

3. 实验结果与分析

3.1 实验一

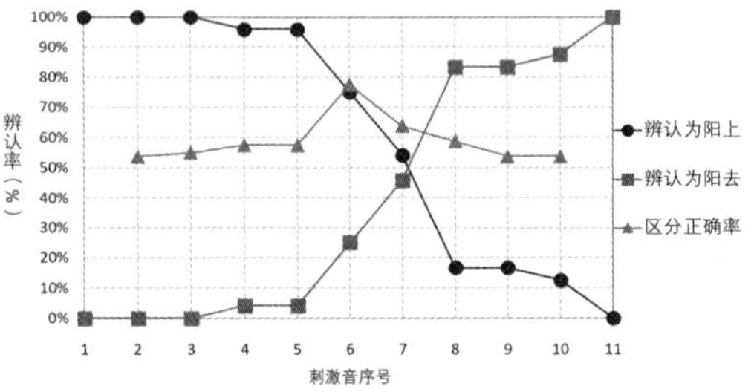

图4 音节si“阳上（/23/）—阳去（/22/）”的辨认以及区分曲线

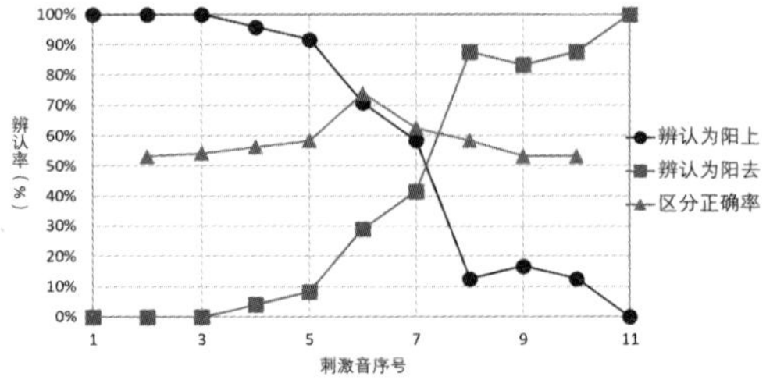

图5 音节fu“阳上（/23/）—阳去（/22/）”的辨认以及区分曲线

表4 实验一回归方程参数、范畴边界宽度与峰度

	b_I	S_{bc}	W_{bc}	DP
si	-1.063	7.09	2.07①	0.24
fu	-1.027	7.17	2.14②	0.21

① $P_I=0.75$ 时，S 为6.02；$P_I=0.25$ 时，S 为8.16，得出 $W_{bc}=2.07$

② $P_I=0.75$ 时，S 为6.14；$P_I=0.25$ 时，S 为8.21，得出 $W_{bc}=2.14$。

图4是音节si“阳上（/23/）—阳去（/22/）”的辨认曲线以及区分曲线。图5是音节fu“阳上（/23/）—阳去（/22/）”的辨认曲线以及区分曲线。图4和图5均可以看出，广州话阳上与阳去的感知是范畴感知。表4记录了图4、图5阳上辨认曲线的斜率（b_1）、范畴宽度（W_{bc}）、范畴边界（S_{bc}）以及区分曲线峰值（DP）的具体数值。

从辨认曲线判断广州话阳上（/23/）与阳去（/22/）的范畴化感知状况主要看两个要素：首先是b_1，b_1作为回归方程的曲线斜率，如果b_1的绝对值越大证明范畴化程度越高；其次是W_{bc}，W_{bc}越小证明范畴宽度越小，范畴化程度越高。

针对实验一的两个刺激音si（图4）和fu（图5），b_1的绝对值均大于1，范畴宽度均小于2.2个序号（即宽度小于1.1 st），辨认范畴边界两侧的辨认率变化较为明显，尤其是在si这组刺激音中，从阳上（/23/）到阳去（/22/）的辨认率呈现突变式下跌，其范畴宽度接近2个序号（接近1 st）。而区分曲线中，刺激对5—7的区分正确率比其余刺激对都高，与其他位置的区分正确率相比，均有20%以上的升幅。区分曲线的峰值所对应横坐标（6）出现在范畴宽度（6—8）之内，即针对相同起点音高，终点音高的改变对广州话“阳上（/23/）—阳去（/22/）”连续统的辨认起到范畴化的作用，属于较为典型的范畴感知。

3.2 实验二

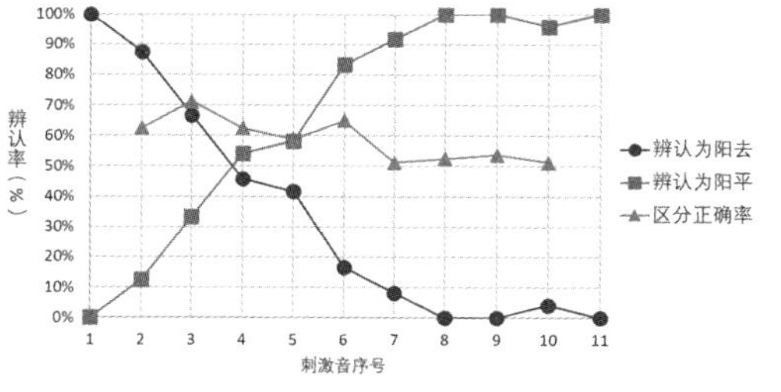

图6 音节si“阳去（/22/）—阳平（/21/）”的辨认以及区分曲线

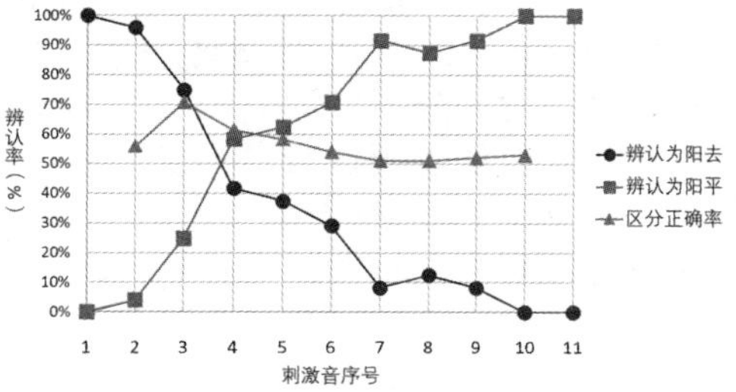

图7 音节fu“阳去（/22/）—阳平（/21/）”的辨认以及区分曲线

表5 实验二回归方程参数、范畴边界宽度与峰度

	b_1	S_{bc}	W_{bc}	DP
si	-0.889	3.716	2.50①	0.10
fu	-0.783	3.558	2.81②	0.15

图6是音节si“阳去（/22/）—阳平（/21/）”的辨认曲线以及区分曲线。图7是fu音节“阳去（/22/）—阳平（/21/）”的辨认曲线以及区分曲线，均表明广州话阳上与阳去的感知是范畴感知。表5记录了图6、图7阳上辨认曲线的斜率、范畴宽度和范畴边界以及区分曲线峰值的具体数值。

从辨认曲线分析广州话“阳去（/22/）-阳平（/21/）”连续统的感知结果，我们可以观察到，实验二的两组刺激中，斜率b_1的绝对值明显比实验一中的要小，均不足0.9，使得从阳去（/22/）到阳平（/21/）的辨认呈现缓降的曲线；辨认率25%—75%的范畴宽度加宽，均大于2.50个序号（也即1.25st）。在“fu”组中，范畴宽度大于2.80个序号（即1.4 st）。辨认曲线陡峭程度以及范畴宽度都说明在广州话的“阳去（/22/）—阳平（/21/）”连续统中，范畴化程度并不及“阳上（/23/）—阳去（/22/）”的明显。两

① $P_I = 0.75$ 时，S 为 2.92；$P_I = 0.25$ 时，S 为 5.42，得出 $W_{bc} = 2.5$

② $P_I = 0.75$ 时，S 为 3.14；$P_I = 0.25$ 时，S 为 5.95，得出 $W_{bc} = 2.81$

组区分曲线中，峰值出现的位置均为刺激对序号2—4处，但是最高峰值为71%，与首尾刺激对区分率平均值相差仅为10%左右。辨认曲线以及区分曲线皆表明，广州话“阳去（/22/）—阳平（/21/）”连续统的范畴化程度较低。

3.3 实验三

实验三的主要目的是为了探究在阳上—阳去感知空间明确的情况下，加入阴去（/33/）的选项后，阳上（/23/）、阴去（/33/）以及阳去（/22/）这三个调类出现相混的情况如何，以及低降特征是否有助于被试对阳去与阴去的区分。

表6列出了实验一和实验二中辨认率大于75%时对应的刺激音序号和末点音高范围①，方便观察广州话“阳上（/23/）—阳去（/22/）—阳平（21）”的听感范畴。

表6 广州话阳平、阳上和阳去听感范畴

	辨认率≥75%的刺激音序号	对应末点音高范畴
阳上	（实验一） 1—6	12.46—15 st
阳去	（实验一） 8—11 （实验二） 1—3	10—11.41 st 8.99—10 st
阳平	（实验二） 6—11	5—7.66 st

实验一中的1—11号刺激音属于阳上—阳去的范围，实验二中1—5号刺激音包含阳去的听感范畴以及阳去与阳平的混淆区（刺激音6开始阳平的辨认率已经大于75%），故选择实验一中的1—11号刺激音以及实验二中的2—5号②刺激音组成实验三中的15个刺激音，同样本文也分开两个音节si和fu进行实验。

图8是音节si“阳上—阴去—阳去—阳平”的辨认实验结果，图9是音节fu“阳上—阴去—阳去—阳平”的辨认实验结果。

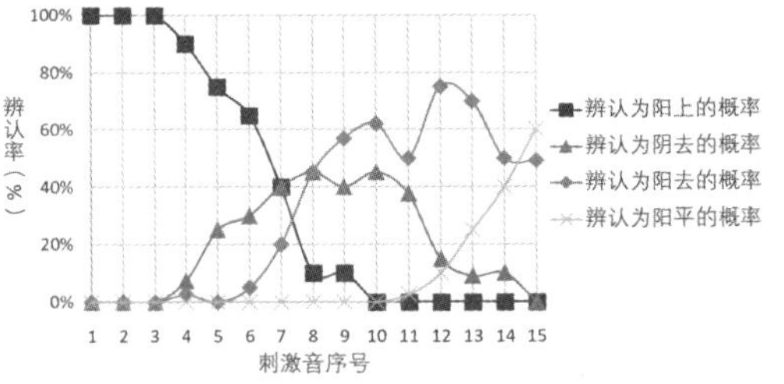

图8 音节si“阳上（/23/）—阴去（/33/）—阳去（/22/）—阳平（/21/）”的辨认实验结果

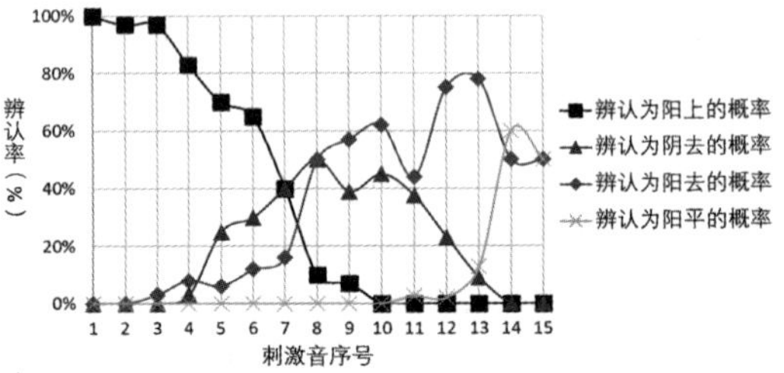

图9 音节fu“阳上（/23/）—阴去（/33/）—阳去（/22/）—阳平（/21/）”的辨认实验结果

从图8和图9中可以看出，第5个刺激音之前，刺激音大部分被判断作阳上（/23/），并不存在与阴去的混淆。在第14个刺激音之后，被试的选择集中在阳去（/22/）与阳平（/21/），很少与阴去混淆。所以我们讨论的辨认率集中在5-14号刺激音之内。

从图8、图9中可以看出，阴去（/22/）的辨认率始终没有超过50%，峰值处在7和9处，均为45%，辨认率超过20%的是5—11号刺激音。而阳去（/22/）的辨认率峰值75%，出现在12号刺激音。

阳上（/23/）的辨认率在第6个刺激音才开始低于60%，并且辨认率曲线出现

① 此处数据为si、fu两组实验结果的平均值。

② 根据刺激音音高示意图，实验二的1号刺激音即实验一的11号刺激音，故无须重复选择。

陡峭的滑坡。这说明即使在阳上的感知空间内加入阴去（/33/）的选项，阳上与阴去之间的差别仍然较为明显，在阳上稳定的辨认区间内，阳上与阴去不会被轻易混淆。

阴去（/33/）与阳去（/22/）相混的情况较为明显。实验一和实验二测出阳去的感知范畴在9—12号刺激音，9—10号刺激音阴去—阳去相混，辨认率各占50%左右。但是在11—12号刺激音中，辨认为阳去高于辨认为阴去的比例，说明在9—10号刺激音位置，也就是末点音高位置在10.5—11 st时，阳去与阴去发生了混淆；而11—12号刺激音位置，即末点音高为9.5—10 st时，仍然能被稳定地判断为阳去，说明当末点音高下降至这个位置时，阴去与阳去能够被区分。

4. 讨论

4.1 广州话“阳上（/23/）—阳去（/22/）—阳平（/21/）”的感知范畴

根据实验一和实验二的结果，我们可以描述出当起点音高相同时广州话“阳上（/23/）—阳去（/22/）—阳平（/21/）”的听觉感知范畴（图10）。从图10中可以看出，阳上稳定的听辨范畴是12.46—15 st，占据实验中末点音高变化范围的25%；阳去稳定的感知范畴是8.99—11.41 st，占据24%，阳平稳定的感知范畴是5—7.66 st，占据26%。各调类稳定的感知范畴较为平均，并不存在一个调类的感知空间干扰其他调类感知空间的情况。

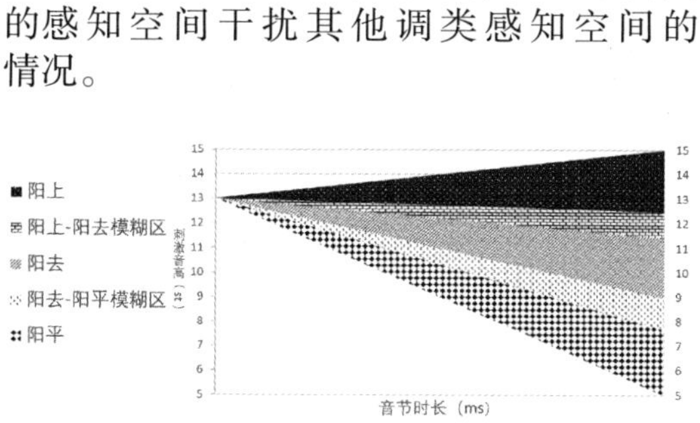

图10 广州话“阳上（/23/）—阳去（/22/）—阳平（/21/）”感知范畴

从图10我们可以直观看出，阳去（/22/）稳定的感知范畴并不包括13—13 st① 的刺激音，这就证明在广州话母语者中，阳去（/22/）调并不会被听辨成为一个真正的“平调”。即使下降幅度为4 st时，被试还是可以较为确定地判断为阳去调，可见阳去调更接近于一个缓降调。只不过当基频下降小于4 st时，人耳不足以据此区分调类的差别。

当基频降幅接近5.5 st时，才能够进入阳平（/21/）的感知范畴。在阳平稳定的感知范畴内，基频下降的特性更为突出。既然广州话阳去（/22/）与阳平（/21/）调的基频都具有下降的调形，感知实验中都具有“降”的特性，为什么被试能够对这两个调类进行区分？本文的实验解答了这一问题：对于广州话中两个起点位置相同的低调，区分阳去和阳平最重要的声学线索是末点音高的位置。在起点音高相同的前提下，阳去的末点音高比阳平的高，使得阳去的基频下降较缓，而阳平的基频曲线下降更明显。

而在实际发音中，这两个调的时长对感知也会起到一定影响。通过对于时长的分析，我们发现阳去的时长总是大于阳平的时长，如图11和图12所示。

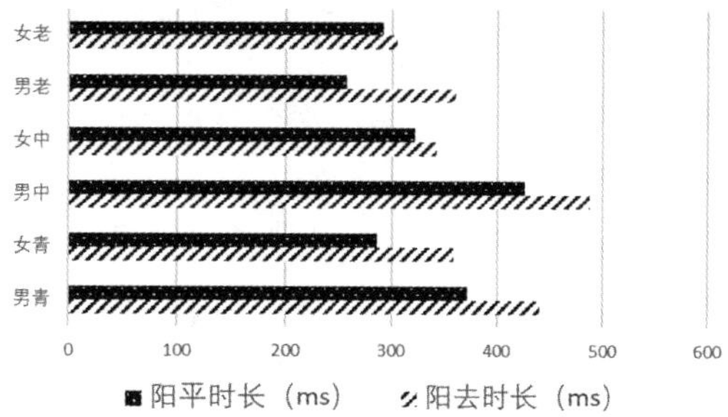

图11 各年龄段“阳平(/21/)—阳去（/22/）”时长对比

图11是6位发音人阳平（/21/）与阳去（/22/）的时长数据。图12则是本文的感知实验中4位随机抽取的被试（2

① 此处13—13 st刺激音指的是起点音高为13 st，末点音高也是13 st的刺激音。

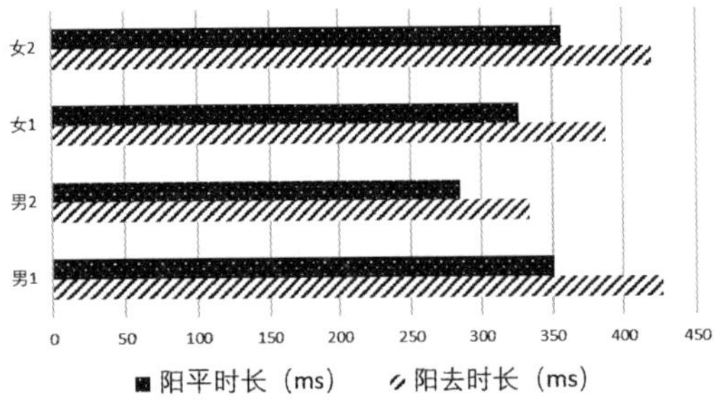

图12 部分被试“阳平(/21/)—阳去（/22/）”时长对比

男2女）所发阳平和阳去调各30个字的时长数据。从图11和图12可以看出，阳平的时长明显短于阳去的时长。

声学实验和感知实验的数据都说明，阳平与阳去调都有下降的调形，但阳平基频下降的程度略大于阳去。时长这个声学线索的作用也许可以将差异放大。阳平的末点音高本身就比阳去低，再加上时长较短，在听感上“降”的特征就会被凸显。而阳去调末点音高较高，时长较长，综合作用下，阳去的“降感”会被模糊，听起来更加像一个低调域的平调。

可见，阳平（/21/）与阳去（/22/）的感知除了受末点应高的影响，时长也起到了一定作用。但本文中的实验出于控制变量的考虑，观察末点音高对这三个低调域调类的影响，故将刺激音时长进行统一为发音人阳平、阳去、阳上音节时长的平均值，时长这一变量对阳平—阳去听感的确切影响有待进一步探索。

而13—13 st（包括13—12.46 st）的刺激音落在阳上（/23/）的范畴内是本次实验比较意外的收获。这也说明阳上（/23/）并不绝对要求基频上升。对于基频下降不足0.5个半音的刺激音，被试不能据此进行有效的区分是“平”还是“升”。因此，我们可以推测，语音上真正的“平调”的感知实际上是一个包括轻微“升”“降”的范畴。

由于音高的数值是绝对的，但对音高的感知是相对的：同样的调类，男性的基频比女性的基频值低，但这并不影响广州人对不同发音人同一调类的辨认。

4.2 广州话“阳上（/23/）—阴去（/33/）—阳去（/22/）—阳平（/21/）”的听感范畴

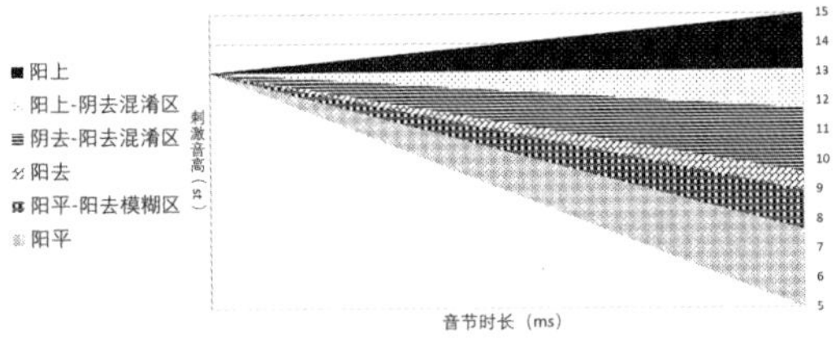

图13 广州话“阳上（/23/）—阴去（/33/）—阳去（/22/）—阳平（/21/）”的感知范畴

根据实验一、二中的“阳上（/23/）—阳去（/22/）”感知范畴，我们增加了有阴去选项的辨认任务，得出在同起点音高情况下四个调类的感知范畴（图13）。从图13可见，阳上调与阴去有相混，如刺激音13—12.5 st[①]在实验一中原本也属于阳上（/23/）的稳定范畴，但在实验三中却有一半的被试将其判断为阴去（/33/）。也就是说，当基频曲线接近于平调的时候，阳上与阴去较容易相混。该处的阳上更接近于一个平调，和阴去“平调”的基频特征相似，故在此处出现了混淆。阴去（/33/）与阳上（/23/）的末点音高相同，实验三表明，区分它们的关键因素并不是绝对音高，也不是末点音高，而是调形——因此才会出现平调调形刺激音中阳上与阴去相混，在升调形刺激音中阳上与阴去就能被明显区分。可见，虽然末点音高在广州话低调域的三个调类区分中起关键作用，但在中低调域调类的区分当中，调形更为重要。

而实验三听辨上趋同比例最高的是阴去（/33/）与阳去（/22/），尤其是末点音高范围在9.6—11.45 st的刺激音。它们原本属于稳定的阳去范畴，但是在实验三

① 此处指的起点音高为13 st，末点音高为12.5 st的刺激音。

中有一半与阴去相混，阳去的感知范畴被挤压至9—9.5 st这个区间。李书娴［7］发现，在广州的年轻人中，广州话的阴去、阳去的实际调值在产出上有所重叠，在感知上也有不能区分的现象，反映阴去与阳去开始相混的迹象。本文的实验三则表明，阳去与阴去的混淆并不是在任何音高范围内都能发生的。当末点音高与起点音高越接近（末点音高为9.6—11.75 st），基频变化越平缓，阴去与阳去就越容易出现混淆。而当末点音高降到9 st，基频的下降更明显，听感上更趋于低调，更加符合阳去的特征，被试对于阳去的判断也就稳定下来了。可见低降的基频也是被试区分阴去与阳去的关键因素。换言之，阴去与阳去的区分不是单独依赖末点音高在起作用，也同时依赖基频曲线的低降调形。只不过该范畴比较狭窄，基频再下降便已经到了阳去（/22/）—阳平（/21/）的感知混淆区域。

被试将阳上（/23/）、阳去（/22/）、阴去（/33/）相混的刺激音都有一个特点：相混出现在基频较为平缓的刺激音处，而与基频的绝对高低并没有严格的一一对应关系。比如，原本阴去的起点音高比阳去的高，阴去属于中平调，但在阳去的部分音高范畴内可以被混同为阴去，这与谢郴伟等［11］的广州话平调感知实验结果有一致的地方：音高较低的刺激音也能被感知为中平调，因为声调是相对音高，对于音高的感知也是相对的，中平调和低平调并没有严格的界限。按照实验来看，阴去（/33/）和阳去（/22/）需要末点音高和调形来进行区别，当末点音高没有达到预期的语音目标，形成不了低降的听感，阴去和阳去自然就很容易相混。根据实验三阴去与阳去（/22/）的相混情况，感知上的混淆应该源自声学线索上的混淆。这也能够说明［7］中所发现广州话的阴去调和阳去调有相混的迹象，主要是混淆了声学线索，而并非“听错”。实则只要被试听到的是一个基频较为标准的阳去（/22/），被试是能将它与阴去区分开来的，而发音人在发音时却会模糊阴去与阳去的音高线索，造成发音上的相混。

5. 结论

本文首先通过两个改变末点音高的实验得出广州话低调域调类的听觉感知范畴并发现阳上（/23/）—阳去（/22/）—阳平（/21/）的区别性特征是末点音高，且各感知范畴较为均匀。

关于阳去与阳平的调形问题：感知上，阳去（/22/）与阳平（/21/）都属于“低降”，区别在于阳去的末点音高较高，属于缓降型，而发音上，广州话母语者阳去（/22/）的发音也具有缓降特点。除末点音高的差别外，录音材料中阳去（/22/）与阳平（/21/）的时长差异也可能会放大末点音高的差异，这需要后续的感知实验加以证明。

关于调类相混的问题：实验表明阳上、阴去，阳去、阴去之间都出现了相混的现象。其中阳去、阴去混淆所占据的空间较大，尤其是在刺激音基频较为平缓的时候。而如果基频下倾较为明显，阳去、阴去相混的几率就较小，据此推测低降调形是广州人区分阳去、阴去的重要线索。

6. 致谢

本文研究得到了国家社科基金重大项目“汉语方言学大型辞书编纂的理论研究与数字化建设”（编号：13&ZD135）；国家社科基金一般项目“广东粤、闽、客方言韵律特征研究”（编号：18BYY187）的经费支持。

参考文献

［1］Boersma, P., Weenink, D. 2021. Praat: doing phonetics by computer. https://www.fon.hum.uva.nl/praat/.

［2］Francis, A. L., Ciocca, V., Ng, B. 2003. On the (non) categorical perception of lexical tones. *Perception & Psychophysics* 65 (7), 1029–1044.

［3］Xu Y., Gandour J. T., Francis A. L. 2006. Effects of language experience and stimulus complexity on the categorical perception of pitch direction. *Journal of the Acoustical Society of America* 120 (2), 1063－1074.

[4] 贝先明、向柠：《穗、港、澳三地粤语单字调的声学比较分析》，《南开语言学刊》2016 年第 1 期，第 43—50 页。

[5] 黄得森：《香港粤语阳上阴去相混之始》，《第七届中国语音学学术会议暨语音学前沿问题国际论坛论文集》，2006 年，第 43—48 页。

[6] 金健：《同一方言内部起点同高的两种降调——来自闽语惠来方言和赣语茶陵方言的个案》，《方言》2015 年第 1 期，第 24—31 页。

[7] 李书娴：《关于广州话阴去调和阳去调的听辨实验》，《方言》2008 年第 1 期，第 34—39 页。

[8] 刘新中：《广州话单音节语图册》，暨南大学出版社 2014 年版。

[9] 石锋：《天津方言双字组声调分析》，《语言研究》1986 年第 1 期，第 77—90 页。

[10] 石锋：《听感格局——汉语语音感知特征初探》，商务印书馆 2019 年版。

[11] 谢郴伟、石锋、温宝莹：《广州话平调的感知》，《清华大学学报（自然科学版）》2017 年第 3 期，第 299—305 页。

[12] 詹伯慧：《广东粤方言概要》，暨南大学出版社 2002 年版。

余俊毅 暨南大学汉语方言研究中心，硕士，主要研究领域为实验语音学和声调感知。
E-mail：yjy2021jnu@foxmail.com

曾 玲 暨南大学汉语方言研究中心，硕士，主要研究领域为实验语音学。
E-mail：zengling20@163.com

刘新中 暨南大学汉语方言研究中心，博士，教授，主要研究领域为汉语方言学、语音学。
E-mail：tlxzh@jnu.edu.cn

汉语自闭症谱系障碍儿童对塞音送气和声调的范畴感知

黄蔚雯　任姝童　顾文涛

摘　要　前人研究发现，自闭症谱系障碍（ASD）人群具有优于常人的非言语音高感知能力，而在音长与言语音高的感知上并没有一致结论。在汉语中，浊音起始时间（VOT）和基频分别是感知塞音送气/不送气和声调的关键音征。因此，考察ASD患者对汉语塞音送气和声调的感知，具有特别的意义。本研究以6—8岁与10—12岁汉语ASD儿童为研究对象，以月龄、智商（仅限6—8岁）及注意力水平匹配的汉语典型发展（TD）儿童为对照组，通过经典的语音范畴感知行为实验（含辨认实验与区分实验），考察他们对送气/不送气塞音和阴平/阳平调的感知特性。实验发现，ASD儿童对送气/不送气塞音的感知范畴性强于TD儿童；对于声调的感知，6—8岁ASD儿童的范畴性与TD儿童相当，而10—12岁ASD儿童的范畴性特征减弱，但是两组ASD儿童的范畴边界都比TD儿童更接近成人典型值。总之，ASD儿童的低阶信息感知优势可能是导致其语音感知特性有别于TD儿童的主要原因。
关键词　自闭症谱系障碍儿童，送气/不送气塞音，浊音起始时间，声调，范畴感知

Categorical Perception of Aspirated/Unaspirated Stops and High Level/Rising Tones in Mandarin-Speaking Children with ASD

HUANG Weiwen　REN Shutong　GU Wentao

Abstract Previous studies showed that people with Autism Spectrum Disorders (ASD) had better perception of non-speech pitch than people without ASD, while there was no consensus on differences in the perception of duration and pitch of speech between these two groups. In Mandarin, Voice Onset Time (VOT) and fundamental frequency (F0) are primary acoustic cues to (un) aspiration of stops and tones, respectively. This study examined the perception of (un) aspirated stop and tones in Mandarin-speaking children with ASD, using the paradigm of categorical perception experiment. Children with ASD in the age groups of 6 – 8 and 10 – 12 were assigned to the experimental groups, and children without ASD to the control groups, with matching on age, IQ and attention level. Results suggested that categorical perception of (un) aspirated stops was stronger for children with ASD than those without ASD For perception of tones, children with and without ASD in the age group of 6 – 8 showed comparable categorical characteristics, and children with ASD in the age group of 10 – 12 Lacked categorical characteristics, whereas children with ASD inboth age groups showed a more typical (adult – like) position of categorical boundary than children without ASD. Low-level perceptual advantage in children with ASD is the main reason for their atypical characteristics of speech perception.
Keywords Children with ASD, (Un) Aspirated stop, VOT, Tone, Categorical perception

1. 引言

在社会性互动、人际交流方面有欠缺，并在行为与兴趣上有着固着性与反复性的人群被定义为“自闭症谱系障碍”（Autism Spectrum Disorder，下文简称ASD）人群。语言障碍和感觉异常在ASD患者中很常见［5］。语言感知是语言发展的基石，婴儿感知语音信号的能力可以预测日后的语言发展［22］。ASD儿童对语音的感知将影响其语言能力的发展。

以往研究发现，在音高的感知上，ASD患者对非言语（纯音或音乐）的音高感知优于常人［1，3，4，7，18］，而且ASD患者具有绝对音高能力（即在没有标

准音参照的情况下对乐音音高正确命名的能力）的比例远高于正常人群［6］；但是，对言语的音高感知，ASD患者与正常人群相比优劣如何，并未达成一致结论［8，10，11，25］。同时，在对声音时长的感知上，ASD患者与正常人群的比较结果，也因言语/非言语条件、被试母语类型而异［9，12，15，16］。

浊音起始时间VOT作为一种时长特征，是判断汉语塞音是否送气的重要指标；基频作为音高的直接声学线索，是判断汉语声调类型的主要指标。那么，汉语ASD儿童的音长和音高感知能力，体现在与塞音是否送气相联系的VOT以及与声调类型相联系的基频上，各有什么特点？这是本文想探讨的问题。

汉语典型人群对基于VOT变化的塞音送气/不送气的感知、对基于基频变化的声调的感知，早已经过大量研究验证是典型的范畴感知，但是针对汉语ASD儿童的研究非常少。文献［2］对11名6—8岁ASD儿童的行为实验发现，声调感知的范畴性与TD儿童相比存在缺陷［2］，而文献［23］对16名9—13岁ASD儿童的ERP实验支持了声调感知的范畴性弱于TD儿童的结论。但是，这两项研究在选择被试时都没有在注意力水平上匹配。

2. 方法

2.1 被试

被试共67名儿童，分为4组：6—8岁ASD儿童24名，10—12岁ASD儿童9名，6—8岁TD儿童24名，10—12岁TD儿童10名。ASD儿童来自青岛以琳自闭症康复机构，均患有自闭症谱系障碍。TD儿童来自于福安市实验小学、穆阳中心小学以及福安市第三中学。所有儿童被试都没有精神病史，无听力损伤，矫正视力正常，母语为汉语。

所有被试均接受了智商测试和注意力测试。智商测试使用中国修订版的儿童韦氏智力量表；注意力测试使用舒尔特方格表，舒尔特分数越高表示注意力水平越低。6—8岁ASD儿童和6—8岁TD儿童的月龄（$p=0.106$）、总智商（$p=0.672$）、言语智商（$p=0.628$）、操作智商（$p=0.180$）、舒尔特分数（$p=0.508$）无显著差异，从而排除了生理发展水平、认知水平、注意力水平等因素的影响。10—12岁ASD儿童与10—12岁TD儿童的月龄（$p=0.869$）、舒尔特分数（$p=0.576$）也没有显著差异，但是因为样本偏小，在3个智商指标上未能很好地匹配。被试都能够和主试正常交流，理解实验的操作流程，按照指示完成实验任务。各组被试的人口生态指标如表1与表2所示。

表1 6—8岁两组被试的人口生态指标

基本情况		ASD（n=24）	TD（n=24）
生理年龄（月）	Mean	80.37	85.08
	SD	6.69	9.43
总智商	Mean	104.33	105.80
	SD	13.67	10.17
言语智商	Mean	106.21	104.32
	SD	14.02	11.18
操作智商	Mean	101.71	106.48
	SD	14.66	9.68
舒尔特分数	Mean	76.54	81.77
	SD	24.04	33.72

表2 10—12岁两组被试的人口生态指标

基本情况		ASD（n=9）	TD（n=10）
生理年龄（月）	Mean	139.66	138.90
	SD	14.49	13.42
总智商	Mean	76.22	100.90
	SD	15.04	8.81
言语智商	Mean	77.44	100.10
	SD	19.58	11.59
操作智商	Mean	79.78	101.90
	SD	14.20	10.15
舒尔特分数	Mean	42.57	50.11
	SD	12.41	19.20

2.2 实验材料

实验材料包括两类：从/bu4/（步）过渡到/pu4/（第四声的“铺”）① 的9个语音刺激组成的VOT连续统，以及从/i2/（姨）过渡到/i1/（衣）的11个语音刺激组成的基频连续统。发音人是一名普通话流利的男性。为了避免孤立音节发音时的夸张与拖尾效应、获得更自然的语音刺激，我们将目标音节嵌入以下四个短句中：

“步”在“铺”的前面；
“铺”在“步”的前面；
“姨”在“衣”的前面；
“衣”在“姨”的前面。

每个句子以仔细朗读的方式重复录制3次。最后，我们从中选取音质清楚、语图清晰的句首音节/pu4/（第四声的“铺”）和/i1/（衣）分别作为合成VOT连续统和基频连续统的原始音。

我们使用Praat，通过PSOLA技术合成语音［19］。VOT连续统的合成方法参考［26］。在原始音节/pu4/的基础上，将语音刺激的平均音强设定为70dB，元音段时长设定为200 ms。将塞音送气段（原为80 ms）的时长加以处理，形成步长为10 ms的9步阶塞音VOT连续统，合成语音刺激。第1步阶为/bu4/，送气段时长0 ms；第9步阶为/pu4/，送气段时长80 ms。

基频连续统的合成方法参考［20］。在原始音节/i1/的基础上，将语音刺激的时长设定为500 ms，平均音强设定为70 dB。将基频曲线设置为起点到拐点（10 ms处）再到终点的折线，其中起点到拐点保持水平、终点基频设定为149 Hz。通过改变起点到拐点的水平线的基频值，形成步长为3 Hz的11步阶基频连续统，合成语音刺激。第1步阶为/i2/，起始基频为119 Hz；第11步阶为/i1/，起始基频为149 Hz。

2.3 实验流程

实验采用经典的语音范畴感知实验范式，包括4个实验模块：塞音送气辨认实验、塞音送气区分实验、声调辨认实验、声调区分实验。每个模块都包含练习阶段和正式实验。由于ASD儿童难以长时间集中注意力做实验，因此正式实验中允许被试根据自身需求选择是否需要短暂休息。实验使用E-Prime 2.0呈现页面和语音刺激，页面上同时呈现图片、拼音和汉字以帮助被试理解。4个实验模块的顺序在被试间进行了平衡。

2.3.1 辨认实验

塞音送气辨认实验要求被试判断听到的声音是/bu4/还是/pu4/，声调辨认实验要求被试判断听到的声音是/i1/还是/i2/。塞音送气辨认实验和声调辨认实验的反应页面分别如图1A和图1B所示。在练习阶段，位于连续统两端的两个语音刺激各播放两次，并在被试按键（F键或J键）后给予反馈。被试只有在练习阶段正确率不低于75%的前提下才可以开始正式实验，否则重新练习。如果被试在经过3次讲解和练习后仍然失败，则认为该被试不能理解实验内容、不具备完成实验的能力。在正式实验中，11个语音刺激按随机顺序重复播放5次，被试按键后不做反馈。

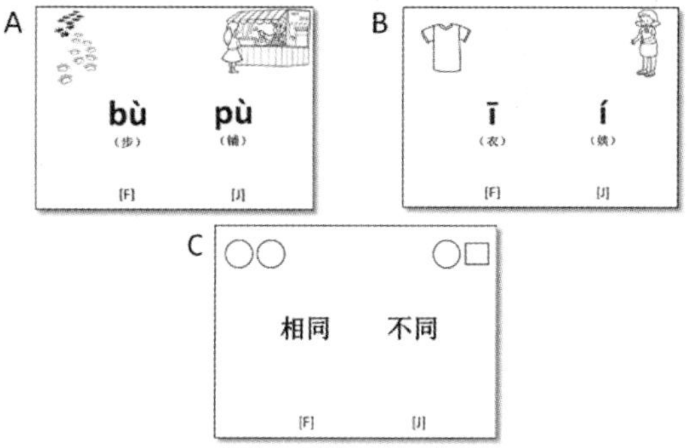

图1 反应页面图

2.3.2 区分实验

塞音送气区分实验中有23个语音对，包含相同语音对9个（从1—1到9—9）、步长为2的相异语音对14个（1—3、3—

---

① 为直观起见，本文的注音采用汉语的习惯表示，而没有采用国际音标；其中，数字表示四声。

1、2—4、4—2、3—5、5—3、4—6、6—4、5—7、7—5、6—8、8—6、7—9、9—7)。同时还制作了1—9和9—1两个语音对，用于检查数据有效性。所以，共有25个语音对。每对的两个语音刺激间隔500 ms。

声调区分实验中有29个语音对，包含相同语音对11个（从1—1到11—11）、步长为2的相异语音对18个（1—3、3—1、2—4、4—2、3—5、5—3、4—6、6—4、5—7、7—5、6—8、8—6、7—9、9—7、8—10、10—8、9—11、11—9）。同时还制作了1—11和11—1两个语音对，以检查数据有效性。所以，共有31个语音对。每对的两个语音刺激间隔500 ms。

区分实验中，被试需判断听到的两个语音刺激是否相同，并做按键反应。反应页面如图1C所示。塞音送气区分实验的练习阶段，1—1、9—9、1—9、9—1语音对各播放1次，并在被试按键（F键或J键）后给予反馈。声调区分实验的练习阶段，1—1、11—11、1—11、11—1语音对各播放1次，并给予反馈。练习的通过要求和识别实验相同。在正式实验中，每对语音刺激按随机顺序重复播放2次，被试按键后不做反馈。

2.4 数据分析

识别曲线斜率、范畴边界宽度、范畴边界位置范畴间区分正确率（Pbc）、范畴内区分正确率（Pwc）是衡量范畴性的重要指标。范畴边界位置是50%识别率对应的刺激序号，范畴边界宽度是25%和75%识别率对应刺激序号之间的距离。范畴间区分正确率是指跨越范畴边界的区分对的平均区分正确率，范畴内区分正确率是指未跨越范畴边界的区分对的平均区分正确率。区分实验中的区分对有4种组合方式：AA、BB、AB、BA。AA和BB属于相同语音对，AB和BA属于相异语音对。区分正确率的计算公式为：

$$P = P(\text{'S'}/S) \times P(S) + P(\text{'D'}/D) \times P(D)$$

其中P（‘S’/S）表示被试正确判断相同语音对的概率，P（S）表示相同语音对出现的概率，P（‘D’/D）表示被试正确判断相异语音对的概率，P（D）表示相异语音对出现的概率［24］。本研究中，P（S）和P（D）均为50%。

在结果分析时，我们首先对数据的有效性做了筛查。塞音送气辨认实验的有效数据标准为被试将1号语音刺激（即典型/bu4/）判定为/bu4/的概率大于50%，且将9号语音刺激（即典型/pu4/）判定为/bu4/的概率小于50%。塞音送气区分实验的有效数据标准为被试对1—9语音对和9—1语音对的区分正确率都大于50%。声调辨认实验的有效数据标准为被试将1号语音刺激（即典型/i2/）判定为/i2/的概率大于50%，且将11号语音刺激（即典型/i1/）判定为/i2/的概率小于50%。声调区分实验的有效数据标准为被试对1—11语音对和11—1语音对的区分正确率都大于50%。

3. 实验结果

3.1 塞音送气的识别实验

经数据筛查，6—8岁ASD组1人、6—8岁TD组1人、10—12岁ASD组2人的数据被剔除。余下的四组儿童被试对于/bu/—/pu/语音连续统的识别结果见图2。采用二元逻辑回归分析获得识别曲线的模拟方程，从而得出/pu/识别曲线的斜率值、范畴边界位置、范畴边界宽度。

图3（a）呈现了各组儿童/pu/识别曲线斜率的均值（因为两条识别曲线对称，只要看其中一条的斜率即可；下同）。双因素方差分析显示，儿童类别有显著主效应（$F(1, 59) = 552.75$, $p = 0.004$）即ASD儿童的斜率显著大于TD儿童，年龄段的主效应有趋于显著的倾向（$F(1, 59) = 3.11$, $p = 0.083$），10—12岁儿童的斜率大于6—8岁儿童。儿童类型和年龄的交互效应不显著（$F(1, 59) = 2.461$, $p = 0.122$）。斜率值越大表明范畴性越强，因此ASD儿童对/bu/—/pu/连续统的感知范畴性显著好于TD儿童。

图3（b）呈现了各组儿童范畴边界宽度的均值。双因素方差分析显示，儿童

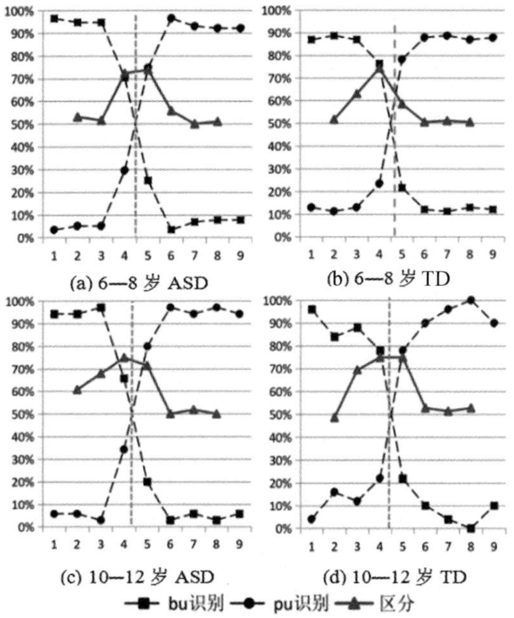

图2 塞音送气感知实验的识别和区分曲线

类别的主效应为边缘显著（F（1，59）=3.507，$p=0.066$），即ASD儿童的范畴边界宽度具有比TD儿童更窄的趋势，年龄段的主效应不显著（F（1，59）=1.500，$p=0.226$），儿童类别和年龄段的交互效应也不显著（F（1，59）=0.118，$p=0.733$）。范畴边界宽度越窄表明范畴性越强，因此ASD儿童对/bu/—/pu/连续统的感知范畴性好于TD组，这与斜率的结果一致。

图3（c）呈现了各组儿童范畴边界位置的均值。各组被试的范畴边界都位于4到5号语音刺激之间（30—40 ms）。双因素方差分析显示，儿童类别的主效应不显著（F（1，59）=0.424，$p=0.518$），年龄段主效应不显著（F（1，59）=1.671，$p=0.201$），类别和年龄段的交互效应也不显著（F（1，59）=0.010，$p=0.922$）。结果表明各组被试在范畴边界位置上差别不大。

3.2 塞音送气的区分实验

经数据筛查，6—8岁TD组2人、10—12岁ASD组2人、10—12岁TD组1人的数据被剔除。图2展现了余下的四组儿童被试对于/bu/—/pu/语音连续统的区分正确率。各组的区分曲线都有明显的“山峰”，而且各组儿童的区分峰位置都与识别实验的范畴边界位置对应。从范畴边界位置和区分峰位置的对应关系上而言，四组儿童对/bu/—/pu/语音连续统的感知都符合范畴化的特点。

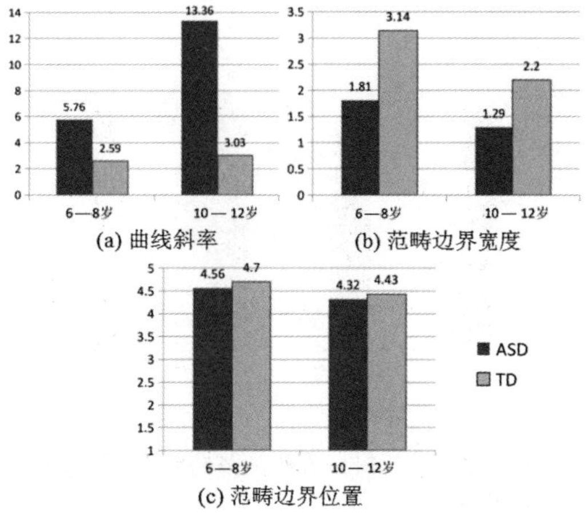

图3 塞音送气的识别实验结果

四组儿童对于/bu/—/pu/语音连续统的范畴间区分正确率和范畴内区分正确率如图4所示。2范畴类型（范畴间/范畴内）×2儿童类别（ASD/TD）×2年龄段（6—8/10—12）的三因素重复测量方差分析显示，只有范畴类型的主效应显著（F（1，58）=71.928，$p<0.001$），范畴间区分正确率显著高于范畴内。范畴类型和儿童类别的交互效应不显著（F（1，58）=0.350，$p=0.556$），范畴类型和年龄段的交互效应不显著（F（1，61）=0.145，$p=0.705$），范畴类型、儿童类别、年龄的三阶交互效应也不显著（F（1，61）=1.621，$p=0.208$）。该结果表明，不同类别、不同年龄段的儿童被试，都是范畴间区分优于范畴内区分。进一步的简单效应分析显示，四组儿童的范畴间区分正确率都显著高于范畴内区分正确率（$p<0.010$），表明四组儿童对塞音送气的区分都具备范畴感知的特征。

为了探究可能影响塞音送气/不送气

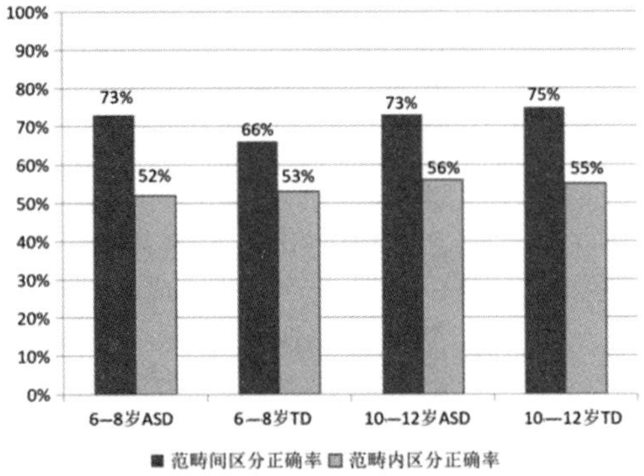

图4 塞音送气区分实验的范畴间与范畴内区分正确率

区分能力的因素，我们分析了范畴间区分正确率、范畴内区分正确率与所有被试的总智商、言语智商、操作智商、月龄、舒尔特分数等人口生态指标之间的皮尔逊相关系数，发现范畴间区分正确率与舒尔特分数有显著的弱负相关（r = －0.272，p＝0.032），范畴内区分正确率与舒尔特分数有显著的中等程度负相关（r = －0.430，p＜0.001）。这说明，注意力水平越高，对塞音送气/不送气的区分越好。

3.3 声调的辨认实验

我们剔除了6—8岁ASD组2人、6—8岁TD组2人，10—12岁ASD组1人与10—12岁TD组2人的数据。余下的四组儿童被试对于/i2/—/i1/语音连续统的辨认结果如图5所示。我们采用二元逻辑回归分析获得识别曲线的模拟方程，从而得出/i1/识别曲线的斜率值、范畴边界位置和范畴边界宽度。

图6（a）呈现了各组儿童/i1/识别曲线的斜率均值。双因素方差分析显示，儿童类别主效应不显著（F（1，46）＝2.835，p＝0.099），年龄段主效应不显著（F（1，46）＝0.861，p＝0.358），儿童类别和年龄段的交互效应也不显著（F（1，46）＝1.963，p＝0.168）。结果表明不同类别、不同年龄段儿童的斜率值差异不大。

图6（b）呈现了各组儿童范畴边界宽度的均值。双因素方差分析显示，儿童类别的主效应不显著（F（1，46）＝0.162，p＝0.290），年龄段的主效应不显著（F（1，46）＝0.401，p＝0.530），儿童类别和年龄段的交互效应也不显著（F（1，46）＝0.000，p＝0.900）。该结果表明不同类别、不同年龄儿童的范畴边界宽度差异不大，这与斜率绝对值的结果

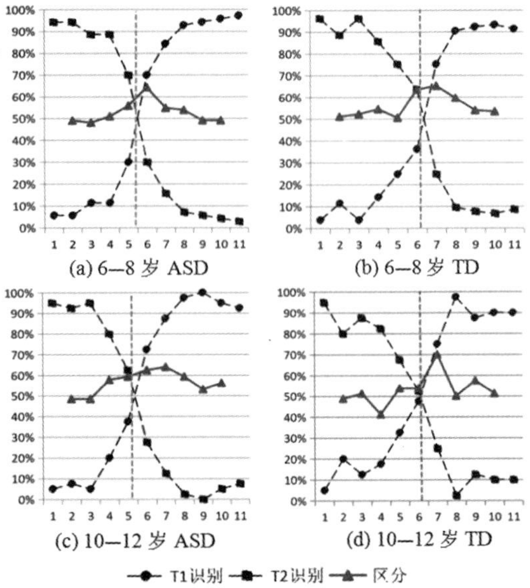

图5 声调感知实验的识别和区分曲线

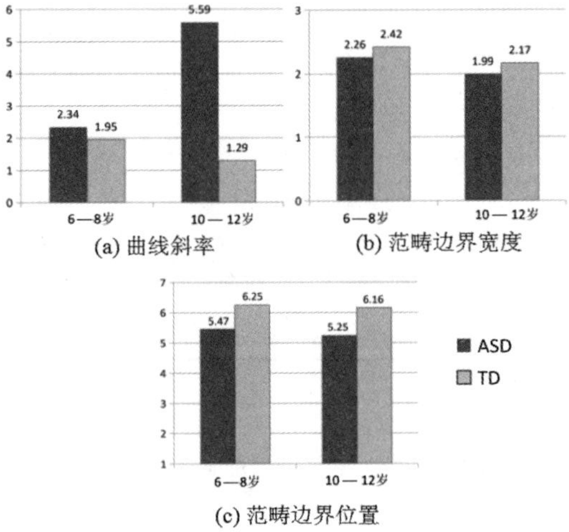

图6 声调的识别实验结果

一致。

图6（c）呈现了各组儿童范畴边界位置的均值。两组ASD儿童的范畴边界都位于刺激5到6之间（131—134 Hz），而两组TD儿童范畴边界都位于刺激6到7之间（134—137 Hz）。双因素方差分析显示，儿童类别的主效应显著（F（1，46）=13.318，$p=0.001$），年龄段的主效应不显著（F（1，46）=0.459，$p=0.501$），组别和年龄段的交互效应也不显著（F（1，46）=0.077，$p=0.582$）。该结果表明ASD儿童的范畴边界位置比TD儿童更靠近/i2/。

3.4 声调的区分实验

数据筛查剔除了6—8岁ASD组1人、6—8岁TD组1人、10—12岁ASD组1人的数据。图5展现了余下的四组儿童被试对于/i2/—/i1/语音连续统的区分结果。6—8岁的ASD儿童和TD儿童，以及10—12岁TD儿童的区分曲线都有明显的区分峰，而且这三组儿童的区分峰位置都与范畴边界位置对应。但是，10—12岁ASD儿童的区分曲线较平缓，峰值不明显，而且不能与范畴边界位置对应。从范畴边界位置和区分峰位置的对应关系上看，6—8岁ASD儿童和TD儿童、10—12岁TD儿童对/i2/—/i1/语音连续统的感知为范畴感知，但是10—12岁ASD儿童没有典型的范畴感知特性。

图7呈现了四组儿童对于/i2/—/i1/语音连续统的范畴间与范畴内区分正确率。三因素重复测量方差分析结果显示：范畴类型的主效应显著（F（1，49）=32.034，$p<0.001$），范畴间区分正确率显著高于范畴内；范畴类型和儿童类别的交互效应不显著（F（1，49）=1.197，$p=0.275$），范畴类型和年龄段的交互效应不显著（F（1，49）=0.257，$p=0.619$）；范畴类型、儿童类型、年龄段的三阶交互效应也不显著（F（1，49）=0.435，$p=0.513$）。该结果表明，不同类型和年龄的被试都是范畴间的语音区分优于范畴内。进一步的简单效应分析显示，6—8岁ASD儿童和TD儿童、10—12岁TD儿童的范畴间区分正确率都显著高于范畴内（$p=0.004$，$p<0.001$，$p=0.002$），但是10—12岁ASD儿童的范畴间与范畴内区分正确率无显著差异（$p=0.163$）。结果表明，6—8岁ASD儿童和TD儿童、10—12岁TD儿童对声调的区分是范畴化的，但是10—12岁ASD儿童对声调的区分缺乏范畴化特征。

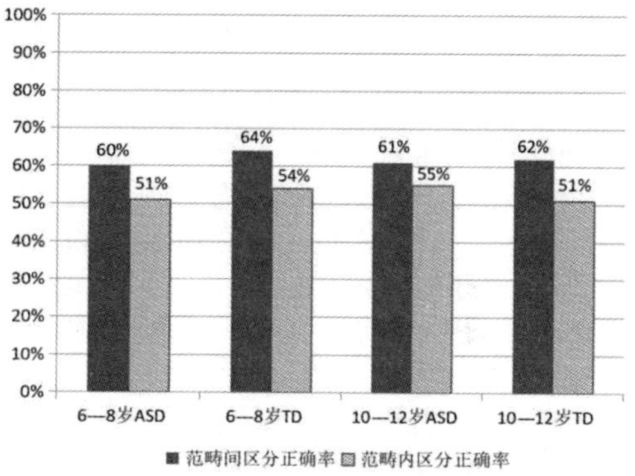

图7 声调区分实验范畴间与范畴内区分正确率

为了探究10—12岁ASD儿童的范畴间与范畴内区分正确率没有显著差异的原因，我们进一步做了简单效应分析，发现10—12岁ASD儿童的范畴内区分正确率显著大于6—8岁ASD儿童（$p=0.048$），边缘性显著大于10—12岁TD儿童（$p=0.053$）。所以，10—12岁ASD儿童的范畴内区分正确率偏高，可能是造成其声调感知非范畴化的原因。

为了探究可能影响声调区分能力的因素，我们对所有被试做了相关性分析，却没有发现范畴内或范畴间区分正确率与任何因素有显著相关。进一步，我们单独考察ASD组发现，其范畴内区分正确率，与月龄有显著的中等程度正相关（$r=0.520$，$p=0.016$）；而且与总智商、操作智商都有显著的中等程度负相关（总智商$r=-0.456$，$p=0.038$；操作智商$r=-0.463$，$p=0.034$），但这实际上只是体现了与月龄的正相关性，因为本研究10—12岁ASD组的各项智商都显著低于6—8岁ASD组。

4. 讨论

4.1 基于VOT变化的塞音送气范畴感知

基于VOT渐变的/bu/—/pu/语音连续统的感知实验发现，ASD儿童对塞音送气/不送气的感知为范畴感知，而且范畴性强于TD儿童，表现为在识别实验中ASD儿童的识别曲线斜率更陡、范畴边界更窄（在区分实验中两组儿童的表现没有明显差异）。

根据知觉功能促进化理论（Enhanced Perceptual Functioning，EPF），ASD患者具有增强的低层次处理能力，更擅长加工局部信息，可能正是这种低阶感知优势使他们对短暂时间变化比TD儿童更加敏感。但是，这似乎与前人研究结果有矛盾，例如文献［9，15］发现ASD患者在非言语信号的时长感知上不如健康对照组。不过，以往研究设计的任务时长都在200 ms以上；而在本实验中，VOT时长为0—80 ms，属于短时信息处理。一般来说，大脑对短时信息的处理机制不同于长时信息，长时信息更依赖工作记忆，而短时信息更倾向自动加工。所以，ASD患者可能只对短时信息存在低阶感知优势。

我们注意到，ASD儿童对塞音送气/不送气的范畴感知强于TD儿童的发现，也不同于前人研究［9，12，16，17］对元音时长感知的结论（ASD儿童与TD儿童无显著差异、甚至不如TD儿童）。这仍然可能是长时与短时信息的处理机制不同造成的，因为元音持续时间较长（前人研究都在100—400 ms，时长差异50—100 ms），而本实验的塞音VOT在0—80 ms、步长只有10 ms。此外，前人的元音感知研究采用的都是oddball范式的神经生理实验，本文采用的是行为实验。同样是听声音，神经生理实验不需要耗费注意力，而行为实验需要集中注意力做反应，两者的感觉和认知过程未必相同［23］。这些都可能造成实验结果的差异。

4.2 基于基频变化的声调范畴感知

基于/i2/—/i1/基频渐变语音连续统的感知实验发现，6—8岁ASD和TD儿童的声调感知都有范畴性且无显著差异，而10—12岁ASD与TD儿童相比，ASD儿童的声调感知缺乏范畴性。

其中，10—12岁ASD儿童对声调感知的范畴性不仅弱于TD儿童，而且弱于6—8岁ASD儿童。相关性分析显示，ASD儿童的范畴内区分正确率与月龄呈中等程度正相关，而范畴间区分正确率与月龄无显著相关性，因此10—12岁ASD儿童对范畴内音高变化的感知比6—8岁ASD儿童更敏感（低阶音高感知能力随月龄而增长）、而对与调位有关的范畴间音高变化的感知并未随月龄而变化。

事实上，前人针对6—8岁ASD儿童的行为实验研究［2］以及针对9—13岁ASD儿童的神经电生理实验研究［23］都显示，ASD儿童的声调范畴感知能力弱于年龄匹配的TD儿童。本研究只有10—12岁ASD的结果与［23］一致，但是6—8岁ASD儿童的结果与［2］并不一致，而是表现出与TD儿童几乎同样的范畴性。

值得注意的是，文献［2，23］不仅被试数量较少（特别是［2］只有11名ASD被试），而且ASD与TD被试仅在操作智商上匹配，在总智商、言语智商，尤其在注意力水平上都没有匹配，所以结论存疑。而本文6—8岁ASD被试数量更充足，在总智商、言语智商、注意力水平上都与TD组匹配，且通过数据可信度筛查保证了分析数据的有效性。因此，本文对6—8岁ASD儿童的实验结果更加可靠。但是，本文对10—12岁ASD儿童被试的选取恰恰与［23］一样有明显不足（人数偏少、且智商指标未能匹配），因此虽然当前结果与［23］一致，但仍需今后重新完善10—12岁ASD儿童的实验。

此外，实验还发现ASD儿童的声调感知范畴边界位置与TD儿童有显著差异，ASD儿童更偏向阳平端。事实上，前人研究显示，阴平/阳平的感知范畴边界，成人比儿童更偏向阳平端［27］，母语者比二语学习者更偏向阳平端［20］，安静环境下比噪声环境下更偏向阳平端［28］。因此，ASD儿童的感知范畴边界位置比

TD 儿童更靠近成人的典型值，在这一指标上 ASD 儿童又一次体现了优势。

5. 结论

本文在控制被试的月龄、智商、注意力水平等因素的前提下，分别考察了6—8岁和10—12岁的 ASD 与 TD 儿童对 VOT 渐变产生的/bu/—/pu/连续统、对基频渐变产生的/i2/—/i1/连续统的感知。实验发现，对塞音送气/不送气的感知范畴性，ASD 儿童强于 TD 儿童。对阴平/阳平调的感知范畴性，6—8岁 ASD 儿童与 TD 儿童相当，而10—12岁 ASD 儿童弱于 TD 儿童；但是，两组 ASD 儿童的感知范畴边界都比 TD 儿童更接近成人的典型值。ASD 儿童的低阶信息感知优势可能是导致其语音感知特性有别于 TD 儿童的主要原因。当然，由于10—12岁 ASD 儿童被试人数较少、智商指标未能匹配，今后还需对该年龄段儿童做更深入完善的研究。

6. 致谢

本文研究得到了国家社会科学基金重大项目"社会情感的语音生成与认知的跨语言跨文化研究"（13&ZD189）、江苏高校哲学社会科学优秀创新团队建设项目"融合人文—教育—科技—康复的语言学交叉创新研究"（2017STD006）的经费支持。

参考文献

[1] Bonnel, A., Mottron, L., Peretz, I. 2003. Enhanced pitch sensitivity in individuals with autism: a signal detection analysis. *Journal of Cognitive Neuroscience* 15, 226–235.

[2] Chen, F., Yan, N., Pan, X., et al. 2016. Impaired categorical perception of Mandarin tones and its relationship to language ability in autism spectrum disorders. *processings of INTERSPEECH 2016*, San Francisco, 233–237.

[3] Ferri, R., Elia, M., Agarwal, N., et al. 2003. The mismatch negativity and the P3a components of the auditory event-related potentials in autistic low-functioning subjects. *Clinical Neurophysiology* 114, 1671–1680.

[4] Gomot, M., Giard, M. H., Adrien, J. L., et al. 2002. Hypersensitivity to acoustic change in children with autism: Electrophysiological evidence of left frontal cortex dysfunctioning. *Psychophysiology* 39, 577–584.

[5] Harrison, J., Hare, D. J. 2004. Brief report: Assessment of sensory abnormalities in people with autistic spectrum. *Journal of Autism and Developmental Disorders* 34, 727–730.

[6] Heaton, P., Pring, H. L. 1998. Autism and pitch processing: A precursor for savant musical ability? *Music Perception: An Interdisciplinary Journal* 15, 291–305.

[7] Heaton, P. 2003. Pitch memory, labelling and disembedding in autism. *Journal of Child Psychology and Psychiatry* 44, 543–551.

[8] Heaton, P., Hudry, K., Ludlow, A., et al. 2008. Superior discrimination of speech pitch and its relationship to verbal ability in autism spectrum disorders. *Cognitive Neuropsychology* 25, 771–782.

[9] Huang, D., Yu, L., Wang, X., et al. 2018. Distinct patterns of discrimination and orienting for temporal processing of speech and nonspeech in Chinese children with autism: An event-related potential study. *European Journal of Neuroscience* 47, 662–668.

[10] Jiang, J., Liu, F., Wan, X., Jiang, C. 2015. Perception of melodic contour and intonation in autism spectrum disorder: Evidence from Mandarin speakers. *Journal of Autism and Developmental Disorders* 45, 2067–2075.

[11] Järvinen-Pasley, A., Wallace, G. L., Ramus, F., Happé, F., Heaton, P. 2008. Enhanced perceptual processing of speech in autism. *Developmental Science* 11, 109–121.

[12] Kasai, K., Hashimoto, O., Kawakubo, Y., et al. 2005. Delayed automatic detection of change in speech sounds in adults with autism: A magnetoencephalographic study. *Clinical Neurophysiology* 116, 1655–1664.

[13] Kuhl, P. K. 2003. Human speech and birdsong: Communication and the social brain. *Proceedings of the National Academy of Sciences of the United States of America* 100, 9645–9646.

[14] Kuhl, P. K., Coffey-Corina, S., Padden, D., et al. 2005. Links between social and linguistic processing of speech in preschool chil-

dren with autism: behavioral and electrophysiological measures. *Developmental Science* 8, F1 - F12.

[15] Lambrechts, A., Falter-Wagner, C. M., Wassenhove, V. V. 2018. Diminished neural resources allocation to time processing in Autism Spectrum Disorders. *Neuroimage Clinical* 17, 124 - 136.

[16] Lepisto, T., Kujala, T., Vanhala, R., et al. 2005. The discrimination of and orienting to speech and non-speech sounds in children with autism. *Brain Research* 1066, 147 - 157.

[17] Lepisto, T., Silokallio, S., Wendt, N. V., et al. 2006. Auditory perception and attention as reflected by the brain event-related potentials in children with Asperger syndrome. *Clinical Neurophysiology* 117, 2161 - 2171.

[18] Mottron, L., Peretz, I., Ménard, E. 2000. Local and global processing of music in high-functioning persons with autism: Beyond central coherence? *Journal of Child Psychology & Psychiatry & Allied Disciplines* 41, 1057 - 1065.

[19] Moulines, E., Laroche, J. 1995. Non-parametric techniques for pitch-scale and time-scale modification of speech. *Speech Communication* 16, 175 - 205.

[20] Peng, G., Zheng, H. Y., Gong, T., et al. 2010. The influence of language experience on categorical perception of pitch contours. *Journal of Phonetics* 38, 616 - 624.

[21] Pisoni, D. B. 1973. Auditory and phonetic memory codes in the discrimination of consonants and vowels. *Perception & Psychophysics* 13, 253 - 260.

[22] Tsao, F. M., Liu, H. M., Kuhl, P. K. 2004. Speech perception in infancy predicts language development in the second year of life: A longitudinal study. *Child Development* 75, 1067 - 1084.

[23] Wang, X. Y., Wang, S. P., Fan, Y. B., et al. 2017. Speech-specific categorical perception deficit in autism: An Event-Related Potential study of lexical tone processing in Mandarin-speaking children. *Scientific Reports* 7, 43254.

[24] Xu, Y., Gandour, J. T., Francis, A. L. 2006. Effects of language experience and stimulus complexity on the categorical perception of pitch direction. *Journal of the Acoustical Society of America* 120, 1063 - 1074.

[25] Yu, L. D., Fan, Y. B., Deng, Z. Z., et al. 2015. Pitch processing in tonal-language-speaking children with autism: An event-related potential study. *Journal of Autism and Developmental Disorders* 45, 3656 - 3667.

[26] Zhang, C., Jing, S., Huang, X., et al. 2017. Deficits of congenital amusia beyond pitch: Evidence from impaired categorical perception of vowels in Cantonese-speaking congenitalamusics. *Plos ONE* 12, e0183151.

[27] 冯燕:《儿童普通话音位范畴感知及其发展》，硕士学位论文，华中师范大学，2018 年。

[28] 孟亚茹:《言语噪声下青少年普通话音位范畴感知及其发展》，硕士学位论文，华中师范大学，2019 年。

黄蔚雯 南京师范大学文学院，硕士毕业生。
E-mail: 793212267@ qq. com

任姝童 南京师范大学文学院，在读硕士生。
E-mail: rshutong@ foxmail. com

顾文涛 通讯作者。南京师范大学教授，博士，研究领域为实验语音学与言语工程，主要专长为语音产出与感知、韵律分析和建模、情感语音交际、言语听觉障碍等。
E-mail: wtgu@ njnu. edu. cn

EFFECTS OF SYLLABLE STRUCTURES ON THE PERCEPTION OF L2 ENGLISH LEXICAL STRESS AMONG TEENAGE MANDARIN LISTENERS

ZHOU Weijing, ZHAN Lamei, NOLAN Francis,
GONG Jian, XUE Xiaojiao, WANG Zhiyan

Abstract This study explores the effects of syllable structures on the perception of L2 English lexical stress among Chinese junior ELF learners. Specifically, it focuses on to what extent syllable numbers and syllable patterns differentiate the subjects' perception of target English lexical stress. The subjects were 93 junior middle-school students from two natural classes in Grade 7. The target lexical stress was the primarily stress placed on the 1stand 2nd syllables respectively, which were embedded in two kinds of carrier words (nonsense & real English words) with three types of syllabic patterns (CVC. V, CVC. VC & CVC. CVC). The subjects first listened to the stimuli read by a British RP phonetician in falling tone and then did the perception tests in the pen-and-paper manner. Their correct perception ratios (CPRs) of the target English lexical stress were calculated and compared according to syllable numbers and syllable patterns. The results reveal that the CPRs of L2 English lexical stress in disyllabic words significantly outperformed those in trisyllabic words, and that among the disyllabic words, the CPRs ranked top, second, and bottom with the disyllabic patterns of CVC. V, CVC. CVC, and CVC. VC, respectively. The findings provide considerable evidence for the impact of syllabic structures on teenage Mandarin listeners' perception of L2 English lexical stress.
Key Words Perception of L2 English lexical stress, Syllable structures, Teenage Mandarin listeners

1. INTRODUCTION

Lexical stress, or word stress, is the stress or prominence placed on a given syllable in a word. That prominence is typically realized with such properties as the increased duration, fundamental frequency, and signal amplitude of stressed syllable, full articulation of the vowel, and changes in tone [5, 6]. Perceptually, these acoustic features correspond to timing, pitch, and loudness [1] .

Lexical stress is language specific. It depends on certain general rules applicable in certain language, whereas it must be learned for each word in other languages, as it is largely unpredictable. So, some languages have fixed lexical stress pattern, meaning that the stress on virtually any multisyllabic words falls on a particular syllable, such as on the first (e. g. Finnish), the penultimate (e. g. Polish) or the last (e. g. French). Some languages, like English and Spanish, have free lexical stress, where the position of stress in a word is not predicable at all in that way but lexically encoded. Quite often in these languages more than one level of lexical stress, such as primary stress and secondary stress, are identified. Still, some other languages are analyzed as lacking distinctive lexical stress entirely (e. g. Mandarin), for lexical stress is not necessarily a feature of the language.

Native experience with a particular stress can result in difficulties when one tries to learn different stress patterns of a foreign language. A series of stress studies done by Dupoux and his colleagues revealed that French listeners had obvious barriers in discriminating Spanish stress contrasts, and claimed that native listeners of language with a fixed stress system could experience "stress deafness" when exposed to a contrastive stress language [2-4]. A number of studies also suggested that English and Mandarin listeners showed different patterns for the processing of acoustic cues to English lexical stress, and that they usually encountered considerate difficulties in the perception of English lexical stress [11, 12], largely because Mandarin and English fall into different categories of lexical stress patterns. However, one elementary aspect, closely related to this issue but long neglected, is that Mandarin differs from English in syllabic structure. Unlike the vocabulary in English, which is largely multisyllabic, Mandarin words are usually monosyllabic. This distinctive syllabic feature accounts for the rhythmic patterns of Mandarin as a syllable-timed language and English as a stress-timed one on the other hand [7, 8]. Therefore, it is of significance to investigate the effect of syllable structures on Mandarin listeners' perception of English lexical stress.

2. FOCUS OF THE STUDY

Given the pivotal role of lexical stress in the acquisition of English, segmentally and suprasegmentally, and the essential of syllable structures on the rhythmic patterns of both English and Mandarin, the present study intends to address the following research questions:

1) To what extent do syllable numbers affect teenage Mandarin listeners' perception of English lexical stress?

2) To what extent do syllable patterns affect teenage Mandarin listeners' perception of English lexical stress?

3. METHODS

3.1 Subjects

The subjects of the present study were 93 junior middle-school students from two natural classes in Grade 7 at an Experimental Middle-School in Jiangsu Province, China. Among them, 46 were females and 47 were males, and the average age of them were 14.2 years old. When the experiment was conducted, they had just transferred from primary school to junior middle-school for about three months. Thus, to a great extent, their perception of English lexical stress could represent the perceptional competence of English lexical stress at the critical period from primary to secondary levels, and the findings of the present study would have the potential to generate some pedagogical implications for the teaching of English pronunciation at critical period in Chinese EFL contexts.

3.2 Stimuli

The target English lexical stress chosen for the experiment was the primary stress embedded in two kinds of carrier words, i.e. nonsense words and real words in English. which fell into two categories according to the numbers of syllables (i.e. disyllabic and trisyllabic) and three types according to the patterns of syllables (i.e. CVC.V, CVC.VC, and CVC.CVC).

As it has been proved that, for both English and Mandarin listeners, vowel quality and duration significantly outperform other cues in the perception of English lexical stress [7, 8, 12], the carrier words in the stimuli list of the present study included all the potentially stressed vowels in English vocalic inventory. That is, the target stressed syllables had the full distribution of all the full vowels except schwa /ə/ (i.e. 19 English vowels: /iː, ɪ, e, æ, ɜː, ʌ, ɑː ɒ, ɔː, ʊ, uː, aɪ, ɔɪ, eɪ, ɪə, eə, ʊə, aʊ, əʊ/), as schwa /ə/ is a unique vowel in English, partly because it never occurs in a stressed syllable of any real English word and partly because it can be an allophone of any reduced vowel in unstressed syllables. For the nonsense word, only two long vowels, i. e. /ɑː/ and /iː/, were chosen as the nuclear of the stressed syllable, and two nasals, i. e. /m/ and /n/, as both the onset and coda of the stressed syllable [9], because they are highly shared by English and Mandarin in their phonological inventories.

The stimuli list for the syllable number effect consisted of 20 nonsense words and 76 real English words. They were 8 disyllabic (4 ×2) and 12 trisyllabic (6 ×2) nonsense words plus 38 disyllabic (19 ×2) and 38 trisyllabic (19 ×2) real English words. Each set of carrier words had one half with the stress locus on the first syllable and the other half on the second syllable. Thus, the effects of syllable numbers on the subjects' perception of English lexical stress could be traced in line with the subjects' CPRs of target lexical stress both in nonsense and real words via Paired Samples T-Tests.

As it is more pervasive for English to have disyllabic words as lexical roots instead of trisyllabic ones, and that most of Germanic languages, including English, usually locate the primary lexical stress on the first syllable, the stimuli list for the syllable pattern effect only consisted of 57 disyllabic real English words. They were carefully selected according to three basic disyllabic patterns in English vocabulary, i. e. CVC. V, CVC. VC, and CVC. CVC, strictly guided by syllabification approach of *Longman Pronunciation Dictionary* [10]. Therefore, it was assumed that the effects of syllable patterns on the subjects' perception of English lexical stress could be inferred from their CPRs of target lexical stress via ANOVA and *post-hoc* comparisons.

All thereal English words were selected from English learning materials, specifically, 87.9% from Junior English Textbooks, 8.2% from extra-curriculum reading materials for junior middle-school students, and 3.9% from Longman Pronunciation Dictionary [10]. All the stimuli words and their locus of lexical stress were double-checked among the research members from China and UK. The confirmed stimuli were then read and recorded by a British RP phonetician in the Phonetic Laboratory of University of Cambridge, UK. The recordings were then digitalized, segmented, and modified in the pauses between every two adjacent carrier words based on pilot studies. The final between-word pause interval was 1.5 seconds for disyllabic and 2 seconds for trisyllabic words.

3.3 Data collection and analysis

The perceptional experiment was carried out in a quiet language learning classroom at the middle school by the second author during her internship as an English teacher at the school. During the experiment, the teacher played the audio stimuli while the subjects listened to the stimuli via headphones and did their perception test in a pen-and-paper manner. All the target stressed syllables were both capitalized and underlined in bold fonts, such as in <u>RE</u>cord (stress locus on the first syllable) and re<u>CORD</u> (stress locus on the second syllable).

Before the experiment, there was a brief training session for 5 minutes to get the subjects familiar with the task. The material for the training was a miniature of the experiment as follows:

Directions: Listen to each word twice and pay attention to its primary lexical stress. Then select the right letter beside the word which best represents the lexical stress you hear. Finally, fill in the right letter in the brackets.

Examples:

( ) picture A: <u>PIC</u>ture
B: pic<u>TURE</u>

( ) romantic A: <u>RO</u>mantic

B: roMANtic C: romanTIC

4. RESULTS

4.1 Effects of syllable numbers

Table 1 Paired Samples T-Test results of mean CPRs of target lexical stress between disyllabic & trisyllabic words

Syllable number	N	Mean (%)	SD	df	t	p
2sylNsW	93	61.45	0.19	92	6.63	< .001
3sylNsW	93	45.38	0.21	92		
2sylW	93	59.93	0.09	92	13.41	< .001
3sylW	93	44.61	0.13	92		

Notes: 2sylNsW = disyllabic nonsense words
3sylNsW = trisyllabic nonsense words
2syW = disyllabic real words
3syW = trisyllabic real words

As shown in Table 1, Figure 1 and Figure 2, the subjects' average CPRs of English disyllable nonsense and real word are 61.45% and 59.93%, and those of English trisyllabic nonsense and real word are 45.38% and 44.61%, demonstrating that the subjects perceived the lexical stress much better in disyllabic words than in trisyllabic words. Paired Samples T-Tests further proved that their outperformance in disyllabic words is hugely significant (nonsense words: F (92) = 6.63, $p < .001$; real words: F (92) = 13.41, $p < .001$). It is thus reveals that the number of syllables in English words does affect Mandarin teenagers' perception of L2 English lexical stress, and that the more syllables an English word has, the lower correct perception rates Mandarin young learners of English probably encounter.

4.2 Effects of syllable patterns

The effects of syllable patterns on the subjects' perception of target lexical stress

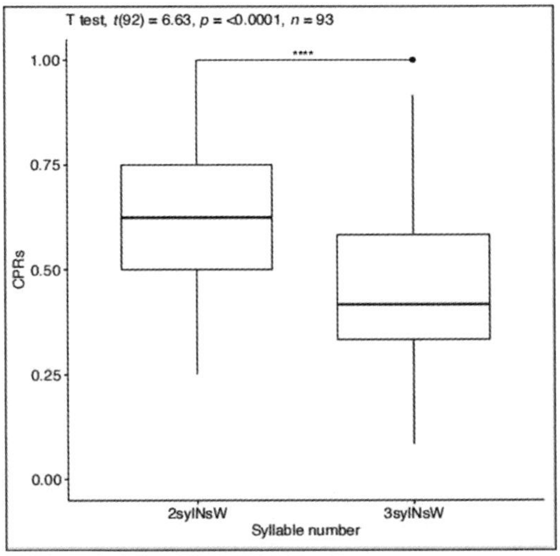

Figure 1 Plots of CPRs of target lexical stress between disyllabic andtrisyllabic nonsense words

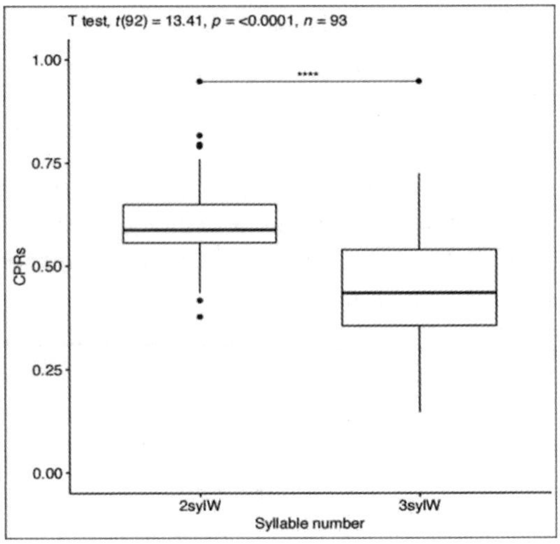

Figure 2 Plots of CPRs of target lexical stress between disyllabic and trisyllabic real words

were generated by ANOVA and *post-hoc* tests between the mean CPRS of target lexical stress between three types of syllable patterns (see Table 2, Table 3 and Figure 2).

Table 2 ANNOVA results of mean CPRs of target lexical stress between three types of syllable patterns

Syllabic type	N	Mean (%)	SD	df	F	p	η^2
CVC. V	93	63. 21	0. 12	2	3. 80	0. 023	0. 27
CVC. VC	93	58. 18	0. 14				
CVC. CVC	93	61. 09	0. 13				

As shown in Table 2 and Figure 3, the average CPR of English lexical stress in the carrier words with the disyllabic patterns of CVC. V, CVC. VC, and CVC. CVC are 63. 21%, 58. 18%, and 61. 09%, respectively. Results of ANOVA demonstrated significant differences between the subjects' overall CPRs of the target lexical stress in the carrier words with three types of syllable structures ($F(2, 183) = 3.80$, $p = .023$, $\eta^2 = 0.27$). and the results of Post Hoc Comparisons displayed that the CPRs of target lexical stress in the carrier words between the CVC. V and CVC. CVC is also significant ($F(2, 276) = 2.75$, $p = .006$), although both the CPRs between CVC. V and CVC. CVC and those between CVC. VC and CVC. CVC are not.

Table 3 Post-hoc tests results of mean CPRs of target lexical stress between three types of disyllable patterns

Syllabic type		MD	df	t	p
1	2	0. 051	276	2. 75	0. 006
	3	0. 029	276	1. 56	0. 119
2	3	-0. 022	276	1. 18	0. 237

Notes: 1 = CVC. V 2 = CVC. VC 3 = CVC. CVC
MD = Mean Difference

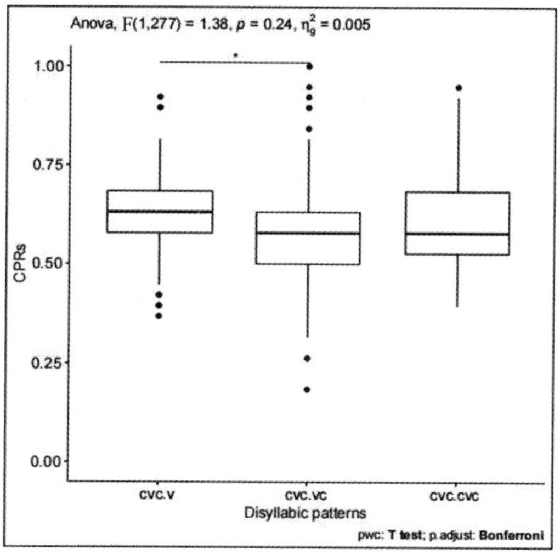

Figure 3 Plots of CPRs of target lexical stress between three types of disyllable patterns

5. DISCUSSION

Lexical stress plays a crucial role in the perception and production of English, both segmentally and suprasegmentally. Its realization is deeply embedded in the syllabic structures of English words, which shapes the non-native rhythm to Mandarin ears. However, little is explored on the relationship between lexical syllable structures and Mandarin ears' perception of English lexical stress. Via an experimental study and systematic data analysis, the present study first revealed that the subjects' perception of English lexical stress was both considerably and consistently better in disyllabic words than in trisyllabic words, no matter they were nonsense words or real words. The significant difference could be accounted for by the monosyllabic nature of Mandarin word, which enabled teenage Mandarin subjects to be familiar with and competent in perceiving unpredictable lexical stress in multisyllabic English words. To a large extent, it proves that to Mandarin native ears, the more syllables a word has, the more difficulties Mandarin ears may have picking up the primary stress of the word.

Second, the present study also displayed a hierarchical order of threshold easiness in the subjects' CRPs of the lexical stress in disyllabic English words with three disyllabic patterns: CVC. V > CVC. CVC > CVC. VC. As the locus of the lexical stress is on the first syllable made of typical English syllable structure CVC, what accounted for the difference is the structure of the three types of the second syllable, i. e. V, CVC or VC. Although CV is the most dominant syllabic pattern in Mandarin, V and CVC are also common and pervasive. First, all the six monophthongs (Pinyin: a, o, e, i, u, ü) serve well as an independent syllable or a word, such as 啊 (ā), 鹅 (é), 雾 (ù). Second, CVC, to be more accurate, "onset + vowel + nasal /n, ŋ/", like 品 (pǐn)、听 (tīŋ)、烫 (tàŋ), is also a typical syllable structure for Chinese words. However, VC is a very rear or very unproductive syllabic pattern in Mandarin. Therefore, the variation among the Mandarin teenagers' perception of English lexical stress in the words with different syllabic patterns could be assumed to result from syllabic patterns of their L1 Mandarin.

In short, the findings from the above two aspects manifest the substantial effects of L1 Mandarin syllable structures on teenage Mandarin listeners' perception of non-native English lexical stress in disyllabic and trisyllabic words. They are of pedagogical significance for teaching and learning English pronunciation in China. As the present study only included 2- and 3-syllable English words in the stimuli list for the effect of syllabic number and disyllable English words for the effect of syllable structures, future research should consider more than 2- and 3-syllabic words in the stimuli in addition to groups of older subjects so as to further test the generalizability of the outcomes resulted from the present study.

6. ACKNOWLEDGEMENTS

This work was supported by Project G2021901022 from China's Ministry of Science and Technology and Social Science Foundation of Jiangsu Province 18YYB009/20YYC018. Gratitude also goes to external examiner for his/her insightful comments and suggestions.

REFERENCES

[1] Cutler, A. 2005. Lexical stress. In: Pisoni, B, Remez, E. (eds), *The Handbook of Speech Perception.* Oxford: Blackwell, 264 – 289.

[2] Dupoux, E., Pallier, C., Sebastian, N., Mehler, J. 1997. A destressing "deafness" in French? *Journal of Memory and Language* 36, 406 – 421.

[3] Dupoux, E., Peperkamp, S., Sebastian-Galles, S. 2001. A robust method to study stress "deafness". *Journal of the Acoustical Society of America* 110, 1606 – 1618.

[4] Dupoux, E., Sebastian-Galles, N., Navarete, E., Peperkamp, S. 2008. Persistent stress "deafness": The case of French learners of Spanish. *Cognition* 106(2), 682 – 706.

[5] Fry, B. 1955. Duration and intensity as physical correlates of linguistic stress. *Journal of the Acoustical Society of America* 27(4), 765 – 768.

[6] Fry, B. 1958. Experiments in the perception of stress. *Language and Speech* 1(2), 126 – 152.

[7] Nespor, M., Shukla, M., Mehler, J. 2011. Stress-timed vs. syllable-timed languages. *The Blackwell Companion to Phonology.* Oxford: Blackwell, 1147 – 1159.

[8] Roach, P. 1983. On the distinction between "stress-timed" and "syllable-timed" languages. In: Crystal, D. (*ed*), *Linguistic Controversies*, London: Arnold, 73 – 79.

[9] Wells, J. C. 2006. *English Intonation.* Cambridge: Cambridge University Press, 2 – 5.

[10] Wells, J. C. 2008. *Longman Pronunciation Dictionary* (2nd). Edinburgh: Pearson.

[11] Yang, J. 2010. The effects of repeated listening and imitation on Mandarin college students' perception of English nuclear accents. *Foreign Languages Research* 4, 9 – 16.

[12] Zhang, Y. , Francis A. 2010. The weighting of vowel quality in native and non-native listeners' perception of English lexical stress. *Journal of Phonetics* 38, 260 – 271.

ZHOU Weijing PhD She is a distinguished professor of School of International Studies, Yangzhou University. Her research interests include phonetics and phonology, speech prosody, speech processing, applied phonetics, social phonetics, and L1 & L2 phonetic acquisition.
E-mail: zhouwj@ yzu. edu. cn

ZHAN Lamei MA She is an English teacher at Chuzhou High School, Huai' an, Jiangsu. Her research interests include second language acquisition and teaching of English pronunciation.
E-mail: 1977865568@ qq. com

NOLAN Francis PhD He is Professor of phonetics, University of Cambridge, UK. His research interests centre on phonetic theory, including phonetics in forensic science, prosody, the phonetic variations, practical phonetic skills, and experimental phonetics.
E-mail: fjn1@ cam. ac. uk

GONG Jian PhD He is an associate-professor at School of Foreign Languages, Jiangsu University of Science and Technology. His research interests include acoustic experiments, L2 speech processing and communication, and their applications to second language teaching.
E-mail: habaogi@ hotmail. com

XUE Xiaojiao PhD She is an associate-professor at School of International Studies, Yangzhou. Her research interests include applied linguistics, the mechanism of L2 English phonetic acquisition, and the Internet Plus model of L2 English phonetic teaching.
E-mail: xjxue@ yzu. edu. cn

WANG Zhiyan MA He has just graduated from School of International Studies, Yangzhou University, majoring in Experimental phonetics. His research interests include acoustic phonetics, experimental phonetics, and L2 phonetic Acquisition.
E-mail: 2408105452@ qq. com

Appendix

1. Nonsense disyllabic and trisyllabic words

Syllable number	Syllabic patterns	Locus of stress	Nonsense words
2-syllable	CV.CV	1st. syllable	mama · mani · nini · nima
		2nd. syllable	mama · mani · nini · nima
3-syllable	CV.CV.CV	1st. syllable	mamama · mamani · nimama · ninima · ninini · nimani
		2nd. syllable	mamama · mamani · nimama · minimal · ninini · nimani

2. Disyllabic and trisyllabic real words

Vowel of stressed syllable	2-syllable word				3-syllable word	
	Locus: 1st syllable			Locus: 2nd syllable	Locus: 1st syllable	Locus: 2nd syllable
	CVC.V	CVC.VC	CVC.CVC			
/iː/	peter	beacon	cheesecake	machine	mediate	museum
/ɪ/	city	ticket	picnic	consist	cinema	pacific
/e/	letter	lemon	helmet	success	celebrate	develop
/æ/	happy	carrot	lantern	Japan	camera	piano
/ɜː/	dirty	purpose	circlet	return	furniture	determine
/ʌ/	money	rubbish	public	result	company	encourage
/ɑː/	party	market	basket	giraffe	carbonate	banana
/ɒ/	dollar	wallet	concert	defog	monitor	tomorrow
/ɔː/	corner	format	ballroom	support	formula	euphoria
/ʊ/	cookie	bullet	bulwark	kaput	bulletin	rebooking
/uː/	rumor	lunar	useless	pollute	juvenile	maneuver
/aɪ/	tidy	pilot	nightcap	surprise	library	angina
/ɔɪ/	doily	boycott	pointed	deploy	loyalty	embroider
/eɪ/	baby	taken	takedown	today	radio	eraser
/ɪə/	nearly	period	beardless	sincere	seriously	material
/eə/	barely	caries	hairstyle	compare	rarefied	malaria
/ʊə/	poorly	focus	Moorcroft	mature	Uranus	caesura
/aʊ/	howdy	housing	mouthful	delouse	flowery	encounter
/əʊ/	motor	robot	coatroom	suppose	motivate	diploma

SYLLABLE-BASED ACOUSTIC SIMULATION PROCESS IN SECOND LANGUAGE PRODUCTION

LI Ya

Abstract This paper discusses how Chinese speakers produce English sonorant consonants embedded in syllable structures novel to them. It shows that speakers may simulate target second language (L2) sounds based on acoustically similar first language (L1) sounds and it is a rather complex process in which sonorant type, vowel context, and articulatory constraints all come into play. Particularly, simulation of L2 speech based on acoustic cues is found to occur not only at the segmental but also at the syllabic level in the English production of Chinese speakers. To explain this finding, the present study proposes an acoustic-articulatory model of L2 syllable production and assumes that the acoustic simulation process is syllable-based and the output form is guided by salient acoustic cues and modulated by both language general and specific coarticulatory mechanisms.

Keywords Acoustic simulation, Coarticulatory mechanisms, L2 syllable production

1. INTRODUCTION

L1 transfer is most often manifestedas segmental substitution. To understand how speakers substitute an L2 sound with an L1 sound is at the center of L2 speech research [1, 2, 5, 6, 7, 19]. These studies generally agree that L2 learners approach a target L2 sound from three levels: segmental, syllabic/moraic, and prosodic. L1 transfer at the first level has been studied the most, and numerous models have been proposed to explain how L1 influences perception and production of L2 segments. The Speech Learning Model (SLM) proposed by [11], for example, assumes that the mechanism of equivalence classification is an obstacle for L2 segmental acquisition. To acquire an L2 sound, learners need to discern its difference from an L1 sound and establish a new category for the L2 sound, or else accurate acquisition is difficult. However, the SLM does not specify what metrics that L2 learners use to gauge the perceived difference between L1 and L2 sounds, whether or not the metrics are acoustically, articulatorily, perceptually, or phonologically based [2, 6, 7]. As a result, exactly what constitutes a perceptual basis for segmental substitution is yet to be clarified.

In two earlier studies of L2 production of sonorant consonants conducted by [17] and [18], it is found that acoustic similarities between L1 and L2 sounds serve as a basis for segmental substitution, and L1 coarticulatory effects between rhotic/nasal sounds and adjacent vowels play an important role in shaping the output form of L2 syllables.

In addition, [9] found that not all L2 production patterns were related to L1 transfer: some could be attributed to general articulatory constraints such as aerodynamic and elasto-inertial effects. In order to tease apart language-specific factors from universal articulatory factors in L2 production, they modified the SLM by proposing the Perception-Production Model (PPM) of L2 segmental production. The PPM inherits the part of the SLM involving equivalence classification in the formation of old, similar, and new categories of sounds in L2 production; while in the meantime, it adds a new part involving production constraints that shape learner's output during the articulatory planning stage.

Note that neither SLM nor PPM has gone beyond L1 substitution at the segmental level. However, recent psycholinguistic research suggests the possibility for L1 substitution to occur at the syllabic level. Specifically, [21] and [22] proposed the proximate units principle based on their finding that languages differ in units of phonological encoding in speech production. This principle claims that the speech processing unit is not universally based on the phonemic template: some languages use the syllable template as the basic processing unit. Therefore, any theories of word production necessarily take linguistic diversity into consideration [21].

Specific to the Chinese language, [22] found that syllables were the primary units of processing at the early stage of phonological encoding in Chinese word production. Also, [27] found that L1 production of Chinese-English bilinguals showed both syllable and segment effects in processing units, so did their L2 production. These findings suggest that the syllable, just like the segment, can be a basic unit of speech production, depending on which language is involved.

The above research has prompted the present study to reanalyze the production data in [17] from a new perspective. Unlike the analysis in [17], which focuses on segmental substitution, the new analysis focuses on whole syllable substitution and reveals that the presumed segmental substitution is actually a result of L1 transfer at the syllabic rather than segmental level in Chinese speakers' English production. In support of this new analysis, the present study has collected new data and compared them with the 2008 data. Also, it has proposed the Acoustic and Articulatory Model of L2 syllable production (Hereafter AAM for short) to explain the findings.

By introducing the AAM, the present study is intended to answer two questions that previous models of segmental production have left open: what role acoustic cues play in helping L2 learners to produce an L2 syllable and what role coarticulation mechanisms play in determining the output form of the L2 syllable.

To do so, this paper first presents previous and current experimental findings and analyzes the production process in Section 2. Then it explains the AAM in Section 3 and concludes the paper in Section 4.

2. EXPERIMENTAL DATA

This section presents previous and current experimental data in support of the AAM. Due to space limit, only the data involving English rhotic sounds are presented. Section 2.1 describes the data and associated data collection and processing methods; Section 2.2 presents and compares results derived from the 2008 and current data; Section 2.3 analyzes the crucial acoustic simulation process in the L2 production and provides evidence for the AAM.

2.1 Data description, collection, and processing

Both English and Mandarin Chinese have rhotic sounds, but they are phonologically and phonetically different. In English, the rhotic sound /ɹ/ (corresponding to the letter *r*) is an approximant and can follow alveolar stops to form a cluster such as /tɹ/ (as in *tr*) in syllable initial position, whereas this combination is illegal in Mandarin Chinese.

In order to investigate how Chinese L2 learners produce the novel English /ɹ/ in novel syllable position, [17] conducted an acoustic study of English words *tree* (/tɹi/) and *true* (/tɹu/) produced by Chinese speakers. The Mandarin word *qù* (/tɕʰy/, 'go') was used to contrast the word *tree*. Also, the

Mandarin word *chù* (/tʂʰu/, 'touch') and the English word *chew* (/tʃʲu/) were used to contrast the word *true*. In addition, native production of the English test words was also recorded for comparison. The speech data were collected from 19 undergraduate students of Chinese nationality from a Canadian university, and they are all international students coming from China. They produced each test word in isolation and repeated 4 times. Each word token was transcribed into IPA symbols based on its spectrogram display in the sound analysis software Praat [4]. This can be done because different sounds have different spectral patterns. For example, the acoustic cue of /ɹ/ is a dipping F3, and the high, front vowel /i/ has a lower F1 and higher F2 than the high, back vowel /u/ [16]. For affricates such as /ʧ, tʂ, ʨ/, it takes a little more effort to identify their fricative part, as their spectral patterns are not always distinct. Therefore, a main acoustic parameter of fricatives, COG (Center Of Gravity, a measure of the spectral energy concentration location in a spectrum) was used to help decide their place of articulation [14].

Figure 1 respectively illustrates a native English male speaker and a Chinese male speaker's production of *tree*. Their difference can be seen clearly in the two spectrograms. On the left, the voiced part of *r* (i. e., [ɹ]) shows up as a typical dipping F3. In contrast, the F2, F3, F4 all go up as the sound changes from /ɥ/ to /i/.

Figure 2 respectively illustrates a native male speaker's production of *true* (left) and a Chinese male speaker's production *true* (center) and *chù* (right). The difference can be seen clearly in the three spectrograms. On the left spectrogram, the voiced part of *r* (i. e., [ɹ]) gain shows up as a typical dipping F3. In contrast, the center and right spectrograms show that the fricative part for /ʧ/ (supposed to be *tr*) has less energy concentration at the lower frequency region (indicated by the two arrows) and hence appears lighter than that of /tʂ/.

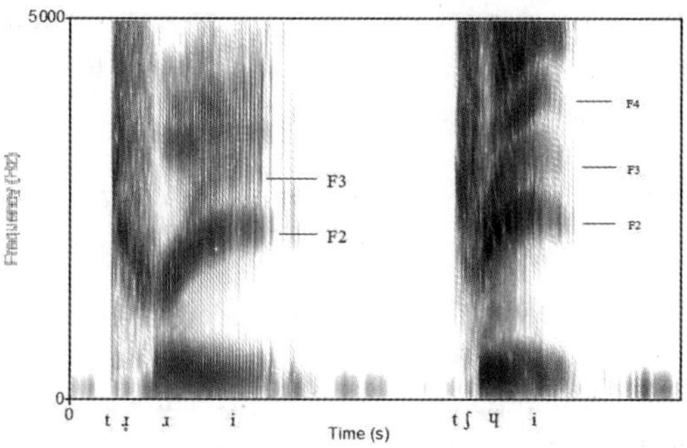

Figure 1 Spectrograms of *tree* produced by a native (left) and a Chinese (right) speaker

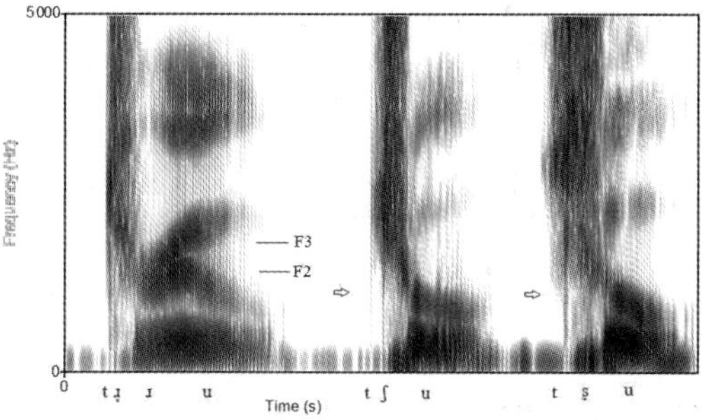

Figure 2 Spectrograms of *true* (left) produced by a native speaker and *true* and *chù* (center and right) produced by a Chinese speaker

As a supplement, the auditory judgment was performed by two trained phoneticians, one of them being the author and the other a native English speaker.

A similar method was used to collect current data from 27 undergraduate students in a Chinese university. Different from 19 speakers in the 2008 group, which all had at least one year experience of living and studying in Canada, 27 speakers in the current group have no oversea English learning experience. Therefore, their production may be less accurate than that of the 2008 group, but given the shared monosyllabic feature of the Chinese language, the present study assumes that Chinese speakers' production will be subject to the same syllable-based L1 processing constraint, regardless of speakers' individual language background.

2.2 Results

The production data of 2008 and current data were analyzed in terms of percentage of tokens associated with each type of production over all tokens of a test word. Results from the 2008 data are shown in Table 1.

Table 1 Results from the 2008 data

Token	Native - like production	Non - native production	
		English *ch* - like	Mandarin *ch* - like
tree (/tɹi/)	25% ([tɹɹ̥i])	62.5% ([ʧᶣi])	12.5% ([tʂʷi])
true (/tɹu/)	12.5% ([tɹɹ̥u])	25% ([ʧᶣu])	62.5% ([tʂɹ])

Table 1 reveals that the production of English words *tree* and *true* is of three types: native - like (25% [tɹɹ̥i] & 12.5% [tɹɹ̥u]), English *ch* - like (62.5% [ʧᶣi] & 25% [ʧᶣu]), and Mandarin *ch* - like (12.5% [tʂʷi], 62.5% /tʂɹ/). The latter two types show that the substitution occurs not simply with English [ʧ] or Mandarin [tʂ] but also with a glide /ɥ/ or /w/ inserted in between the affricate and the vowel.

In [17], the insertion of an extra glide was interpreted merely as a way of simulating the rhotic sound and the process was considered segment-based; whereas the present study reinterprets it as a result of acoustic simulation of the whole syllable rather than individual segments and hence syllable-based. That is to say, the former interpretation assumes that simulation is a process of substitution on a segment by segment basis, whereas the current interpretation assumes that the substitution process is based on the whole syllable so that when determining which segment is to be used in L2 syllable production, the process does not care whether certain acoustic cues come from one segment or whether an L2 segment can be matched with an L1 segment. All it needs to do is to find a segment or segment combination to recover these cues. Therefore, L2 learners may use different segmental combinations to realize the same L2 syllable, often at the price of changing the syllable structure. Glide insertion also occurs in the current data (see Table 2).

Table 2 Results from the current data

Token	Non - native production		
	English *ch* - like	Mandarin *ch* - like	Mandarin *q* - like
tree	56% ([ʧᶣi]) 15% ([ʧᶣei])	22% ([tʂʷi])	7% [tɕᶣi]
true	82% ([ʧᶣu])	7% ([tʂɹ]) 11% ([tʂᶣu])	0

Results inTable 2 are somewhat different from those in Table 1, which is not surprising given the different groups of speakers and over ten years' time span. First, native - like production tokens are completely missing in the current data. As mentioned in Section 2.1, this is very likely due to the fact that all Chinese speakers in the current group lack of exposure to an English speaking environment. Second, new types of production emerge in the current data: 15% tokens of *tree* were rendered as [ʧᶣei] and 7% similar to the Mandarin word *qu* ([tɕᶣi]); 82% tokens of *true* were rendered as [ʧᶣu], similar to the English word *chew* (/ʧʲu/), and 11% as [tʂᶣu]. These new types are acoustically less similar than other types, again suggesting that speakers have insufficient language exposure or use.

Lastly, for the same types of production shared by the 2008 and current data, the proportion is different: it decreases from 62.5% to 56% for [ʧᶣi] and from 62.5% to 7% for [tʂɹ̥u], whereas it increases from 12.5% to 22% for [tʂʷi] and from 25% to 82% for [ʧᶣu]. The most dramatic change occurs in the production of the word *true*: there are much fewer tokens of [tʂɹ̥u] but much more tokens of [ʧᶣu] in the current data than in the 2008 data. This change suggests that over the years, palatalization has become a common strategy used to coarticulate the affricate and the high, back vowel /u/, perhaps more by Chinese speakers with lower-level English proficiency and less English exposure.

To sum up, it is difficult for Chinese speakers to produce the English *tr* accurately because of the novel sound combination, which can be viewed as a phonotactic constraint. To avoid the constraint, they tend to substitute it with an acoustically similar combination of affricates and glides. Moreover, which combination they use as a substitute does not seem to be random. The following section analyzes what factors may have helped shape the substitution patterns.

2.3 Analysis

The above results suggest that Chinese speakers tend to use Mandarin sounds and structure to simulate English words and the simulation process involves substitution and modification at both segmental and syllabic levels.

The non-native production of *tree* [tɹɹ̥i] as [ʧᶣi] reveals that an L2 syllable can be reconfigured based on salient acoustic cues. Here the rounded, high, front glide /ɥ/ is a Mandarin sound and its insertion is apparently for the purpose of simulating the lip-rounding feature of [ɹ]. Since the roundedness cue can be satisfied not only by /ɥ/ but also by /w/, using [tʂʷi] to substitute [tɹɹ̥i] is also viable and an even better substitute, as all three sounds exist in Mandarin.

Then, why did a majority of the speakers choose [ʧᶣi] over [tʂʷi] (56% vs. 22%)? In the former choice, the affricate [ʧ] is not even a Mandarin sound, but the speakers are able to produce it without any difficulty. A plausible explanation is that the former production must have been shaped by some coarticulation mechanism. It happens that a so-called strong anticipatory effect does occur in Mandarin syllable production, and it can cause a regressive assimilation process in place of articulation of the involved segments [8, 26]. Given that the three sounds in [ʧᶣi] have a place of articulation all at the front, this regressive place assimilation mechanism must have been at work in the production of *tree* and may turn [tʂʷi] further into [ʧᶣi]. The whole process can be summarized as follows: [tɹɹ̥i] as intake → [tʂʷi] as closest substitution → [ʧᶣi] as a result of regressive place assimilation.

Unlike *tree*, the production of *true* ([tɹɹ̥u]) does not need to insert a rounded glide for the purpose of simulating the lip-rounding feature of [ɹ], as the following rounded vowel /u/ can serve the same purpose. Then why do a large proportion of tokens (82% [ʧᶣu]) from the current group still have the glide /ɥ/ inserted? As mentioned in Section 2.2, palatalization has become a trendy strategy to coarticulate front consonants and back vowels. Based on [13], it is actually a general coarticulatory mechanism which helps alleviate the conflict between anterior and posterior tongue gestures. That is to say, when speakers coarticulate alveolar or post-alveolar affricates like [tʃ] and [tʂ] and the high, back vowel /u/, they tend to insert a palatal glide in order for the tongue gesture to transit easily from the front to the back.

Another piece of evidence comes from the native production of the word *chew*, which is transcribed as /tʃu/ in dictionaries but commonly produced as [tʃʲ u] instead. Apparently, the glide /ʲ/ is inserted for ease of articulation.

As for the question why most tokens of *true* in the current data use non-rhotic [tʃ] (82% [ʧᶣ u]) rather than rhotic [tʂ] to substitute the rhotic /tɹ/, the answer again lies in the Mandarin specific anticipatory effect: the speakers may start out producing the word as [tʂɹ], which is acoustically close to the Mandarin word *chù*, and then insert the palatal glide /ᶣ/ to ease the articulation, turning the word into [tʂᶣ u], but since the palatal glide has a front articulation, it causes regressive assimilation in the affricate, turning it into [ʧ] . The whole process can be summarized as follows: [tɹ ɹ̥u] as intake → [tʂɹ] as closest substitution → [tʂᶣ u] for ease of articulation → [ʧᶣ u] as a result of regressive place assimilation.

So far, the above analysis shows that acoustic simulation is not a simple segment-by-segment substitution process: its output can be constrained by both general and the Mandarin specific coarticulatory mechanism, that is, regressive place assimilation.

3. THE PROPOSED MODEL

The above section has provided evidence in support of the syllable-based acoustic simulation process. This section illustrates the process in the proposed AAM.

As shown in Figure 3, the whole process starts from input of a target L2 syllable and ends with output of a simulated L2 syllable. It includes two components: acoustic and articulatory.

The acoustic component is subsumed under the perception process and it involves associating acoustic cues of an L2 syllable with an L1 syllable. Specifically, it includes two stages: the first stage is for L2 learners to capture acoustic cues salient to them from the input signal; the second stage is the simulation process. According to [24], acoustic cues serve as intake for further processing. Guided by acoustic intake, the simulation process is responsible for reconfiguring the target L2 syllable using available L1 sounds and also making sure that the syllable conforms to L1 phonotactic conventions.

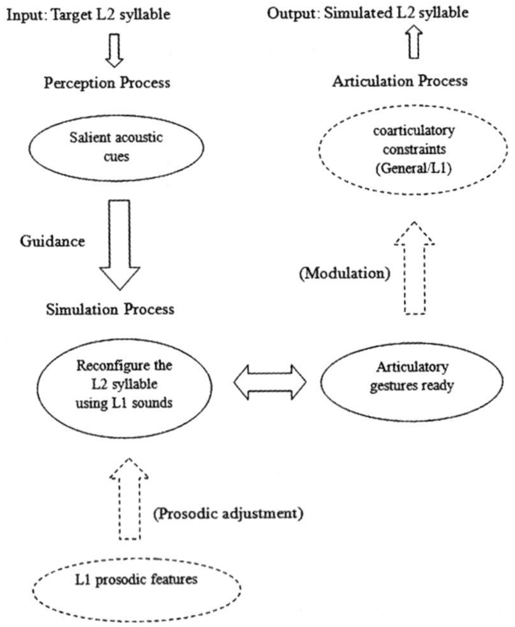

Figure 3 The Acoustic-Articulatory Model of L2 Syllable Production

The articulation component is responsible for coordinating articulatory gestures and preparing them for production. It also includes two stages: the first stage is to prepare gestures required for realizing the reconfigured syllable; the second stage is to subject relevant gestures to the modulation effect of general and L1 specific coarticulatory mechanisms.

Note that the output form is not solely influenced by coarticulatory constraints (hence the dotted shapes in Figure 3), as [18] found that prosodic constraints may be also involved. In addition, previous language experience can influence how speakers perceive an L2 syllable, and inaccurate perception will affect subsequent processing, resulting in production errors [10, 20].

As for how exactly perception affects production, recent psycho-and neuro-linguistic evidence [15, 23] has pointed to a non-conventional, direct-realist view of speech perception [12, 25]. This view assumes a direct association between perception and articulation, so in L2 production, for example, speakers will perceptually assimilate articulatory gestures underlying L1 and L2 phonemes rather than phonemes themselves [3].

The present study acknowledges this alternative view and considers it compatible with the proposed AAM: whether the syllable is represented by a combination of phonemes or gestures, the premise that the syllable is the basic unit for perceptual assimilation will not be undermined. If the direct-realist view is adopted in the AAM, then acoustic simulation becomes acoustically informed articulatory simulation and the whole process needs to be adjusted accordingly. Limited by the current research focus, the present study will leave it to future work.

In contrast to the PPM, the AAM is constructed based on the notion of L1 substitution at the syllabic level; it treats the syllable as the basic unit of speech perception and assumes an acoustic simulation process different from that of the PPM: substitution is syllable-rather than segment-based from the very beginning, and it aims at recovering acoustic cues rather than retrieving individual segments contained in the whole syllable. Therefore, L2 learners do not need to differentiate individual L2 segments and try to match them one by one with L1 segments. Instead, they just need to find L1 segments or segment combinations that can emit the acoustics cues they hear as a whole. In the production of *tree*, for example, learners use glide insertion simply to recover the acoustic cue associated with lip-rounding. They do not substitute /ɹ/ directly with a similar L1 sound, indicating that their goal is to simulate the native production of the whole L2 syllable based on acoustic cues, whatever particular L2 segments emit the cues. It is in this sense that the simulation process is considered syllable-based rather than segment-based. As a result, equivalence classification between L1 and L2 segments assumed by the PPM does not necessarily occur in L2 speech learning of Chinese speakers.

Concerning the respective roles of acoustic cues and coarticulatory mechanisms in L2 syllable production, the proposed AAM assumes that the former is to provide guidance for syllable reconfiguration and the latter is to modulate articulatory gestures for final production. It is due to the dynamic nature of coarticulation that segmental substitution patterns vary. The present study considers these roles essential in L2 syllable production and hopes that future research can provide more data in support of the AAM.

4. CONCLUSION

This paper has shown that an L2 syllable can be simulated as a whole under the guidance of acoustic cues and the associated articulatory gestures can be modulated not only by general but also by language specific coarticulatory mechanisms. The AAM has summarized the whole process of L2 syllable production and provided a new perspective for the research of L2 speech acquisition.

5. ACKNOWLEDGEMENT

This work is supported by the 10th Chinese Foreign Language Education Fund, No. ZGWYJYJJ10A122.

REFERENCES

[1] Archibald, J. 2005. Second language phonology as redeployment of L1 phonological knowledge. *Canadian Journal of Linguistics* 50 (3),

285 – 314.

[2] Barrios, S., Jiang, N., Idsardi, W. J. 2016. Similarity in L2 phonology: Evidence from L1 Spanish late-learners' perception and lexical representation of English vowel contrasts. *Second Language Research* 32, 367 – 395.

[3] Best, C. T., Goldstein, L. M., Nam, H., Tyler, M. D. 2016. Articulating what infants attune to in native speech. *Ecological Psychology* 28 (4), 216 – 261.

[4] Boersma, P., Weenink, D. 2015. *Praat, a System for Doing Phonetics by Computer.* http: // www. praat. org [version 6. 0. 05].

[5] Brown, C. 1998. The role of the L1 grammar in the L2 acquisition of segmental structure. *Second Language Research* 14 (2), 136 – 193.

[6] Cebrian, J. 2002. *Phonetic Similarity, Syllabification and Phonotactic Constraints in the Acquisition of a Second Language Contrast.* PhD dissertation, University of Toronto.

[7] Chang, C. B. 2015. Determining cross-linguistic phonological similarity between segments: The primacy of abstract aspects of similarity. In: Raimy E., Cairns C. E. (eds.), *The Segment in Phonetics and Phonology.* John Wiley & Sons, 199 – 217.

[8] Chen, X. 1997. Study of coarticulation of Mandarin segments. *Studies of Chinese Language* 5, 345 – 350.

[9] Colantoni, L., Steele, J. 2008. Integrating articulatory constraints into models of second language phonological acquisition. *Applied Psycholinguistics* 29 (3), 489 – 534.

[10] Escudero, P. 2009. Linguistic perception of 'similar' L2 sounds. In: Boersma, P., Hamann, S. (eds.), *Phonology in Perception.* Berlin: Mouton de Gruyter, 151 – 190.

[11] Flege, J. E. 1995. Second language speech learning: Theory, findings and problems. In: Strange, W. (ed.), *Speech Perception and Linguistic Experience: Theoretical and Methodological Issues.* Timonium: York Press, 233 – 277.

[12] Fowler, C. 1986. An event approach to the study of speech perception from a direct-realist perspective. *Journal of Phonetics* 14, 3 – 28.

[13] Gick, B., Wilson, I. 2006. Excrescent schwa and vowel laxing: Cross-linguistic responses to conflicting articulatory targets. In: Goldstein, L., Whalen, D. H., Best, C. T. (eds.), *Papers in Laboratory Phonology 8: Varieties of Phonological Competence.* Berlin, New York: Mouton de Gruyter, 635 – 660.

[14] Jongman, A., Wayland, R., Wong, S. 2000. Acoustic characteristics of English fricatives. *Journal of the Acoustical Society of America* 108 (3), 1252 – 1263.

[15] Kearney, E., Guenther, F. H. 2019. Articulating: The neural mechanisms of speech production. *Language, Cognition and Neuroscience* 34 (9), 1214 – 1229.

[16] Ladefoged, P., Johnson, K. 2011. *A Course in Phonetics* (*6th edition*). Boston: Wadsworth: Cengage Learning.

[17] Li, Y. 2008a. The phonetically based segmental substitution and syllable modification in L2 speech: Acoustic evidence from Chinese speakers' production of English *tr* and the dark *l*. *Proceedings of the 8th PhoneticConference of China* Beijing.

[18] Li, Y. 2008b. *Mandarin Speakers' Production of English and Mandarin Post-vocalic Nasals: An Acoustic Approach.* MA thesis. University of Victoria.

[19] Li, Y., Cai, J. 2018. Speech transfer research: Theoretical models and Empirical studies. *Second Language Learning Research* 1, 113 – 130.

[20] Major, R. C. 2001. *Foreign Accent: The Ontogeny and Phylogeny of Second Language Phonology.* Mahwah: Lawrence Erlbaum Associates.

[21] O'Séaghdha, P. G. 2015. Across the great divide: Proximate units at the lexical-phonological interface. *Japanese Psychological Research* 57 (1), 4 – 21.

[22] O'Seaghdha, P. G. Chen, J., Chen, T. 2010. Proximate units in word production: Phonological encoding begins with syllables in Mandarin Chinese but with segments in English. *Cognition* 115, 282 – 302.

[23] Skipper, J. I., Devlin, J. T., Lametti, D. R. 2017. The hearing ear is always found close to the speaking tongue: Review of the role of the motor system in speech perception. *Brain and Language* 164, 77 – 105.

[24] Vanderweide, T. 2005. *Cue-based Learning and the Acquisition of Pre-vocalic Clusters.* PhD dissertation, University of Calgary.

[25] Whalen, D. H. 2019. The motor theory of speech perception. *Oxford Research Encyclopedia of*

Linguistics.
[26] Wu, Z., Sun, G. 1989. Experimental study of coarticulation of unaspirated stops in Mandarin CVCV syllables. *Report of Phonetic Studies of Chinese Academy of Sciences.*
[27] Xin, X., Lan, T., Zhang, Q. 2020. Assimilation mechanism of the phonological encoding process in L2 speech production of Chinese-English bilinguals. *Acta Psychologica Sinica* 52 (12), 1377 - 392.

LI Ya PhD She is an associate professor of Foreign Language Department, Zhejiang Ocean University. Her research interests include speech prosody, L1 & L2 language acquisition, and Chinese tones.
E-mail: liyawy@zjou.edu.cn

基于 PENTA 模型的蒙古语陈述句语调合成实验

敖　敏

摘　要　本文基于 PENTA 语调模型，通过声学实验、合成实验和听辨实验，分别考察 PENTA 语调模型能否准确还原不同焦点环境下蒙古语陈述句的原始语调。本文研究发现，PENTA 模型不仅可以准确合成蒙古语陈述句中具有交际功能的语调特征，而且还可以通过忽略因个体差异产生的不具备交际功能的语调特征来合成具有较高一致性的语调模式。
关键词　蒙古语，语调合成，PENTA 模型

Modeling Mongolian Declarative Intonation Based on PENTA

AO Min

Abstract Utilizing the synthesis function of PENTA the intonation of declarative sentences in Mongolian was analyzed along three dimensions in acoustic, synthesis and perception experiments. Based on the experimental results, we discussed whether PENTA could accurately replicate the original Mongolian intonation patterns. The study found that PENTA accurately reproduced the intonation features that serve to convey communicative functions, and at the same time, established a more consistent intonation model by removing the features associated with the individual differences that do not have communicative functions.
Key words Mongolian, Intonation synthesis, PENTA

1. 引言

“平行编码及目标趋近”（Parallel Encoding and Target Approximation，简称 PENTA）模型是由 Xu 等人 2005 年在已有研究基础上提出的语调模型［8—11，13，15］。该模型注重语调的交际功能，认为言语是由说话者的发音系统进行编码来传递信息，并通过听话者的感知系统进行解码来接受信息的通信系统。模型主要由“目标趋近”（Target Approximation）和“平行编码”（Parallel Encoding）两个部分组成。其中目标趋近主要模拟语境中随时间变化的动态发音机制，而平行编码部分主要模拟交际意义在与语境无关的动态发音过程中的编码方式。每个交际功能均通过特定的声学参数（即高度、斜度、力度和时长）在语调上平行编码，以表层音高特征来实现。该语调模型在不同语言和方言的语调模式研究［22］、情感语音合成［4］、汉族儿童语调习得研究［19］、二语语调习得特征［20］及外语教学［18］等领域均得到了进一步验证。

蒙古语属于阿尔泰语系蒙古语族语言，使用人群分布在我国境内的内蒙古、新疆、青海、甘肃、吉林、黑龙江等省份及蒙古国和俄罗斯联邦等国家，属于跨境语言。在语言形态学分类中，蒙古语属于黏着语。在语音方面有较丰富的元音类型及音变特征，也遵循严格的元音和谐律。

一方面，对于蒙古语语调相关研究较少，研究结论比较分散。比如，Karlsson［3］、Svantesson［7］和 Sun［2］利用“自主音段节律理论”（Autosegmental-Metrical Theory）讨论了蒙古语的语调特征。乌吉斯古冷、呼和［23］利用语调格局理论对蒙古语语调的调群调域进行了声学分析。Harnud［10］探讨了蒙古语四类句型（即陈述句、疑问句、感叹句和祈使句）

的基本语调模式。孙少波［21］研究了蒙古语不同噪音环境下的陈述和疑问语调，发现蒙古语的焦点主要表现为音高整体升高和音域扩大，焦点前音高基本保持不变，焦点后有明显的音高下降和音域压缩（Post-Focus Compression，简称 PFC），并且蒙古语中的 PFC 相对稳定，不会因语气和交际环境的变化而改变。Одончимэг［5］的研究也表明，蒙古语焦点重音符合“焦点的三区段模式（Tri-zone Realization of Focus）”［12］，即焦点前音域无显著变化，焦点处音域扩张、焦点音高骤降，音域压缩。

另一方面，PENTA 语调模型在汉语、泰语等声调语言和英语等词重音语言中已有大量研究（比如［14］），研究结果均支持该模型理论。而蒙古语是阿尔泰语系代表性语言之一，与汉语、英语等语言相比，既没有声调也没有词重音［17］，这一特征对于 PENTA 模型的普遍适用性提出了挑战。因此，以蒙古语为研究对象，利用 PENTA 语调模型进行语调研究对于检验该语调模型的普遍性有重要意义，而验证 PENTA 模型能否准确模拟原始语调是开展这一研究的首要任务。

基于上述考虑，本文在 PENTA 语调模型框架下尝试对蒙古语不同焦点环境下的陈述句语调进行声学实验、合成实验和感知实验，研究旨在考察 PENTA 能否准确还原和模拟蒙古语原始语调。

2. 方法

2.1 文本语料

为了排除词内长短元音类型和词长对语调的干扰，目标句选择了以下三个词组成的简单句，句中每个词均为长元音的单音节词。

蒙语：ᠲᠠ ᠬᠢᠵᠦ ᠳᠠᠭᠤᠰ
国际音标：/tʰɐː xiːtʃ tɒːs/
逐词释义：你 做 完
汉语翻译：你做完。

实验利用引导句引出了该目标句 4 种焦点条件（即宽焦点、句首、句中和句末窄焦点）下的陈述句。下面（1）—（4）为四种焦点条件下的引导句：

（1）宽焦点：[illegible]？（你刚才说什么？）

（2）句首焦点：[illegible]？（谁要做完？）

（3）句中焦点：[illegible]？（你怎么做完？）

（4）句末焦点：[illegible]？（你做没做完？）

在 4 个引导句中，当动词做焦点时的引导句为选择问句，句首和句中焦点的引导句为特指问句，宽焦点的引导句借用了其他语言的研究方法选择了一般问句①。

2.2 发音人

本实验共有 20 位发音人参与，其中男性发音人 10 名，女性发音人 10 名，他们都是内蒙古大学蒙古语播音主持专业的本科生，平均年龄 23 岁。所有发音人的母语均为蒙古语，无人报告有任何语言或听力问题。

2.3 录音

本实验采用“九州语言网语音采集平台”［24］进行录音。录音采取问答匹配的方式，每次录音时，工具界面显示一个疑问句和回答这一问题的陈述句文本（焦点在文本上加粗显示）。要求每位发音人自己读疑问句，并用列出的陈述句文本回答。每对文本随机呈现 3 次。因此，共获得 4 种焦点条件 × 20 位发音人 × 3 次 = 240 个目标句。

3. 声学实验

3.1 实验方法

使用 PENTA Trainer 2 工具进行语调研究时，第一步为语音数据的语调标注。与

① 本研究只分析不同焦点环境下的陈述句语调，作为引导句的疑问句语调不在本研究范围之内。

其他语调标注系统不同，PENTA Trainer 的最大特点之一为注重语调的功能特点。因此，语调标注主要从音段和语调的功能特点出发，而非标注语调表层的形式变化［8］。

蒙古语语调功能标注参考其他语言的 PENTA 标注结果，语调标注分为以音节为单位的四个功能特点标注：元音类型（音节内长短元音类型）、音节位置（音节在词中的位置）、焦点（焦点前、焦点中和焦点后）和句子类型（陈述句或疑问句）。如图1所示，第一层标注了词内长短元音类型（如L代表长元音），第二层标注音节在词中位置（如1代表词首音节或单音节词），焦点信息（如 pre 代表焦点前，on 代表焦点中，post 代表焦点后区域），第四层标注句子类型（如s代表陈述句）。

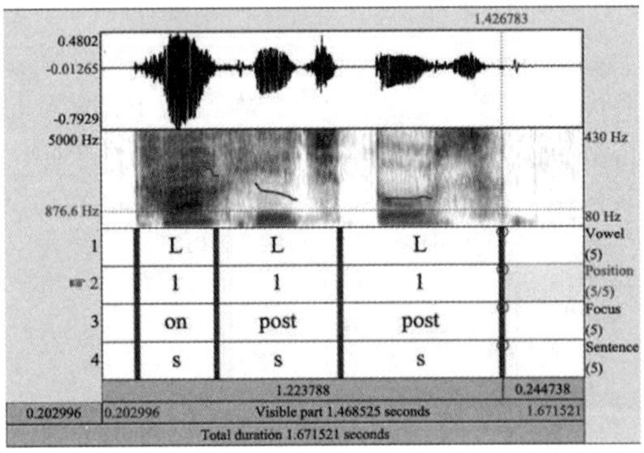

图1 标注示例

实验首先利用 PENTA Trainer 2 模型中的“学习”功能从原始语音数据中提取 f0 数据（每个音节的 f0 等间距取 10 个点），再根据提前标注的功能进行学习和建模。再使用所获得的与之相应的 f0 数据重新合成目标句的 f0 曲线。具体的提取算法请见［8］，在此不再赘述。声学实验部分中主要比较原始 f0 值与合成后的 f0 值。

3.2 实验结果

图2是全部发音人中随机选择的一对男女发音人读三次的句首焦点句的原始语调和合成语调的 f0 图。为了真实的展示 PENTA 模型对原始语调的建模效果，在声学实验部分中没有对多位发音人的音高数据进行平均，也没有对原始的音高数据做半音值转换和手工修改异常基频值。

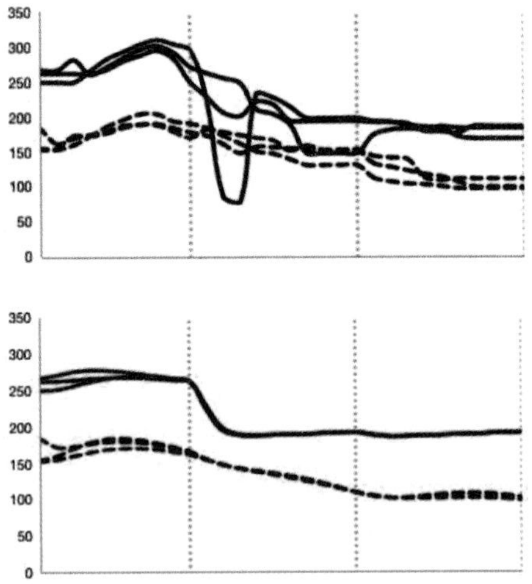

图2 原始语调和合成语调对比

图中每条音高线代表一次朗读的 f0 曲线。横轴划分了目标句中的三个音节，纵轴代表音高值（单位：Hz）。上图代表原始语调，下图代表合成语调；竖线代表音节边界。由于本研究中目标句中每个词均为单音节词，因此音节边界等于词边界。实线代表女性发音人，虚线代表男性发音人。由于所有发音人的原始语调模式相同，受篇幅所限，其他实验句的语调音高曲线未在论文中一一列出。

对四类焦点条件下陈述句的原始语调和合成语调的对比中可以看出以下三个特点：

1）PENTA 对不同焦点条件下陈述句的语调建模准确且合理。陈述句语调从句首到句末呈现出下倾的音高走势，这一基本语调特征与蒙古语陈述句语调声学研究结果［20］相同。在 PENTA 模型中，为了处理不同发音人（尤其是不同性别）之间的音域差异，根据［15］的研究结果，把每个原始句的起始 f0 值作为语调建模的起始值。因此，合成语调中句首音节前两个时间点的音高值与原始语调中的相同。此外，在焦点的调节下，陈述句的语调发生明显的变化：焦点前音高变化不明显，焦点位置音域扩大，焦点后语调呈现下倾的走势。从原始语调和合成语调的对比还可看出PENTA对原始语调的拟合度很高，在合成语调中准确模拟出了原始语调中的陈述语调模式和焦点功能的音高变化模式。

2）PENTA能够规避原始语调中的音高异常值，对语调建模准确。从图2中男女发音人原始语调和合成语调的对比中可看出，男女发音人原始语调之间呈现出显著差异：一方面，男性发音人的音域比女性窄，男性发音人的原始音高值均比女性发音人低。另一方面，男/女发音人分别三次朗读同一文本内容时的原始语调整体走势相同但也存在差异。比如，女性发音人的第二音节原始f0突然下降再上升，但是合成语调却能够忽略不规则的f0局部变化并合成出了较平滑的语调走势。由此看出，PENTA能够在保留了有功能区别的性别差异特征之外，简略了没有语调功能的个体差异。

3）PENTA合成的语调比原始语调一致性更高、音高曲线相对平滑。对比原始语调和合成语调中每个音节的最大音高值（MaxF0）和最小音高值（MinF0）可以看出，合成语调的音域相对较窄，表现为原始语调的MaxF0大于合成语调的MaxF0，而原始语调的MinF0小于合成语调的MinF0。此外，不同焦点条件的音高值也存在系统差异。具体表现为焦点音节的MaxF0和MinF0均高于焦点前，而焦点后的MaxF0和MinF0最低，这在原始语调和合成语调中相同。

4. 合成实验

在PENTA模型中，每个训练单元（词、短语、句）均以音节（通常情况下）为单位，每个音节有一个“目标”（Target），语调的编码过程是构成这一语调的每个音节实现音节目标过程的总和。下面的合成实验中主要测试系统给出的语调合成结果和目标趋近结果。

4.1 合成结果

根据语调功能进行语音库的标注后利用PENTA模型进行语调合成实验。PENTA Trainer只根据标注内容学习原始语调中的f0数据，然后再重新合成f0，合成结果的评测主要看两个指标：均方根差（Root Mean Square Error，简称RMSE）和皮尔森相关系数（Pearson's Correlation Coefficient，也就是*r*值）。RMSE表示原始语调和合成语调音高线的平均失配程度，而*r*代表合成语调和原始语调走势之间的相关性。合成实验分别以发音人和性别作为训练单位进行语调合成。因篇幅限制，每类焦点句的具体RMSE值和*r*值不在文中一一列出。

整体而言，PENTA模型对蒙古语不同焦点条件下的陈述句语调合成结果较好。相同焦点句，女性发音人的平均RMSE值和*r*值分别为1.031和0.890，而男性发音人分别为1.011和0.885，其中，RMSE = 0.36和*r* = 0.992为最佳合成结果。且合成结果和训练语料规模之间存在反比关系，即语料规模越大，合成结果越差。以女性发音人句首焦点句的合成结果为例，当用每位发音人三次朗读的句子单独合成时，平均RMSE值为1.233，*r*值为0.953，而用10位发音人朗读的所有句子一起训练合成时，RMSE值却高达1.872，而r值只有0.894。

为了进一步考察不同发音人在四类焦点条件下的合成结果，我们对RMSE值和*r*值进行了方差分析，结果如表1所示。从表1可以看出两个特点：

1）女性发音人的组间差异比男性的大。虽然所有发音人的每个合成结果在统计学上没有显著差异（男性宽焦点除外），但女性发音人最大和最小的组间差异分别为2.810和1.034，而男性为1.835和0.837。这主要与女性发音人的嘎咧声比男性发音人多有关，因此在音高图上女性发音人的音高走势整体模式相同，而相互间差异相对大。

表1　目标句在四类不同焦点环境下合成结果的方差分析

训练 / 焦点	每位女性发音人 单独训练		所有女性发音人 一起训练	
	RMSE	相关系数	RMSE	相关系数
句首	$F=2.104$ $p>0.05$	$F=2.414$ $p>0.05$	$F=2.304$ $p>0.05$	$F=1.984$ $p>0.05$
句中	$F=2.491$ $p>0.05$	$F=2.610$ $p>0.05$	$F=2.304$ $p>0.05$	$F=2，107$ $p>0.05$
句末	$F=1.105$ $p>0.05$	$F=1.295$ $p>0.05$	$F=1.322$ $p>0.05$	$F=1.133$ $p>0.05$
宽焦点	$F=1.034$ $p>0.05$	$F=1.167$ $p>0.05$	$F=1.342$ $p>0.05$	$F=2.304$ $p>0.05$
训练 / 焦点	每位男性发音人 单独训练		所有男性发音人 一起训练	
	RMSE	相关系数	RMSE	相关系数
句首	$F=1.204$ $p>0.05$	$F=1.456$ $p>0.05$	$F=1.282$ $p>0.05$	$F=1.319$ $p>0.05$
句中	$F=0.984$ $p>0.05$	$F=1.038$ $p>0.05$	$F=0.837$ $p>0.05$	$F=0.918$ $p>0.05$
句末	$F=0.946$ $p>0.05$	$F=0.981$ $p>0.05$	$F=0.896$ $p>0.05$	$F=0.928$ $p>0.05$
宽焦点	$F=1.245$ $p<0.05$	$F=1.835$ $p<0.05$	$F=1.529$ $p<0.05$	$F=1.493$ $p<0.05$

2）男性发音人的宽焦点语调展现了显著差异，这主要由于男性发音人宽焦点句的语调模式存在两种模式，即HL模式和LHL模式，也就是音高最高值可以在句首，也可以在句中位置，如图3所示。

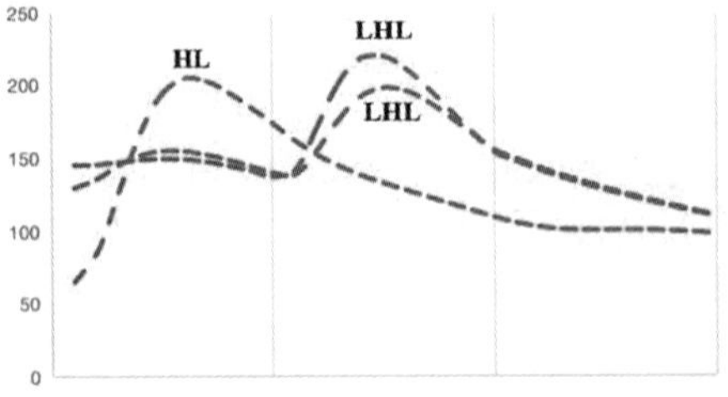

图3　男性发音人宽焦点句合成语调模式

4.2　目标趋近结果

PENTA模型在目标趋近阶段（qTA）评价系统模拟原始语调结果的参数分别为f0的斜度（Slope）、高度（Height）和强度（Strength）。观察从不同焦点条件下的目标趋近参数可以发现，高度在焦点处最大，焦点后最低，焦点前居中；强度在焦点后位置最大，焦点处最小，而焦点前居中；斜度在焦点前最大，焦点后最小，焦点处居中。

图4是PENTA模型自动给出的句中焦点句的目标趋近结果。图中密集的点线代表原始语调，稀疏的点线代表合成语调，而每个音节内部的直线（位于图上部）为该音节的目标，这一目标值由PENTA模型根据标注语料自动学习获得。音节目标直线的粗细表示强度，上升或下降的方向表示斜度，纵坐标的高低表示高度。从图4可以看出，焦点后音节的强度最大，焦点处高度最高，焦点前音节的斜度最大。

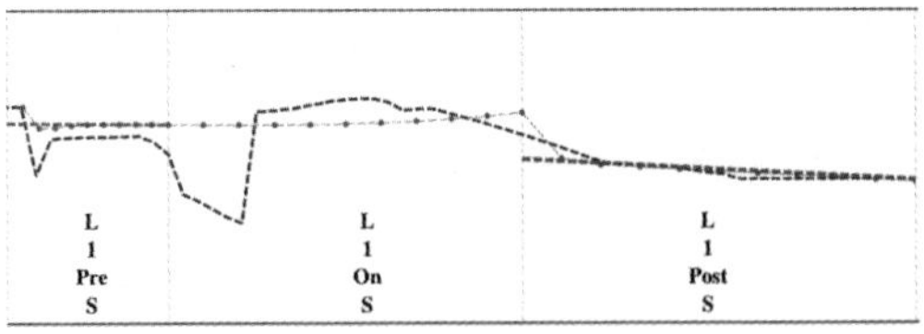

图4　句中焦点句的目标趋近结果示例

5. 听辨实验

5.1　测试句挑选原则

听辨实验中使用的刺激来自本研究中录制的原始句和合成句。实验选择20位发音人同一个文本4个焦点类型的原始句和合成句，共160句。由于三遍重复朗读中，第二遍语速较为稳定，因此只选择第二遍朗读的句子作为听辨刺激音。

5.2　被试

8位蒙古族听辨人（4男4女）参加本次听辨测试。他们均在内蒙古出生和长大，日常生活中以蒙古语作为主要交流的语言，均为内蒙古大学在读本科生或研究生。

5.3 听辨任务

本次听辨实验的目的为评测合成语调的质量，实验由3个任务构成：（1）合成语调的平均主观打分（Mean Opinion Score，简称MOS），具体方法是让被试者听80个合成句的刺激音之后，对合成语调的音质（清晰度、可懂度和自然度）以1—5分的等级进行评分，1为最差，5为最好；（2）判断焦点位置，即听完每个句子的音频后给出四个焦点位置选项（句首、句中、句末、没有），让被试做单项选择；（3）判断是合成句还是原始句，即通过xPerception工具随机播放测试句音频，让听辨者判断听到的句子是合成句还是原始句。

5.4 听辨结果

MOS评分是被言语工程研究者广泛认同的语音质量量化标准，共分为5个级别：优（4.0—5.0分）、良（3.5—4.0分）、中（3.0—3.5分）、差（1.5—3.0分）、劣（0—1.5分）。本实验评分结果如图5所示。

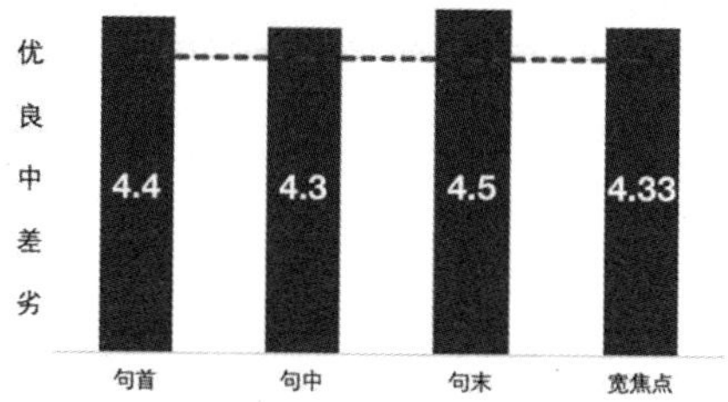

图5 实验句MOS评测结果

从图5可看出，四种焦点条件下陈述句语调合成的主观评分均高于4.0分，即评测结果为“优”（图中的虚线代表“优”的分割线）。其中句末焦点的MOS值最高，句中焦点和宽焦点相对低。

表2统计了四种焦点条件下合成语调的听辨判断结果。从表2可以看出：（1）合成语调对焦点的合成效果较理想。窄焦点的听辨准确率高于82%，宽焦点听辨准确率74.22%。这一结果与原始语调的焦点位置判断结果没有显著差异。（2）句末焦点与其他三类焦点的混淆率最低，宽焦点最高，尤其宽焦点和句中窄焦点之间存在双向混淆（16%）。（3）四类焦点的合成结果之间存在显著差异（F（15）= 3.4902，$p=0.0457$），其中句末窄焦点的合成结果最好、宽焦点略差。这一结果与原始语调的焦点位置判断结果相同。原始语调和合成语调的焦点位置判断结果没有显著差异。

表2 不同焦点条件下合成语调的听辨结果

听辨结果 / 实际类型	句首	句中	句末	宽焦点
句首	85.94	7.81	0.78	5.47
句中	1.95	82.03	0	16.02
句末	0	7.81	89.06	3.13
宽焦点	8.59	16.41	0.78	74.22
共计	494	584	464	5.47

为了进一步分析听辨预测结果，表3利用精确率（Precision）、准确率（Accuracy）、召回率（Recall）和F1分数（F1-Score）四个值分析了听辨结果的正确率。表3中的精确率是指在被所有预测为正确的样本中实际为正确样本的概率；准确率是指预测正确的结果占总样本的百分比；召回率是指在实际为正的样本中被预测为正样本的概率；F1分数是同时考虑精确率和召回率，让两者同时达到最高、取得平衡的值。由表3可以看出，四个焦点条件下的整体听辨预测结果都不够理想，四类值均小于0.5。

表3 焦点环境下的合成语调的预测结果分析

预测结果	精确率	召回率	F1分数	准确率
句首焦点	0.3828	0.3657	0.3741	0.3594
句中焦点	0.3828	0.3754	0.3693	0.373
句末焦点	0.4023	0.3946	0.3984	0.3926
宽焦点	0.3711	0.374	0.3725	0.375

综合分析合成语调的高MOS评测结果（4分以上）、焦点位置判断的高准确率（窄焦点82%以上）和合成语调的预测结果低（准确率、精确率均小于0.5）这三个结果，在上述三项分析的基础上，我们让听辨者判断刺激音为原始语调或合成语调，结果如表4所示。

表4　合成语调和原始语调之间的听辨结果

听辨结果	合成		原始		共计
合成	255	38.87%	401	61.13%	656
原始	385	61.70%	239	38.30%	624
共计	640		640		1280

由表4可以看出，(1) 整体听辨结果不够理想，合成语调听辨为合成语调、原始语调听辨为原始语调的准确率仅为38%左右。(2) 在听辨过程中存在严重的双向混淆。听辨者把61.70%的合成语调听辨为原始语调，原始语调的61.13%被感知为合成语调。

当听辨者听到原始语调时无法判断是原始还是合成，因此随机做出判断。这一结果可以初步说明合成语调和原始语调之间的相似度极高，从而导致听辨者无法分辨合成或原始语调，这是导致上述听辨结果的主要原因。对听辨者把原始语调判断为合成语调的音频文件作进一步观察并分析多个听辨者之间的个体差异后发现，当原始音频文件中出现较为明显的嘎咧声或读得稍不流利时，基本判断为合成句，但总体存在随机判断的可能性，并且听辨者之间不存在个体差异。

综上所述，对合成语调的听辨实验结果可以看出，PENTA不仅能够准确模拟原始语调的焦点功能和语调特征，而且还原的自然度较高，基本接近原始语调。这一结果一方面证实从语调功能出发研究目标语言的语调特征可能更接近语调的本质，另一方面也为蒙古语语调的深入研究提供了更加便捷、高效的研究手段和理论依据。

6. 讨论与总结

本研究基于设计语料利用PENTA模型对蒙古语语调进行了声学实验、合成实验和听辨实验，综合三个维度的实验结果可以发现，PENTA模型合成的语调模式能够较准确地还原原始语调，合成语调与原始语调在声学表现、合成结果和听感三个方面都不存在显著差异。除此之外，本文的研究结果也可以初步回答以下三个问题。

1）语调模式中局部的异常音高变化对整体语调功能的听辨影响不显著。本研究的声学实验中，个别焦点句出现了音高曲线的异常变化，因此这些句子的合成结果不够理想。以女性发音人的句首窄焦点句为例，在三次朗读的音高曲线中，有一次的第二音节音高值因女性发音人的嘎咧声导致音高值骤变（如图6所示）。这一句子的合成结果比平均合成结果低（每个发音人的单独训练条件下：RMSE = 3.891，$r = 0.705$；所有发音人一起训练：RMSE = 4.3，$r = 0.625$），但该句的听辨实验结果与平均结果之间没有显著差异。在以往的同类研究中会进行事先校对，并剔除此类错误数据之后再进行分析。

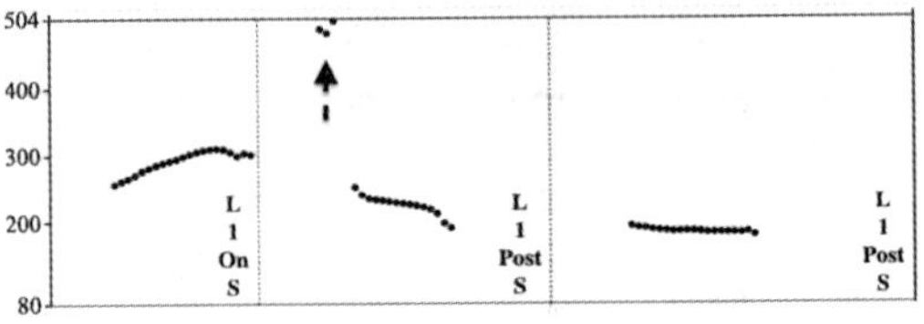

图6　音高值骤变举例

2）虽然PENTA模型合成的语调比原始语调音域窄、语调曲线平滑，但不影响整体语调功能的感知。我们在声学实验、合成实验和听辨实验中分别选择三个实验的关键参数进行三维混合分析，其中声学实验中选择了音域（MaxF0 − MinF0），合成实验中选择RMSE值（图中用菱形表示）和r值（图中用星号表示），听辨实验中选择MOS值（图中用三角表示），结果如图7所示。

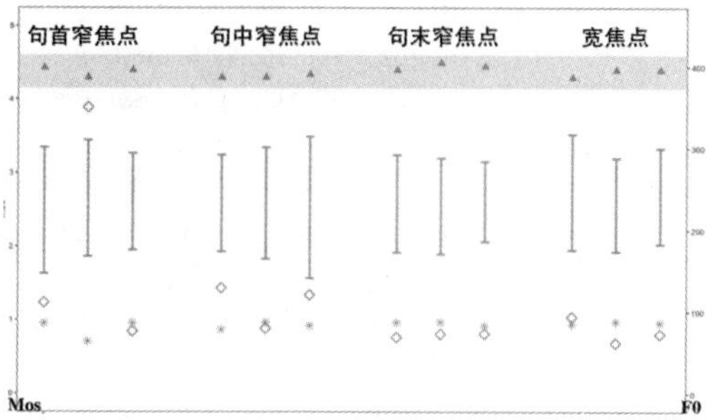

图7　不同焦点环境下的陈述句语调的声学实验、合成实验和听辨实验的方差分析图

图7中的横坐标表示焦点环境，左侧纵坐标表示MOS值，右侧纵坐标表示f0，图中色带宽表示MOS的水平值（即所有句子的MOS值+/-标准差）。

对三类实验数据进行方差分析的结果表明，无论每个句子的音域如何变化，也不管合成结果值如何波动（其中r值比RMSE值相对稳定），MOS值均处在一个水平上，即MOS值不受合成结果和音域及二者混合作用的影响。具体来讲，由发音人的个体差异以及非语调功能的语速等因素引起的音高变化对目标语调模型没有影响。

3）在相同功能环境下的语调模式差异对听辨的影响不大。声学实验结果显示，宽焦点句的语调存在两种模式，而MOS评测显示两种语调模式之间不存在差异。其主要原因有两个：（1）虽然宽焦点句的音高模式与句中窄焦点相同，但两者之间的音域存在系统性差异，窄焦点调节下焦点的音域比宽焦点句的更宽。对所有男女发音人的句中窄焦点句和宽焦点句的焦点（宽焦点句的音高峰值算为焦点）音域统计显示，无论是合成语调还是原始语调，女性发音人的句中窄焦点音域比宽焦点大1.5个半音，男性发音人的音域差异为1.1个半音。（2）宽焦点句的两种语调模式HL和LHL之间音域没有差别。在本研究中，48个宽焦点句中，有18个句子的语调模式为HL模式，30个句子为LHL模式，但两个模式之间的音域不存在明显差异。因此在听辨中，宽焦点句的两种语调模式对焦点类型和语调自然度的听辨影响不显著。根据听辨结果和蒙古语者的发音习惯，两种宽焦点模式中LHL模式更为典型，而HL模式为LHL模式的自由变体。

本研究得出的结果虽乐观，但也需要更大规模的语料来进一步检验这一结果的普遍性。除此之外，通过本研究中的语调分析也发现了诸多蒙古语语调方面的特点。其中句末窄焦点的独特韵律编码方式引起了我们的注意。

当焦点处于句末位置时，发音人通常以句末增音（Epenthesis）的方式对焦点进行编码，在句末焦点重音的解码过程中听辨人也是借助这一增音来感知焦点信息。对句末焦点的听辨测试结果可证明这一观点，这种独特编码方式对焦点的听辨起到了关键作用。

已有对于蒙古语喀尔喀方言焦点重音的研究［11］认为，蒙古语句末焦点重音呈L模式，无法呈现其他位置焦点的LH模式。根据本研究结果，蒙古语句末焦点的编码方式虽受到陈述句语调的影响，整体呈现出了下倾态势，但受到焦点功能的调节作用，以特有的音高编码方式实现了焦点重音。这一特点也初步证明了PENTA语调理论中的语调和焦点的平行编码机制。另外，蒙古语独有的句末焦点特征是否在蒙古语的其他方言中具有普遍意义尚需进一步检验。在后续的研究中我们会利用针对性的实验数据分析来回答这一问题。

7. 致谢

本文研究得到了中宣部文化名家暨“四个一批”人才自主选题项目“语调类型学研究”和国家留学基金委项目（编号：201906810006）的经费支持。在研究和写作过程中还得到了许毅、王蓓等先生的指导。

参考文献

[1] Harnud, H. 2003. A basic study of Mongolian prosody. PhD Dissertation. University of Helsinki.

[2] Jun, S. -A. 2014. *Prosodic Typology II, The Phonology of Intonation and Phrasing.* Oxford: Oxford University Press, 187 - 215.

[3] Karlsson, A. M. 2005. Rhythm and intonation in Halh Mongolian. PhD Dissertation. Lund University.

[4] Li, A. 2015. *Encoding and Decoding of Emotional Speech: A Cross-Cultural and Multimodal Study between Chinese and Japanese.* Heidelberg: Springer.

[5] Одончимэг, 2020. Халх аялгууны өргөлтийн судалгаа, М. Удам соёл хэвлэл, УБ, 22 - 30.（奥登其木格：《咔尔咔方言重音研究》，后裔文化出版社 2020 年版，第 22—30 页。）

[6] Prom-on, S., Liu, F., Xu, Y. 2011. Functional modeling of tone, focus and sentence type in Mandarin Chinese. *Proceedings of the 17th International congress of Phonetic Sciences*, Hong Kong, 1638 - 1641.

[7] Svantesson, J. -O., Tsendina, A., Karlsson, A. M., Franzen, V. 2005. *The Phonology of Mongolian.* Oxford: Oxford University Press, 90 - 91.

[8] Wang, Q. E., Peach, R., Xu, Y. 2000. Perception of dynamic acoustic patterns by an individual with unilateral verbal auditory agnosia. *Brain and Language* 73, 442 - 455.

[9] Xu, Y. 1994. Production and perception of coarticulated tones. *Journal of the Acoustical Society of America* 95, 2240 - 2253.

[10] Xu, Y. 1997. Contextual tonal variations in Mandarin. *Journal of Phonetics* 25, 61 - 83.

[11] Xu, Y. 1998. Consistency of tone-syllable alignment across different syllable structures and speaking rates. *Phonetica* 55, 179 - 203.

[12] Xu, Y. 1999. Effects of tone and focus on the formation and alignment of F0 contours. *Journal of Phonetics* 27, 55 - 105.

[13] Xu, Y. 2001. Fundamental frequency peak delay in Mandarin. *Phonetica* 58, 26 - 52.

[14] Xu, Y., Lee, A., Prom-on, S., Liu, F. 2015. Explaining the PENTA model: A reply to Arvaniti and Ladd. *Phonology* 32, 505 - 535.

[15] Xu, Y., Liberman, A. M., Whalen, D. H. 1997. On the immediacy of phonetic perception. *Psychological Science* 8, 358 - 362.

[16] Xu, Y., Prom-on, S. 2014. Toward invariant functional representations of variable surface fundamental frequency contours: Synthesizing speech melody via model-based stochastic learning. *Speech Communication* 57, 181 - 208.

[17] 白音门德：《关于巴林、科尔沁土语词重音问题》，《蒙古语文》1997 年第 6 期，第 48—52 页。

[18] 高薇、许毅、穆凤英：《中国英语学习者韵律焦点教学的实验研究》，《外语教学与研究》2015 年第 6 期，第 861—873 页。

[19] 刘金桥、彭建国：《基于 PENTA 音高模型的长沙地方普通话固化变体单字音高实验研究》，《中文高校人文社会科学信息网》，2018 年，第 1—10 页。

[20] 沈鸿英：《非本族语者汉语陈述句焦点的语音实现》，硕士学位论文，湖南大学，2014 年。

[21] 孙少波：《不同交际环境下焦点的韵律实现方式——京语和蒙古语的比较研究》，硕士学位论文，中央民族大学，2019 年。

[22] 王蓓、吐尔逊·卡得、许毅：《维吾尔语陈述句中焦点的韵律实现及感知》，《声学学报》2013 年第 1 期，第 92—98 页。

[23] 乌吉斯古冷、呼和：《蒙古语陈述句和疑问句语调比较研究》，《中央民族大学学报（哲学社会科学版）》2011 年第 2 期，第 118—124 页。

[24] 熊子瑜：《九州语言网语音采集平台》，http://ling.cass.cn/tzgg/201905/t20190527_4906085.html，2019.

敖 敏 内蒙古大学，博士，副研究员，主要研究领域为言语韵律。
E-mail: aomin1983@126.com

INCORPERATING ARTICULATORY VELOCITY INFORMATION IN ACOUSTIC-TO-ARTICULATORY INVERSION

FANG Qiang

Abstract Conventional acoustic-to-articulatory inversion methods usually train mappings by using maximum likelihood or least square criterion, which assume that all the articulatory channels are equally important. However, different articulatory channels play different roles in speech production. In this paper, to account for this in acoustic-to-articulatory inversion, the importance of each articulatory channel is modeled as an exponential function of its corresponding velocity profile, and incorporated into the conventional least square loss function. The proposed loss function is applied to optimize a batch normalized Deep Neural Network (DNN) for acoustic-to-articulatory inversion. The result indicates that the DNN trained with the proposed cost function outperforms the DNN trained with traditional cost function for most articulatory channels.

Keywords Batch normalized DNN, Acoustic-to-articulatory inversion, Critical articulator

1. INTRODUCTION

Acoustic-to-articulatory inversion is the technique that estimates vocal tract shape or articulators' position based on input speech signals. It is not only of theoretical interest but also helpful for many applications, such as automatic speech recognition [10], speech therapy and language training [2, 26], talking head animation and lip-syncing [3, 6, 11], and low bit-rate speech coding [19], etc.

Acoustic-to-articulatory inversion was firstly explored by using codebook-based methods. In the codebook-based method, the codebook was built based on a set of articulatory-acoustic-parameter pairs, where the articulatory parameters were used to control an articulatory model and the corresponding acoustic parameters were generated by an acoustic model based on the vocal-tract shapes obtained by extensively scanning the articulatory parameter space of the articulatory model. Then, articulation was inferred by looking up the codebook [1, 13] according to the acoustic input. The problem of this approach is that same acoustic features could be generated by different combinations of articulatory parameters, and some of them are never used in human speech production. To deal with the non-uniqueness in acoustic-to-articulatory inversion and remove the invalid results, some researchers introduced dynamic programing [20] as a post-processing procedure or trained inversion models by using human data.

Thanks to the advent of large-scale corpus of synchronized human articulatory-acoustic data, numerous methods have been proposed to tackle the problem of acoustic-to-articulatory inversion in past few decades. It includes a variety of hidden Markov models [5, 9, 12, 18, 27], Kalman filtering [4], support vector regression [21], Gaussian mixture regression [22], codebook [7], multilayer perceptron [14], mixture density network [15], deep neural network [24, 25], trajectory MDN [16], Bi-directional LSTM [28], etc. In addition, several studies tried to incorporate visual features to conduct an audiovisual-to-articulatory mapping [15, 23].

Most methods mentioned above either applied maximum likelihood or least square error criterion to train inversion models, where all the articulatory channels were equally treated. Nevertheless, different articulator plays different role in speech production. The trajectories of some articulators have consistent patterns in various contexts, such as lower lip for bilabials, tongue tip for alveolars, and tongue dorsum for velars. In phonetics, these articulators are called "critical articulators" for those articulations [20]. Hence, in this study, we want to figure out whether acoustic-to-articulatory inversion performance can be improved by incorporating information of critical articulators into traditional cost functions.

In this study, we depict the information of critical articulators by their velocity profiles, and formulate the cost function as a weighted least square error. In the proposed cost function, the weighting coefficient of each articulatory channel is represented by an exponential function of its velocity profile.

2. METHOD

In last ten years, DNN became popular due to its success in many fields. It has also been applied to the task of speech inversion [24, 25]. Wu *et al.* [28] tried general linear model, Gaussian mixture model, artificial neural network, and DNN with sigmoid activation function to estimate articulators' position from synchronized speech features based on an English articulatory-acoustic corpus MNGU0. Their results demonstrated that the DNN achieved the best performance. In past few years, more advanced networks, for example Bi-directional LSTM, have been devised and obtained the state-of-the-art performance [28].

The purpose of this study is to figure out whether articulatory velocity information is helpful for acoustic-to-articulatory inversion, but not to compare the performance of models with different structures. And even for a simple model, the performance could be improved if the incorporated velocity information is helpful. For this reason, we conduct this work with a simple deep neural network rather than with a complicated model.

Equation 1-2 define the basic functions of a neuron in an artificial neural network.

$$I_{n,i} = \sum_j w_{n,ij}\, o_{(n-1),j} + b_{n,i} \tag{1}$$

$$o_{n,i} = f(I_{n,i}) \tag{2}$$

where $I_{n,i}$ is the input of the ith neuron in the nth layer, $o_{n-1,j}$ is the output of the jth neuron in the $(n-1)^{th}$ layer, $w_{n,ij}$ is the weight that connecting the ith unit in the nth layer and the jth unit in the $(n-1)^{th}$ layer, $b_{n,i}$ is the bias of the ith neuron in n^{th} layer, and $f(x)$ is an activation function (a sigmoid function usually).

The training of a traditional DNN with sigmoid activation function is slow and the performance tends to be affected by gradient vanish problem [8]. This will slow down the training by requiring lower learning rates and careful parameter initialization, and makes it hard to train DNN with saturating nonlinearities.

In this study, a batch normalization technique is implemented to perform the normalization for each mini-batch (yellow blocks shown in Figure 1). And 'ReLU' activation function is used for the neurons in hidden layers. The process of batch normalization is formulated as Eq 3-5:

$$x_{n,i} = \sum_j w_{n,ij}\, o_{n-1,j} + b_{n,j} \tag{3}$$

$$\tilde{x}_{n,i} = \frac{x_{n,i} - \mu_{n,i}}{\sqrt[2]{\sigma_{n,i}^2 + \varepsilon}} \tag{4}$$

$$I_{n,i} = \gamma_{n,i}\, \tilde{x}_{n,i} + \beta_{n,i} \tag{5}$$

where $\mu_{n,i}$, $\sigma_{n,i}^2$ are the mean and vari-

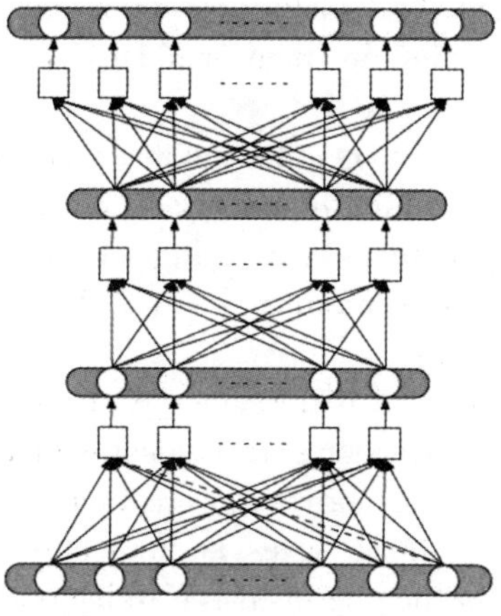

Figure 1 Structure of batch normalized feedforward neural network.

ance of $x_{n,i}$, $\gamma_{n,i}$ and $\beta_{n,i}$ are scaling and shifting parameter on normalized value $\tilde{x}_{n,i}$ so as to keep the representation capability of the layer. These parameters are optimized with momentum gradient method:

$$W_{n+1} = W_n + \Delta W_{n+1}$$

$$\Delta W_{n+1} = d \cdot \Delta W_n - \eta \cdot \frac{\partial L}{\partial W} \quad (6)$$

$$b_{n+1} = b_n + \Delta b_{n+1}$$

$$\Delta b_{n+1} = d \cdot \Delta b_n - \eta\Delta \frac{\partial L}{\partial b} \quad (7)$$

$$\gamma_{n+1} = \gamma_n + \Delta\gamma_{n+1}$$

$$\Delta\gamma_{n+1} = d \cdot \Delta\gamma_n - \eta\Delta \frac{\partial L}{\partial \gamma} \quad (8)$$

$$\beta_{n+1} = \beta_n + \Delta\beta_{n+1}$$

$$\Delta\beta_{n+1} = d \cdot \Delta\beta_n - \eta\Delta \frac{\partial L}{\partial \beta} \quad (9)$$

where L is the loss over the training set, d is the momentum, and η is the learning rate. The partial derivatives $\frac{\partial L}{\partial W}$, $\frac{\partial L}{\partial b}$, $\frac{\partial L}{\partial \gamma}$, $\frac{\partial L}{\partial \beta}$ of each layer can be calculated by using backpropagation algorithm (shown in Eq 10 - 16).

$$\frac{\partial L}{\partial W_n} = \frac{1}{m}\sum_{l=1}^{m} o_{n-1}^{l}\left(\frac{\partial L^l}{\partial x_n^l}\right)^T \quad (10)$$

$$\frac{\partial L}{\partial b_n} = \frac{1}{m}\sum_{l=1}^{m}\frac{\partial L^l}{\partial x_n^l} \quad (11)$$

$$\frac{\partial L}{\partial \gamma_{n,i}} = \frac{1}{m}\sum_{l=1}^{m}\frac{\partial L^l}{\partial I_{n,i}^l}\tilde{x}_{n,i}^l \quad (12)$$

$$\frac{\partial L}{\partial \beta_{n,i}} = \frac{1}{m}\sum_{l=1}^{m}\frac{\partial L^l}{\partial I_{n,i}^l} \quad (13)$$

$$\frac{\partial L^l}{\partial x_n^l} = \frac{\partial I_n^l}{\partial x_n^l}\frac{\partial L^l}{\partial I_n^l} \quad (14)$$

$$\frac{\partial L^l}{\partial I_{n-1}^l} = \frac{\partial o_{n-1}^l}{\partial I_{n-1}^l}W_n\frac{\partial I^l}{\partial x_n^l}\frac{\partial L^l}{\partial I_n^l} \quad (15)$$

$$\frac{\partial I_{n,i}^l}{\partial x_{n,i}^l} = \gamma_{n,i}\frac{\partial \tilde{x}_{n,i}^l}{\partial x_{n,i}^l} \quad (16)$$

where L^l is the loss over the lth example, m is the number of training examples in each mini-batch, x_{n-1}^l is an input of the batch normalization blocks of the $(n-1)^{th}$ layer, $I_{n,i}^l$ is the input to the ith neuron of the nth layer, $\tilde{x}_{n,i}^l$ is a batch normalized output of the ith batch normalization block of then n^{th} layer, o_n is the output of the nth layer, W_n is the connecting weight that link neurons in the $(n-1)^{th}$ layer and the nth layer, and b_n is the bias of the nth layer.

3. EXPERIMENT

The MOCHA-TIMIT database, which has synchronized acoustic-articulatory signals, is used in the experiment. The corpus recorded the synchronized acoustic-articulatory data of one male speaker (msak0) and one female speaker (fsew0). Each of them produced 460 TIMIT sentences. In the database, the sampling rates are 16, 000Hz for acoustic signal and 500Hz for articulatory signal, respectively.

When collecting the corpus, electromagnetic receiver coils were attached to 9 articulators in the midsagittal plane, as shown in Figure 2. They were velum (V), tongue dorsum (TD), tongue blade (TB), tongue tip (TT), lower jaw (LJ), upper lip (UL), lower lip (LL), and the references (REF) on nose ridge and upper jaw. For each articulator, the horizontal and vertical coordinates were recorded. As a result, 18 channels of articulatory trajectories were recorded in total. Among those coils, the trajectories of V, TD, TB, TT, LJ, LL and UL depict the movement of articulators, and are used in our experiment

The data of the male speaker (msak0) is used in this paper. When preparing the experiment, speech utterances are segmented into frames with a Hanning window. Each frame contains a speech segment of 25ms, and is encoded as a vector of log-energy + 12-order-MFCCs + delta + delta-deltas. The frame shift between two consecutive frames is 10ms.

As for the articulatory data, a Savitzky-Golay filter with the order of 3 and frame size of 21 is applied to remove the high-frequency noise in articulatory trajectories. Then, the smoothed EMA data are down-sampled to 100Hz to match the frame rate of the acoustic features.

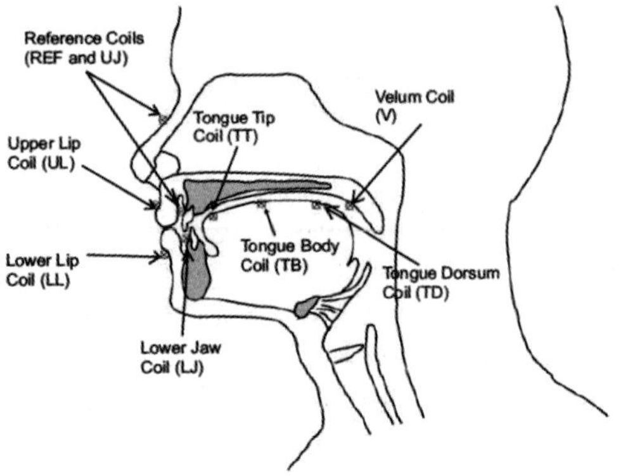

Figure 2 The positions of the EMA coils on the speaker's articulators.

In our experiment, the acoustic features of every 7 consecutive frames are concatenated to represent the input vector of the DNN. As for the output, the EMA data corresponding to the 4th frame in the corresponding contextual acoustic feature vectors is used. Both EMA and acoustic feature vectors are normalized by subtracting their global mean and dividing by their standard deviation.

In the experiment, the database is randomly partitioned into three subsets: a validation set (45 utterances), a testing set (45 utterances), and a training set (370 utterances).

To measure the performance of acoustic-to-articulatory inversion, root mean-squared error (RMSE) and correlation coefficient are adopted. Here, RMSE gives an indication of the average distance between two trajectories, while correlation coefficient indicates synchrony and similarity between two trajectories. They are defined in Eq17 – 18:

$$mse = \sqrt[2]{\frac{1}{m}\sum_{i=1}^{m}(\widehat{x_i} - x_i)^2} \qquad (17)$$

$$c = \frac{\sum_{i=1}^{k}(x_i - \bar{x})(\widehat{x_i} - \bar{\widehat{x}})}{\sqrt[2]{\sum_{i=1}^{k}(x_i - \bar{x})^2}\sqrt[2]{\sum_{i=1}^{k}(\widehat{x_i} - \bar{\widehat{x}})^2}} \qquad (18)$$

where $\widehat{x_i}$ are x_i the estimate and ground truth at instant i, respectively.

Two cost functions are formulated for training the batch normalized DNN, where L_1 is the least square loss and L_2 is a weighted version of L_1.

$$L_1 = \frac{1}{2}\sum_{i=1}^{m}(\widehat{x^i} - x^i)^T(\widehat{x^i} - x^i) \qquad (19)$$

$$L_2 = \frac{1}{2}\sum_{i=1}^{m}(\widehat{x^i} - x^i)^T W(\widehat{x^i} - x^i) \qquad (20)$$

$$w_{ij} = \begin{cases} e^{\frac{-1}{2\sigma_i^2}v_i^2}, i = j \\ 0, else \end{cases} \qquad (21)$$

where the weighting coefficient w_{ij} depends on the velocity v_i.

4. RESULT

To determine the number of hidden units in each layer, we conduct an experiment on a neural network with just one hidden layer. In the experiment, the number of hidden units varies from 50 to 1600. The result indicates that the neural network with 400 hidden units achieves the best performance. With reference to this result, we construct a DNN with 6 hidden layers, of which each hidden layer contains 400 neurons. And "ReLU" activate function is applied for neurons in hidden layers.

In the experiment, the momentum *d* in Equation 6 – 9 is 0.8, the initial learning rate is 0.0004 and decays with the proportion of 0.9. Each mini-batch contains 1024 examples. And the maximum number of training epoch is 50.

The RMSE is calculated for the trajectory of each articulatory channel. As shown in Table 1, the first two columns are the RMSEs of the DNN trained with cost functions L_1 and L_2, respectively. The last two columns are the corresponding correlation coefficients between the ground truth and the estimated trajectories, respectively. The bold italic numbers in the second and fourth column indicate that the RMSE/correlation coefficients between the estimate and the ground truth is reduced/improved.

Table 1 Experiment results.

	$rms-L_1$	$rms-L_2$	$c-L_1$	$c-L_2$
Vx	0.5186	0.5218	0.9474	0.9466
Vy	0.8845	0.8903	0.8662	0.8629
TDx	1.3495	*1.3285*	0.8898	*0.8957*
TDy	1.5108	*1.4733*	0.8672	*0.8758*
TBx	1.3870	*1.3633*	0.9097	*0.9128*
TBy	1.5342	*1.5281*	0.8973	*0.8986*
TTx	1.6221	1.6462	0.9033	*0.9048*
TTy	1.7540	*1.7378*	0.9180	*0.9200*
LJx	0.4249	*0.4220*	0.8618	0.8609
LJy	0.6762	0.6784	0.9093	*0.9102*
ULx	0.5405	*0.5392*	0.7836	0.7826

续表

	$rms-L_1$	$rms-L_2$	$c-L_1$	$c-L_2$
ULy	0.7679	0.7695	0.8985	0.8975
LLx	0.9085	*0.9039*	0.8791	*0.8798*
LLy	1.4086	*1.3756*	0.9204	*0.9240*
Avg.	1.092	*1.0841*	0.8894	*0.8909*

The performance of 11 of the 14 articulatory channels are improved for either RMSE or correlation. As shown in Table 1, the RMSEs of 9 articulatory channels decrease, and the correlation coefficients increase for 9 articulatory channels. There are 7 articulatory channels whose performance are improved in the sense of both RMSE and correlation coefficient.

The overall average RMSE and correlation coefficient are 1.092mm and 0.8894 mm respectively when L_1 cost function is used. The performance is better than the those reported based on a MOCHA database [13, 28]. The overall average RMSE and correlation coefficient are 1.0841mm and 0.8909 mm respectively when L_2 cost function is used. The results are better on both closeness and shape similarities between estimated trajectory and ground truth.

5. CONCLUSION

In this paper, an articulatory velocity profile weighted cost function is proposed to optimize a DNN for acoustic-to-articulatory inversion. The result indicates that the performance of acoustic-to-articulatory inversion could be improved by using a weighting function based on velocity profile in most cases, even if a very simple DNN is used. One can expect that the performance can be further improved by incorporating better weighting function into the cost function.

Acknowledgement

This work is supported by the National

Natural Science-Foundation of China (No. 61977049), Advanced Innovation Center for Language Resource and Intelligence (KYR17005), National Major Social Sciences Foundation of China (15ZDB103), and Innovation Program of Chinese Academy of Social Science.

References

[1] Atal, B. S., Chang, J. J., Mathews, M. V., Tukey J. W. 1978. Inversion of articulatory-to-acoustic transformation in the vocal tract by a computer-sorting technique. *The Journal of the Acoustical Society of America* 63 (5), 1535 – 1555.

[2] Badin, P., Tarabalka, Y., Elisei, F., Bailly G. 2010. Can you ‘read’ tongue movements? Evaluation of the contribution of tongue display to speech understanding. *Speech Communication* 52 (6), 493 – 503.

[3] Bregler, C., Covell, M., Slaney, M. 1997. Video rewrite: Driving visual speech with audio. *SIGGRAPH1997.*

[4] Dusan, S. 2000. *Statistical Estimation of Articulatory Trajectories from the Speech Signal Using Dynamical and Phonological constraints.* Ph. D thesis, Dept. of Electrical and Computer Engineering, University of Waterloo.

[5] Hiroya, S. Honda, M. 2004. Estimation of Articulatory Movements from Speech Acoustics Using an HMM – Based Speech Production Model. *IEEE Transactions on Speech and Audio Processing* 12 (2), 175 – 185.

[6] Hofer, G. Richmond, K. 2010. Comparison of HMM and TMDN methods for lip synchronisation. *InterSpeech2010.*

[7] Hogden, J., Lofqvist, A., Gracco, V., Zlokarnik, I., Rubin, P., Saltzman, E. 1996. Accurate recovery of articulator positions from acoustics: New conclusions based on human data. *The Journal of the Acoustical Society of America* 100, 1819 – 1834.

[8] Ioffe, S. Szegedy, C. 2015. Batch normalization: Accelerating deep network training by reducing internal covariate shift. *ICML2015.*

[9] Katsamanis, A., Papandreou, G., Maragos, P. 2009. Face active appearance modeling and speech acoustic information to recover articulation. *IEEE Transactions on Andio, Speech, and Language Processing* 17 (3), 411 – 422.

[10] King, S., Frankel, J., Livescu, K., McDermott, E., Richmond, K., Wester, M. 2007. Speech production knowledge in automatic speech recognition. *The Journal of the Acoustical Society of America* 121 (2), 723 – 742.

[11] Lewis, J. 1991. Automated lip-sync: Background and techniques. *The Journal of Visualization and Computer Animation* 2 (4), 118 – 122.

[12] Ling, Z., Richmond, K., Yamagishi, J. 2010. An analysis of HMM – based prediction of articulatory movements. *Speech Communication* 52 (10), 834 – 846.

[13] Ouni, S. Laprie, Y. 2005. Modeling the articulatory space using a hypercube codebook for acoustic-to-articulatory inversion. *The Journal of the Acoustical Society of America* 118 (1), 444 – 460.

[14] Papcun, G., Hochberg, J., Thomas, T. R., Laroche, F., Zachs, J., Levy S. 1992. Inferring articulation and recognising gestures from acoustics with a neural network trained on X – ray microbeam data. *The Journal of the Acoustical Society of America* 92 (2), 688 – 700.

[15] Richmond, K. 2002. *Estimating Articulatory Parameters from the Acoustic Speech Signal.* Ph. D. thesis, University of Edinburgh.

[16] Richmond, K. 2007. Trajectory mixture density networks with multiple mixtures for acoustic-articulatory inversion. In *Lecture Notes in Computer Science* 4885, Chetouani, M. Hussain, A. Gas, B. Milgram, M. Zarader, J. L., (eds.), Springer-Verlag Berlin, pp. 263 – 272.

[17] Richmond K. 2006. A trajectory mixture density network for the acoustic – articulatory inversion mapping. *InterSpeech2006.*

[18] Roweis, S. 1999. *Data Driven Production Models for Speech Processing.* Ph D, California Institute of Technology.

[19] Schroeter, J., Sondhi, M. M. 1992. Speech coding based on physiological models of speech production. In *Advances in Speech Signal Processing*, Furui, S. Sondhi, M. M., (eds), New York: Marcel Dekker Inc., 231 – 268.

[20] Schroeter, J. Sondhi, M. M. 1994. Techniques for estimating vocal – tract shapes from the speech signal. *IEEE Transactions on Speech and Audio Processing* 2, 133 – 150.

[21] Toutios. A. Margaritis, K. 2008. Contribution to statistical acoustic – to – EMA mapping.

InterSpeech2008.

[22] Toda, T., Black, A. W., Tokuda, K. 2008. Statistical mapping between articulatory movements and acoustic spectrum using a Gaussian mixture model. *Speech Communication* 50, 215 – 227.

[23] Toutios, A. Ouni, S. 2011. Predicting tongue positions from acoustics and facial features. *InterSpeech2011.*

[24] Uría, B., Murray, I., Renals, S., Richmond, K. 2012. Deep Architectures for articulatory inversion. *InterSpeech2012.*

[25] Wu, Z., Zhao, K., Wu, X., Lan, X., Meng, H. 2015. Acoustic to articulatory mapping with deep neural network. *Multimed Tools Appl* 74 (22), 9889 – 9907.

[26] Youssef, A. B., Hueber, T., Badin, P., Bailly, G. 2011. Toward a multi – speaker visual articulatory feedback system. *Inter Speech 2011.*

[27] Zhang, L. Renals, S. 2008. Acoustic – articulatory modeling with the trajectory HMM. *IEEE Signal Process Letter* 15, 245 – 248.

[28] Zhu, P., Xie, L., Chen, Y. 2015. Articulatory movement prediction using deep bidirectional long short – term memory based recurrent neural networks and word/phone embeddings. *Interspeech2015.*

FANG Qiang PhD He is an associate professor of Institute of Linguistics, Chinese Academy of Social Sciences. His research interests include speech production and modeling.
E-mail: fangqiang@cass.org.cn